Inhalt

Überblick über den Aufbau der Kapitel

Das Kursheft ist eine thematisch orientierte Materialsammlung für den Geschichtsunterricht in der Oberstufe. Im Zentrum eines jeden Kapitels steht eine umfangreiche Quellensammlung, die ergänzt wird durch einführende Darstellungen, „Methoden- und Themensonderseiten" (gelb umrandet) sowie „Weiterführende Arbeitsanregungen".

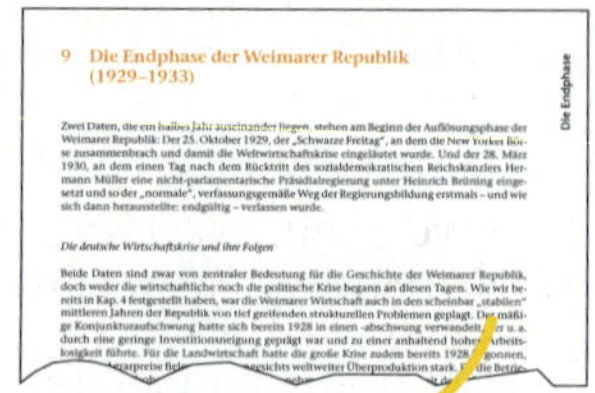

Einleitende Darstellungen

Probleme, Leitfragen, Überblick über die Quellenauswahl

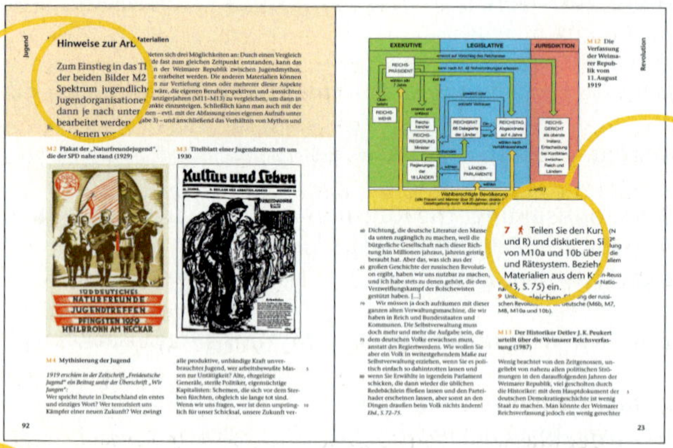

Einzelarbeitsaufträge zu allen Materialien; das Zeichen 🚶 verweist auf besondere Arbeitsformen (Referate etc.)

Methoden- und Themensonderseiten

Am Ende eines Kapitels: Projekte, Referate, Buchtipps

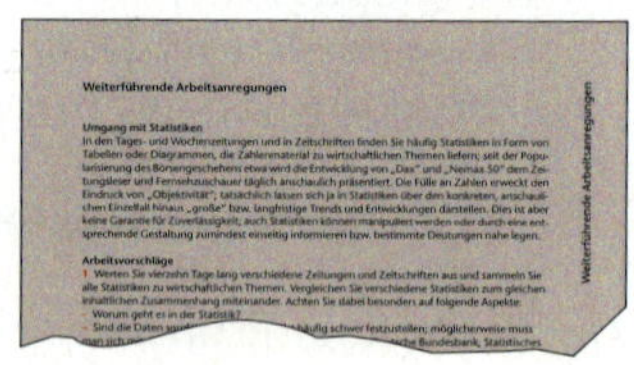

Der Anhang: Wiederholungsaufgaben – Facharbeiten – Serviceseiten

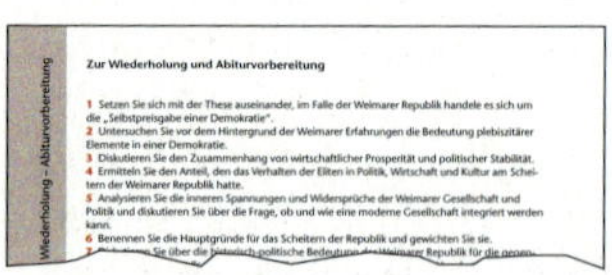

Für die Wiederholung und Abiturvorbereitung

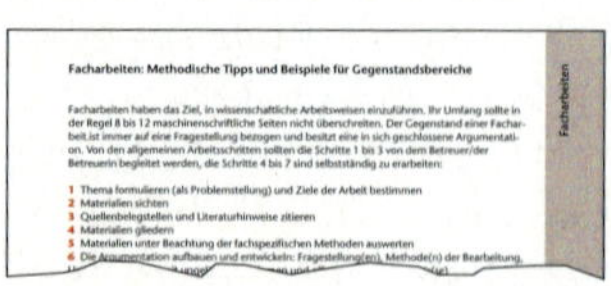

Tipps und Themen für Facharbeiten

Zum Nachschlagen

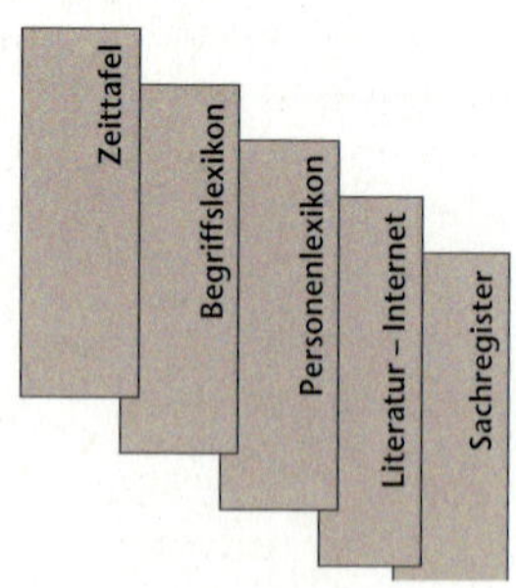

Aktuelle Materialien im Internet: www.cornelsen.de/aktualitaetendienste
Linktipps: www.cornelsen.de/internet-lotse

1 Einleitung: Warum beschäftigen wir uns mit der Weimarer Republik?

Auch wenn nur noch wenige Menschen die Weimarer Republik als Zeitgenossen bewusst erlebt haben, der lebensgeschichtliche Bezug zur Vergangenheit also fehlt, so herrscht in Gesellschaft und Wissenschaft weitgehend Einigkeit darüber, dass es sich hierbei um einen wichtigen Gegenstand der Geschichte handelt. Selten allerdings wird dies aus dem Gegenstand selbst begründet. Vielmehr ist es die Vorgeschichte der nationalsozialistischen Herrschaft, die Weimar in den Augen vieler bedeutsam genug macht, um sich damit zu beschäftigen. Dies war schon seit dem Untergang Weimars so: Während sich der nationalsozialistische Staat vor allem in Abgrenzung zur Republik definierte, stand die Geschichte der Zwanzigerjahre nach 1945 immer unter dem Schatten von 1933, konkreter: Immer war die zentrale historisch-politische Frage: Wie war das Dritte Reich möglich? Und in dieser Frage schwang immer eine zweite, politisch-pädagogische, mit: Was können wir tun, um so etwas zu verhindern? Konkreter: Wie gelingt es uns, die Fehler Weimars zu vermeiden? Auch die Geschichtswissenschaft befasste sich lange Zeit vor allem mit der Endphase der Republik, später dann auch mit der Anfangsphase, dies aber vor allem, um die „Geburtsfehler" zu ermitteln, die das Scheitern begünstigten oder gar verursachten.

Auch in aktuellen politischen Debatten wird kaum eine Epoche der deutschen Geschichte so oft als – meist abschreckendes – Beispiel herangezogen. Weimar wird dabei benutzt, um eigene Gegenwartsinteressen historisch zu begründen. Solche Argumente sind etwa:

- „Wir brauchen die Fünfprozentklausel bei Wahlen, weil wir ja in der Weimarer Republik gesehen haben, was die Parteienzersplitterung anrichten kann."
- „Eine Bekämpfung der Massenarbeitslosigkeit hat oberste Priorität, weil die Arbeitslosigkeit in der Weltwirtschaftskrise zwischen 1930 und 1933 den Aufstieg der Nationalsozialisten befördert hat."
- „Volksabstimmungen sind problematisch, wie wir an dem demagogischen Missbrauch in den Zwanziger- und Dreißigerjahren, zum Beispiel beim Volksbegehren gegen den Young-Plan, gesehen haben."
- „Eine Direktwahl des Bundespräsidenten ist politisch gefährlich, wie der Fall Hindenburg gezeigt hat."
- „Eine zu harte Sparpolitik der öffentlichen Haushalte kann wirtschaftliche, soziale und damit politische Krisen verschärfen, wie man an der Politik Brünings gesehen hat."
- „Der Staat muss gegen rechte und linke Radikale scharf durchgreifen, denn was eine zu liberale, d.h. lasche Vorgehensweise anrichtet, hat man ja in der Weimarer Republik gesehen."

Fast immer diente Weimar als Negativfolie, hatten die Jahre zwischen 1918 und 1933 ein schlechtes Image. Die Bonner Nachkriegsdemokratie definierte sich geradezu durch die Abgrenzung „Bonn ist nicht Weimar". In der Forschung allerdings hat sich hier in den letzten Jahrzehnten eine deutliche Perspektivenerweiterung ergeben. Dies hängt nicht zuletzt mit der Entstehung neuer Forschungszweige und Herangehensweisen wie der Sozial- und Wirtschaftsgeschichte, der Frauen- und Geschlechtergeschichte, der Alltagsgeschichte, der Mentalitätsgeschichte usw. zusammen. Ein Schwerpunkt der geschichtswissenschaftlichen Arbeit ist zwar immer noch die Erforschung der politischen Prozesse zu Beginn und am Ende der Weimarer Zeit. Ein anderer Schwerpunkt aber greift die neuen Ansätze auf und ordnet die fünfzehn Jahre Weimarer Republik in längerfristige Prozesse gesellschaftlicher Entwicklung ein, indem danach gefragt wird, unter welchen Bedingungen, in welchen gesellschaftlichen Teilbereichen, mit welchen Ergebnissen und Konsequenzen sowie gegen welche Widerstände und Gegenbewegungen sich die „Moderne" in jener Zeit durchsetzte. Weimar erscheint dabei immer mehr als Übergangsepoche, in der sich ein solcher grundlegender Wandel krisenhaft vollzog – und ist uns damit näher gerückt, befinden wir uns doch auch im Übergang zu einer

George Grosz, Die Großstadt (1916/17)

neuen, nämlich zur postindustriellen „Dienstleistungs-" oder „Wissensgesellschaft". Wie wir heute, so rangen auch damals die Menschen, rangen gesellschaftliche Gruppen und politische Ideologien um den „richtigen" Weg. Auch von diesen Forschungen sind weitere Aufschlüsse über die Ursachen des Aufstiegs des Nationalsozialismus und seiner Akzeptanz in breiten Bevölkerungsschichten vor und nach 1933 zu erwarten. Gleichzeitig aber lassen sich so auch die durchaus positiven Potenziale der Weimarer Republik angemessen würdigen, denn natürlich erschöpfte sich Weimar nicht in der Vorgeschichte des Dritten Reiches. Die enorme kulturelle Vielfalt etwa, der Ausbau des Sozialstaates, neue Leitbilder für Frauen, eine friedliche, multilaterale Außenpolitik oder reformpädagogische Ansätze im Bildungswesen gehörten ebenso dazu. Durchsetzt und überformt aber waren diese Potenziale immer durch enorme innere Spannungen, Spaltungen und Konflikte sowie schwierige Rahmenbedingungen nach dem verlorenen Ersten Weltkrieg.

Das vorliegende Kursheft will der wissenschaftlichen und gegenwartspolitischen Bedeutung beider Forschungsschwerpunkte gerecht werden, nicht zuletzt auch, um der oft oberflächlichen Verwendung der Weimarer Republik in heutigen öffentlichen Debatten eine fundierte historische Analyse entgegensetzen und die oben zitierten Thesen kritisch überprüfen zu können. Es bietet zum einen in Kapitel 2 (1918–1923), Kapitel 3 (Außenpolitik) und Kapitel 9 (1929–1933) politikgeschichtliche Schwerpunkte, die stärker chronologisch orientiert sind. Dagegen ziehen die Kapitel 4 (Wirtschaft), 5 (Sozialstaat), 6 (Kultur), 7 (Jugend) und 8 (Geschlechter) Querschnitte durch die Weimarer Gesellschaft und stellen vielfältiges Material zur Verfügung, um Perspektiven und Probleme zu untersuchen. Im Mittelpunkt der Arbeit stehen immer die zwei zentralen Leitfragen dieses Kursheftes:

1. Welche politischen, ökonomischen, sozialen, kulturellen und mentalen Gegebenheiten und Entwicklungen begünstigten die autoritären und totalitären Bestrebungen und damit

letztlich auch die Machtübernahme der Nationalsozialisten und die Zerstörung der ersten deutschen Demokratie?

2. Wie gestalteten sich die Modernisierungsprozesse in der deutschen Gesellschaft? Wer waren ihre Träger, wer ihre Gegner? Welche Argumente gab es für die jeweilige Position? Welche Konsequenzen hatten diese Auseinandersetzungen?

- Ermitteln Sie anhand der beiden Bilder auf Seite 6 und dieser Seite Lebensgefühl und politische Strukturen der Zwanzigerjahre und beziehen Sie Ihre Ergebnisse auf die beiden Leitfragen.
- Stellen Sie mit Hilfe von aktuellen Zeitungen und Zeitschriften in Gruppen verschiedene Collagen zusammen, die das Gleiche für die heutige deutsche Gesellschaft ausdrücken sollen. Nehmen Sie dabei unterschiedliche politische Standpunkte ein (George Grosz war Kommunist). Vergleichen Sie Ihre Ergebnisse mit den Bildern Grosz'.

George Grosz,
Stützen der Gesellschaft (1926)

2 Revolution, Krisen und Selbstbehauptung (1918–1923)

Die Revolution

Wann begann eigentlich die Weimarer Republik? Es fällt schwer, ein exaktes Gründungsdatum zu nennen – je nach Fragestellung und Standpunkt des Historikers stehen verschiedene Angebote bereit: Der 3. bzw. 4. Oktober 1918 mit der Bildung einer Regierung unter Reichskanzler Max von Baden, die erstmals von der Reichstagsmehrheit getragen wurde, wodurch sich das Kaiserreich faktisch von einer konstitutionellen zu einer parlamentarischen Monarchie wandelte. Der 28. Oktober, an dem die beiden Gesetze „zur Abänderung der Reichsverfassung" in Kraft traten, mit denen dieser grundlegende Wandel auch verfassungsrechtlich fixiert wurde; nunmehr benötigte der Reichskanzler das Vertrauen des Reichstags und war ihm verantwortlich. Der 3. bzw. 4. November, an dem in Kiel – nach ersten Unruhen in Wilhelmshaven – eine Aufstandsbewegung begann, die sich innerhalb weniger Tage über ganz Deutschland ausbreitete. Der 9. November, als der Kaiser abdankte, der Reichskanzler zurücktrat, mit Friedrich Ebert erstmals ein Sozialdemokrat dieses Amt übernahm und am Nachmittag kurz nacheinander erst der Sozialdemokrat Philipp Scheidemann von einem Fenster des Reichstages aus und dann der Führer des linksradikalen Spartakusbundes, Karl Liebknecht, vom Balkon des kaiserlichen Schlosses aus die Republik ausriefen. Vielleicht aber auch der 19. Januar 1919 mit der Wahl einer verfassunggebenden Nationalversammlung oder der 14. August 1919, an dem die neue Weimarer Reichsverfassung in Kraft trat?

Im öffentlichen Bewusstsein ist es wohl vor allem der 9. November, der den Beginn der Republik symbolisiert – wobei das Datum noch durch die späteren Ereignisse (9. November 1923 Hitler-Putsch, 9. November 1938 Reichspogromnacht, 9. November 1989 Fall der Mauer) eine besondere Bedeutung bekommen hat. Die Aufzählung der möglichen Anfänge weist allerdings darauf hin, dass der ereignisreiche 9. November eine bedeutende Vor- und Nachgeschichte hatte und die Republik nicht einfach an einem Tag gegründet wurde. Die Revolution war keine geplante politische Handlung einer republikanischen Gegenelite des Kaiserreichs oder gar „der" Deutschen. Sie entsprang vielmehr einer komplexen Situation, in der Kriegsmüdigkeit, tief greifende Unzufriedenheit mit der Versorgungslage, soziales Aufbegehren und politische Hoffnungen und Erwartungen ein kaum zu entwirrendes Motivknäuel darstellten. So wies die Zeit der Republikgründung denn auch viele Kontinuitäten auf, die es zumindest fragwürdig erscheinen lassen, vom 9. November als einer tief greifenden Zäsur zu sprechen.

Der politische Umbruch allerdings war zunächst gründlich, denn die Regierung übernahm am 10. November 1918 der „Rat der Volksbeauftragten", in dem Mehrheitssozialdemokraten (MSPD) und Unabhängige Sozialdemokraten (USPD) mit je drei Mitgliedern gleichgewichtig vertreten waren. Neben der neuen Regierung standen als zweites Machtzentrum die seit Anfang November im ganzen Reich gebildeten Arbeiter- und Soldatenräte; in Berlin bildeten sie den „Vollzugsrat", der eigentlich die Regierung kontrollieren wollte, tatsächlich aber bald an Einfluss gegenüber den Volksbeauftragten verlor.

Die Revolutionsregierung stand vor schweren politischen Problemen, z. B.
- der Rückführung der Armeen,
- der Wiedereingliederung der Soldaten in den Arbeitsprozess,
- der Vorbereitung der Friedensverhandlungen,
- der Sicherung der Lebensmittelversorgung,
- der Regelung der Kriegsopferversorgung,
- der Umstellung von der Kriegs- auf die Friedenswirtschaft,
- der Aufrechterhaltung der inneren Ordnung,
- der Erhaltung der Reichseinheit.

Misserfolge bei der Durchführung dieses riesigen politischen Programms würden – und dies hatten die Befürworter des Regierungswechsels in der Generalität durchaus einkalkuliert – der Republik und ihren Befürwortern angekreidet werden und nicht den eigentlichen Verursachern, den Vertretern der Kriegspolitik. Doch die Revolutionsregierung hatte keineswegs nur Misserfolge zu verzeichnen, im Gegenteil: Die Sicherung der Ernährung der Bevölkerung und die Umstellung der Wirtschaft verliefen erstaunlich reibungslos; das Gleiche galt für die Umsetzung des Waffenstillstandsabkommens. Hierzu trug sicher auch bei, dass insbesondere die Vertreter der Mehrheitssozialdemokraten beim Übergang auf die Republik und in den ersten Monaten der Revolution vor allem auf die Aufrechterhaltung der Ordnung im Reich setzten. Die Kontinuität in der Verwaltung spielte dabei eine wichtige Rolle; die Leiter der Reichsämter – durch die Bank Angehörige des Bürgertums – blieben meist in ihren Ämtern, wodurch eine ungestörte Fortsetzung der Arbeit gewährleistet war, sich allerdings auch die alte Bürokratie ihren Einfluss sichern konnte. Auch zwei weitere Entscheidungen in der Frühphase der Revolution trugen zu diesem reibungs- und spannungsarmen Übergang bei: Am 10. November vereinbarten der SPD-Vorsitzende und Vorsitzende des Rates der Volksbeauftragten, Ebert, und der Generalquartiermeister General Groener die Zusammenarbeit zwischen bisheriger militärischer Führung und neuer Regierung, wobei vor allem die Aufrechterhaltung der Kommandogewalt der Offiziere – gegen anderweitige Zielsetzungen der Soldatenräte – im Interesse der Heeresleitung war. Nur wenige Tage später schlossen Gewerkschaften und Unternehmerverbände das „Zentralarbeitsgemeinschafts-Abkommen", mit dem die Arbeitgeber erstmals die rasch wachsenden Gewerkschaften anerkannten und angesichts der neuen Situation sozialpolitische Zugeständnisse machten, um noch weiter gehende Einflussnahmen auf das Wirtschaftssystem, wie vor allem Sozialisierungen, zu verhindern.

So konnte die neue Regierung – vor allem aus heutiger Perspektive – rasch Erfolge erzielen, doch war die diesen Erfolgen zugrunde liegende Politik höchst umstritten. Ihr Träger war vor allem die MSPD, die sich des Rückhaltes bürgerlicher Kreise, der Reichswehr und der Bürokratie versichern konnte. Dagegen ging die anfangs mit der MSPD im Rat der Volksbeauftragten zusammenarbeitende USPD immer stärker auf Distanz zu dieser Linie, bis ihre Vertreter am 28. Dezember 1918 endgültig aus der Regierung ausschieden. Der Anlass für dieses Ausscheiden war der Einsatz von Militär durch die Regierung bei den Berliner Weihnachtskämpfen gegen ursprünglich von ihr selbst gebildete Revolutionsverbände. Doch hinter der Spaltung standen unterschiedliche Auffassungen über den weiteren Weg, den die Revolution beschreiten sollte. Dabei waren bereits wichtige Weichen gestellt worden: Auf dem ersten Rätekongress in Berlin kurz vor Weihnachten hatte eine deutliche Mehrheit den Kurs der MSPD unterstützt und den Termin für die Wahlen zur Nationalversammlung auf den 19. Januar 1919 festgelegt – die MSPD war der Meinung, dass eine solche gewählte Versammlung und nicht die Revolutionsregierung alle wesentlichen Entscheidungen über die künftige Gestaltung von Staat und Gesellschaft fällen sollte, weshalb ein möglichst rascher Wahlgang notwendig wurde. Auch die Räte waren, wie der Verlauf des Kongresses zeigte, von der MSPD dominiert, sodass sich nicht, wie die Forschung lange meinte, ein grundsätzlicher Gegensatz zwischen „Rätestaat oder parlamentarischer Demokratie" abzeichnete, in dem man sich für die eine oder andere Seite entscheiden musste. Die Räte verstanden sich zu diesem Zeitpunkt meist gerade nicht als Konkurrenten der Reichs- oder Länderregierungen oder als deren Kontrolleure, sondern als Provisorien, und sie unterstützten die Revolutionsregierung vor Ort. Allerdings hatte der Kongress auch gezeigt, dass selbst vielen MSPD-Räten die Haltung der Regierung zu zögerlich war; er forderte nämlich deutliche Reformen in Wirtschaft und Armee, vor allem die Sozialisierung von wichtigen Industrien und eine Demokratisierung des Heeres. Hierzu war die seit Ende Dezember ausschließlich von der MSPD gebildete Regierung allerdings nicht gewillt, obwohl ihre Handlungsspielräume nach Auffassung vieler Historiker größer gewesen waren, als sie in praktische Politik umzusetzen bereit war. Grundlegende Reformen gingen von der Regierung daher nicht aus, sodass alte Strukturen in Wirtschaft und Gesellschaft und damit die Machtbasis konservativer Eliten erhalten blieben.

Die linksradikale Minderheit, die mit der Parole „Alle Macht den Räten“ den Weg in eine parlamentarische Demokratie verhindern und die Revolution „weitertreiben“ wollte, stand in scharfer Opposition zur Regierung und versuchte ihre zunächst nicht vorhandene quantitative Stärke durch eine ständige Präsenz auf der Straße und in Versammlungen zu überspielen. Die von ihr geschürten Unruhen wurden von der Regierung sowohl beim „Januaraufstand“, der unter Mitwirkung der mittlerweile gegründeten Kommunistischen Partei Deutschlands (KPD) in Berlin stattfand, als auch bei der Zerschlagung der „Bremer Räterepublik“ unter Zuhilfenahme von regulären Reichswehrtruppen und neu gebildeten Freiwilligenverbänden, den „Freikorps“, blutig niedergeschlagen. Dies stärkte nicht nur die gegenrevolutionären paramilitärischen Verbände, die eigentlich andere Ziele verfolgten, als die Revolutionsregierung zu stützen – wie die Ermordung von Rosa Luxemburg und Karl Liebknecht bei dieser „Gelegenheit“ zeigte –, sondern trieb auch viele enttäuschte Arbeiter weiter nach links. Erst im Zuge dieser Radikalisierung im Winter und Frühjahr 1919 entstand so etwas wie eine „Räte-Ideologie“, nach der die Räte zu dauerhaften Einrichtungen und zu „Organen des Klassenkampfes“ werden sollten. Der wachsende Druck von links aber bestärkte die Mehrheitssozialdemokraten noch in ihrer Auffassung, ihr Heil in einer Anlehnung an die bürgerlichen Kräfte zu suchen.

Das Ergebnis der Wahl zur Nationalversammlung schien diese Politik auch zu bestätigen, denn eine sozialistische Mehrheit, die weiter gehende Umwälzungen gerechtfertigt hätte, kam nicht zu Stande. Vielmehr fanden sich in der „Weimarer Koalition“ die Kräfte zusammen, die schon seit 1917 versucht hatten, die Parlamentarisierung des Kaiserreiches voranzutreiben: Mehrheitssozialdemokraten, die katholische Zentrumspartei und das in der Deutschen Demokratischen Partei (DDP) vereinte linksliberale Bürgertum. Schnell fielen hier die wichtigsten Entscheidungen: Noch vor der Beratung über eine neue Verfassung regelte das „Gesetz über die vorläufige Reichsgewalt“ bereits die Schaffung der wesentlichen Verfassungsorgane, nämlich die Gesetzgebungsfunktion der Nationalversammlung, den „Staatenausschuss“ (später: Reichsrat) als Vertretung der Einzelstaaten, den Reichspräsidenten und das Reichsministerium. Einen Tag später wurde Ebert zum Reichspräsidenten gewählt und der SPD-Abgeordnete Philipp Scheidemann von ihm zum Reichskanzler ernannt. Die Verfassungsberatungen verliefen denn auch wenig kontrovers; die von Liberalen konzipierte und Ende Juli verabschiedete „Weimarer Reichsverfassung“ hatte den Charakter eines Kompromisses und ließ viele Entscheidungen offen. Doch die Wissenschaft ist sich heute weit gehend darüber einig, dass manche Verfassungsbestimmungen wie der berühmte Artikel 48, die starke Stellung des Reichspräsidenten oder die plebiszitären Elemente zwar in Krisensituationen wie der Endphase der Weimarer Republik belastend wirken konnten, für sich genommen aber keinen entscheidenden Anteil an der Zerstörung der Demokratie hatten.

Da parallel zu den wichtigen politischen Entscheidungen linksradikale Aufstände, Streiks und Unruhen im Ruhrgebiet, in Mitteldeutschland und Berlin sowie eine Räterepublik in Bayern erneut mit militärischen Mitteln niedergeschlagen wurden, fand die Revolution spätestens im Sommer 1919 ihr Ende. Die konstitutionelle Revolution hatte den Sieg davongetragen, gestützt von einer breiten Bevölkerungsmehrheit, die soziale Revolution dagegen war gescheitert. Der Erfolg der Republikgründung wurde allerdings belastet durch die allzu starke Anlehnung der siegreichen republikanischen Kräfte an die alten Eliten und durch die enttäuschten Erwartungen vieler Menschen. Radikalisierungen links und rechts waren die Folge, weshalb die Parteien der Weimarer Koalition seit den ersten Reichstagswahlen 1920 nie wieder eine parlamentarische Mehrheit bekamen.

Die Liquidierung des Krieges: Versailles

Parallel zu den innen- und verfassungspolitischen Entscheidungen vollzog sich 1919 auch die Besiegelung der militärischen Niederlage Deutschlands – oder besser: des mittlerweile liquidierten Kaiserreichs. Hier bestand aber nicht nur eine zeitliche Parallelität, sondern auch ein enger innerer Zusammenhang: Schon im Oktober 1918 hatte der amerikanische Präsident Wilson erklärt, mit der alten kaiserlichen Regierung nicht verhandeln zu wollen, was eine Debatte über die Abdankung des Kaisers ausgelöst hatte. Und auch die innere Neuordnung Deutschlands wurde durch die Nachrichten aus dem Verhandlungsort Paris belastet. Es war eben die tragische Situation, dass nicht die eigentlich für den Krieg Verantwortlichen für dessen Folgen von großen Teilen der deutschen Bevölkerung haftbar gemacht wurden, sondern die zum Zeitpunkt der Friedensverhandlungen Regierenden.

In Paris hatten sich seit dem Januar 1919 die Vertreter der Siegermächte getroffen, um über die Konsequenzen der grundlegend veränderten weltpolitischen Lage zu beraten und Entscheidungen über die Behandlung der Verlierer des Krieges zu treffen. Deutschland war nicht an den Verhandlungen beteiligt, sondern sollte nur den fertigen Vertragsentwurf entgegennehmen können. Die verantwortlichen deutschen Politiker waren sich zwar über ihre schwierige Situation im Klaren, hofften aber, nicht zuletzt wegen des Systemwechsels von der Monarchie zur Republik, auf einen „Wilson-Frieden" auf der Basis der „14 Punkte", die der amerikanische Präsident schon Anfang 1918 als Kern eines Friedensschlusses formuliert hatte.

Die Delegierten, allen voran der „Rat der Vier" mit den Regierungschefs aus den USA, Frankreich, Großbritannien und Italien, standen vor schwierigen Aufgaben: Der erste „totale" Krieg war auch ein Krieg der Propaganda gewesen, der auf beiden Seiten die Hassgefühle auf den Kriegsgegner geschürt hatte; eine nüchterne Abwägung von Interessen, Bedingungen, Möglichkeiten und Grenzen machte dies nicht gerade leichter. Die totale militärische Niederlage Deutschlands weckte große Erwartungen in den Siegerländern – zumindest sollten die eigenen Schäden wieder gutgemacht, wenn nicht sogar Gewinne gemacht werden. Mit dem Sieg der Bolschewisten in Russland hatte sich ein weiteres weltpolitisches Problem ergeben, dem man von westlicher Seite mit einer Strategie der „Eindämmung" zu begegnen suchte. Und schließlich waren viele kleine und große territoriale Streitfragen in Europa und darüber hinaus zu lösen. Dabei zeigte sich schnell, dass jenseits der großen ideologischen Verlautbarungen die machtpolitischen Interessen der Siegermächte in den Verhandlungen große Bedeutung erlangten. Während für die USA die Schaffung eines „Völkerbundes" als Organ einer neuen kollektiven Friedens- und Sicherheitsordnung oberste Priorität besaß, war England vor allem an einem Zustand des Machtgleichgewichts auf dem europäischen Kontinent interessiert. Hierzu durfte Frankreich nicht zu stark und Deutschland nicht zu sehr geschwächt werden. Dagegen stand für die französischen Politiker und Militärs die Sicherheit ihres Landes gegenüber dem „Erzfeind" im Osten im Mittelpunkt ihres Interesses – Deutschland war mit seiner Bevölkerungszahl und seiner Wirtschaftskraft immer noch ein gefährlicher Gegner, den es durch geeignete Maßnahmen in Schach zu halten galt. Zusätzlich überlagert wurden diese macht- und sicherheitspolitischen Überlegungen durch das Reparationsproblem. Denn während man sich über die Notwendigkeit deutscher Reparationen einig war, waren die europäischen Siegerstaaten an möglichst hohen deutschen Zahlungen interessiert, weil sie ihrerseits in den USA verschuldet waren – die USA andererseits hatten ein Interesse an dem Wiederaufbau eines funktionierenden Weltwirtschafts- und Finanzsystems, zu dem auch ein wirtschaftlich potentes Deutschland gehören musste.

Die Ergebnisse der Verhandlungen konnten angesichts dieser unterschiedlichen Interessenlage nur Kompromisse sein. Für die Deutschen aber waren selbst diese Kompromisse, die ihnen als Friedensbedingungen am 7. Mai 1919 präsentiert wurden, ein Schock. Die wichtigsten Bestimmungen waren:

- Die Abtretung von etwa einem Siebtel des Reichsgebietes, und zwar Elsass-Lothringens (an Frankreich), des Memelgebiets (an Litauen), der Stadt Danzig sowie großer Teile Posens und Westpreußens (an Polen). Außerdem verlor Deutschland sämtliche Kolonien und in einigen Gebieten (Eupen-Malmedy, Nordschleswig, Oberschlesien, Teilen Ost- und Westpreußens sowie im Saargebiet) mussten Volksabstimmungen stattfinden, denen weitere Gebietsabtretungen folgten.
- Linksrheinische Gebiete wurden für maximal 15 Jahre militärisch besetzt.

- Deutschlands Militär wurde auf ein Heer von 100000 Berufssoldaten beschränkt; bestimmte Waffengattungen (z. B. U-Boote) wurden verboten.
- Deutschland sollte Reparationen zur Wiedergutmachung zahlen, deren Höhe noch nicht festgelegt wurde.
- Der Artikel 231 bezeichnete Deutschland als den Verursacher des Ersten Weltkriegs.

Doch angesichts der militärischen Lage war eine Ablehnung der Bedingungen nicht möglich. Der am 16. Juni vorgelegte endgültige Vertrag wurde daher zunächst vom Reichstag mit Vorbehalten bezüglich der Anerkennung der Kriegsschuld Deutschlands angenommen. Da die Alliierten diese Vorbehalte aber zurückwiesen, ermächtigte der Reichstag die Regierung auch zur vorbehaltlosen Zustimmung; letztere wurde am 28. Juni 1919 erteilt.

Für Deutschland war der Versailler Vertrag aus heutiger Perspektive durchaus akzeptabel. Es blieb trotz der Belastungen wirtschaftlich leistungsfähig und kehrte spätestens 1926 in den Kreis der europäischen Großmächte zurück (s. Kap. 3). Faktisch war der Vertrag daher zwar eine berechenbare Belastung des neuen Staatswesens, psychologisch aber wurde er zum Gegenstand des politischen Kampfes. In Deutschland – wie übrigens auch in den anderen Staaten – gab es eigentlich nur Revisionisten, die fast alle oben genannten Bestimmungen so schnell wie möglich zu eliminieren suchten. Von rechts wurde er darüber hinaus aber zum Kampfmittel gegen die Repräsentanten der Republik missbraucht, denen man die Unterzeichnung vorwarf, obwohl sie gar keine andere Möglichkeit gehabt hätten. Ob angesichts der Situation 1918/19 eine „gerechtere" Lösung möglich gewesen wäre, ist aus heutiger Perspektive nur schwer zu beurteilen.

Die Gegner der Republik

Das innere Gefüge der Weimarer Republik war trotz der Entscheidungen des Jahres 1919 mit der Beendigung von Revolution und Kriegszustand überaus zerbrechlich und rasch formierten sich ihre Gegner auf der Linken und Rechten. Von links war es eine Mischung aus dem Versuch, die nicht erreichten Ziele der Revolutionszeit, vor allem die Sozialisierungen, nachzuholen, und der politischen Taktik der KPD, die zu Unruhen und Putschversuchen im Ruhrgebiet (1920 und 1921) sowie in Mitteldeutschland und in Hamburg (1921) führte; nach diesen Niederlagen änderte die KPD ihre revolutionäre Strategie und bemühte sich, über Einheitsfrontbestrebungen in die Anhängerschaft von SPD und USPD einzudringen. Die eigentliche Gefahr für den Bestand der parlamentarischen Demokratie aber kam von rechts. Zwar hatte in der Revolution die Linke das Heft in der Hand gehabt, doch von einer nachhaltigen Lähmung gegenrevolutionärer Kräfte konnte kaum die Rede sein. Politisch konnte die Rechte zwar zunächst nicht auf eine Gewinnung von Mehrheiten hoffen, auch wenn ihre parlamentarische Vertretung, die DNVP, zwischen 1919 und 1924 ihren Stimmenanteil bis auf mehr als 20% der abgegebenen Stimmen verdoppelte. Doch waren antidemokratische und antirepublikanische Haltungen in breiten Kreisen des Bürger- und Kleinbürgertums immer noch tief verankert. Teils richteten sich die Hoffnungen, wie z. B. in Teilen der DNVP, auf eine Wiederherstellung der Monarchie, teils auf einen neuen, „völkischen" Staat; der Kampf gegen den „Schandfrieden" von Versailles gehörte zum rechten Propagandarepertoire ebenso wie die „Dolchstoßlegende", die Ablehnung der Revolution und der Antisemitismus.

Besonders gefährlich waren die gegenrevolutionären Bestrebungen durch ihre Verankerung in spezifischen sozialen Milieus wie bei den Studenten und in Kreisen der protestantischen Kirche sowie durch ihre Organisation in Verbänden, Geheimbünden und Freikorps; außerdem erfuhren sie in der Reichswehr, bei Teilen der Bürokratie und durch eine einseitige Justiz aktive oder duldende Unterstützung.

Offener Ausdruck der rechten Gefahr waren in den ersten Jahren der Republik die Morde an prominenten Repräsentanten des Staates, allen voran an dem früheren Reichsfinanzminister und Zentrumsabgeordneten Matthias Erzberger 1921 und dem linksliberalen Außenminister Walter Rathenau 1922, sowie mehrere kleine und zwei große Putschversuche: der Kapp-Putsch von 1920, der in konservativen und völkischen Kreisen auf große Sympathien stieß und nur durch einen Generalstreik und den Widerstand der Bürokratie scheiterte, und der nationalsozialistische Hitler-Ludendorff-Putsch von 1923 in Bayern, das seit 1920 das Zentrum rechtsradikaler Aktivitäten in Deutschland war.

Höhepunkt und Ende der Gründungskrise: Das Jahr 1923

Betrachtet man schließlich die Ereignisse des Jahres 1923 im Rückblick, so muss es nahezu als ein Wunder bezeichnet werden, dass die Weimarer Republik erst zehn Jahre später und nicht schon 1923 zusammenbrach. Innerhalb weniger Monate trafen mindestens drei gefährliche Entwicklungen zusammen, wobei schon jede für sich allein gereicht hätte, den Staat in eine tiefe Krise zu stürzen.

Wirtschaftlich erreichte die 1914 begonnene Inflation 1923 ihren Höhepunkt, die „Hyperinflation". Zwar hatte das Geld schon längst den Großteil seines Wertes verloren – und zwar als Folge der anleihenfinanzierten Kriegspolitik und nicht der Finanzpolitik der Republik –, doch im Bewusstsein der Zeitgenossen waren es vor allem die Monate zwischen Juli und November 1923, die das Wort „Inflation" mit seinem schrecklichen Inhalt füllten, sie zu einer geradezu traumatischen Erfahrung machten. Im Gegensatz hierzu hat die Wissenschaft der Inflation allerdings nicht nur negative Folgen bescheinigt. In den Jahren 1920 bis 1922 nämlich führte die Finanz- und Wirtschaftspolitik in Deutschland zu Wachstum und Vollbeschäftigung, während in anderen Ländern Massenarbeitslosigkeit herrschte (z. B. Arbeitslosenquoten 1921: Deutschland 2,8 %, Großbritannien 17,0 %, USA 16,9 %). Dagegen brachte die Geldentwertung erhebliche soziale Umwälzungen mit sich, die in den betroffenen Schichten das Vertrauen zur Handlungsfähigkeit der Regierung schwächte und damit die Zustimmung zur Staatsform nachhaltig belastete. Inflationsverlierer waren Kapitalrentner, Sparer und Inhaber öffentlicher Anleihen, Gewinner dagegen Unternehmer, die mit billigen Krediten Investitionen tätigen konnten und Preisvorteile auf dem Weltmarkt hatten; andere soziale Gruppen wie Kleingewerbetreibende, Einzelhändler, Handwerker und viele Bauern wahrten ihren Besitzstand. Mit der Schaffung der „Rentenmark" im November durch die Regierung Stresemann wurde diese Krise beendet und die Grundlage für eine wirtschaftliche Konsolidierung geschaffen.

Außenpolitisch endete das Jahr im Herbst mit der zweiten Kapitulation nach der von 1918, nämlich mit dem Abbruch des passiven Widerstands gegen die Ruhrbesetzung. Am 9. Januar waren französische und belgische Truppen in das Ruhrgebiet einmarschiert, vordergründig, um die Reparationsforderungen durchzusetzen und die entsandte Kommission zu schützen, in Wirklichkeit aber, um die im Versailler Vertrag nicht gelungene dauerhafte Schwächung und Kontrolle Deutschlands nachzuholen. Die Empörung über diesen Einmarsch einte die politischen Kräfte in Deutschland, doch der ausgerufene passive Widerstand war finanziell nicht durchzuhalten, zumal er noch zur Verschärfung der Inflation beitrug. Neben diesen wirtschaftlichen Belastungen hatte der Konflikt auch tief greifende politische Konsequenzen, denn im Rheinland und in der Pfalz traten separatistische Strömungen auf, die die Einheit des Reiches bedrohten, allerdings in den betroffenen Gebieten nicht die Unterstützung der Bevölkerungsmehrheit besaßen und trotz der Unterstützung durch die französische Besatzungsmacht scheiterten.

Die dritte Krisenlinie schließlich waren die inneren Angriffe von rechts und links. Vom Hitler-Ludendorff-Putsch am 8./9. November 1923 in Bayern war schon die Rede. Gleichzeitig schienen kommunistische Regierungsbeteiligungen in Sachsen und Thüringen die Stabilität der Republik von links zu bedrohen: In Sachsen trat die KPD nicht nur im Oktober in die Regierung ein, sondern mit der Aufstellung so genannter „proletarischer Hundertschaften" waren offenbar auch militärische Vorbereitungen für eine revolutionäre Erhebung von Mitteldeutschland aus getroffen worden. Schon Ende September hatte die Reichsregierung angesichts der sich zuspitzenden Krise im Innern nach dem Ende des passiven Widerstands im Ruhrgebiet den Ausnahmezustand im ganzen Reich verhängt und die Exekutive auf den Reichswehrminister übertragen. In Sachsen löste der zuständige Wehrkreisbefehlshaber die proletarischen Hundertschaften auf und ließ Dresden, Leipzig, Meißen und Pirna militärisch besetzen. Als sich der sächsische Ministerpräsident Zeigner weigerte, mit seiner Regierung zurückzutreten, verhängte das Reich die „Reichsexekution“ gegen Sachsen und enthob Zeigner und seine Minister ihrer Ämter. In Thüringen musste diese letzte Konsequenz nicht gezogen werden, weil die kommunistischen Minister nach Druck von Reichswehr und Reichsregierung aus der Landesregierung austraten.

Doch das Vorgehen gegen Sachsen und Thüringen hatte auch auf Reichsebene noch ein Nachspiel; da die Reichsregierung mit wesentlich größerem Druck gegen das linke Sachsen und Thüringen vorgegangen war als gegen die rechte bayerische Regierung, die rechtsradikalen Verbänden jede Möglichkeit der Betätigung bot, trat die SPD Anfang November aus der Regierung aus. Bei aller Beruhigung der Situation zur Jahreswende 1923/24 und der bemerkenswerten Krisenfestigkeit der Republik, die sich 1923 erwiesen hatte, war dies eine Warnung für die Zukunft. Wieder einmal zeigte sich, dass trotz der Niederschlagung der rechten Putsch- und Staatsstreichbestrebungen und der Stabilisierung der Republik ein bedrohliches antidemokratisches Potenzial in der Bevölkerung und bei Teilen der Eliten vorhanden war, das in einer erneuten Krisensituation mobilisiert werden konnte, wie es dann seit 1929 geschah (s. Kap. 9).

M 1 **Schlangestehen vor einem Buttergeschäft. (Foto 1922/23)**

Hinweise zur Arbeit mit den Materialien

Dieses umfangreiche Kapitel setzt in der Entwicklung der Weimarer Republik in den ersten fünf Jahren ihres Bestehens eindeutige Schwerpunkte. Im Mittelpunkt stehen:
- die Revolution 1918/19 (M2–M11)
- die Weimarer Reichsverfassung (M12–M14)
- Versailles und seine Folgen (M15–M19)
- Die antirepublikanische Rechte: Ziele, Träger, Mittel (M20–M30)
- Das Krisenjahr 1923 I: Die Hyperinflation (M1, M31–M33)
- Das Krisenjahr 1923 II: Reichsexekution gegen Sachsen (M34a–M34h)

Diese Abschnitte sind jeweils selbstständig und können daher für sich bearbeitet werden. Integriert sind langfristige historische Vergleiche (Aufgabe 13 zur Rezeption der Verfassung im Bonner Grundgesetz und Aufgabe 19 zum Vergleich 1918 – 1945) und Gegenwartsbezüge (Aufgabe 12 zur Rezeption der Revolution, Aufgabe 18 zu Minderheitenfragen heute, Aufgabe 25 zum Verhältnis von Justiz und Politik und Aufgabe 30 zur Zusammenarbeit von SPD und PDS).

M2 Der liberale Politiker Eugen Schiffer erinnerte sich 1951 an den Ersten Weltkrieg

Noch [...] unerschütterlicher glaubte die Kaiserin an den deutschen Sieg. Auf einem Rundgang durch ein Kasseler Krankenhaus fragte sie, warum ein seit langem geplanter Pavillon noch immer nicht errichtet sei. Der Oberbürgermeister von Kassel, Koch-Weser, erwiderte, dass dafür die Mittel fehlten. Aber das sei doch kein Grund, wandte die Kaiserin ein, da ja die Beträge aus der Kriegskostenentschädigung genommen werden könnten. Als alles still blieb, fügte sie erblassend hinzu. „Oder glauben Sie etwa, dass wir keine Kriegskostenentschädigung erhalten werden?“ Wieder tiefes Schweigen, und mit einem verzweifelten Ausdruck im Gesicht ging die Kaiserin weiter. Was aus diesem Vorgang sprach, war nicht nur die Überzeugung der Kaiserin. Es war ein Optimismus, der von der Regierung mit blinder Zähigkeit behauptet und vom Volke vielfach noch immer geteilt wurde: „Wir müssen den Krieg gewinnen, weil es [...], untragbar wäre, wenn wir ihn verlören; wir müssen ihn gewinnen, weil wir sonst am Ende wären.“ Es sei nur recht und billig, wenn unsere Feinde die Kette unserer Kriegsschulden durch die Jahrzehnte mit sich schleppen müssten, hatte Helfferich im Reichstag erklärt.

W. Abelshauser, A. Faust, D. Petzina (Hg.), Deutsche Sozialgeschichte 1914–1945. Ein historisches Lesebuch, München (C. H. Beck) 1985, S. 243.

M3 Aus einer Reichstagsrede des Liberalen Friedrich Naumann v. 15. 5. 1917

Denn der Krieg politisiert die Menge. Der Krieg hat jedem Einzelnen Gedanken und Ansprüche aufgeprägt, die ihm oft früher ganz fremd waren. Wir besitzen weit über fünfzig Jahre Wahlrecht. Aber, für wie viele Menschen waren diese Wahlrechte nur fünfjährige Unterbrechung ihres politischen Schlafes? Ganz ebenso wird es nach dem Kriege kaum sein. Zwar die politischen Einzelheiten und Fachfragen werden auch dann vielfach über die Köpfe der Massen hin behandelt und entschieden werden. Aber die Fragen: wozu der Krieg ist, wozu die Rüstung ist, wie der Friede sein könnte, wer bezahlt – diese Fragen kommen aus dem Kriege in einer Deutlichkeit hervor, dass wir mit dem alten Volk, das in diesen Dingen noch vielfach sich behandeln ließ wie das Volk der Untertanen von ehemals, nichts mehr zu tun haben. Aus den Untertanen werden durch den Krieg Bürger, und dieselben Massen, die Träger des Krieges gewesen sind, wollen auch die Träger eines Friedens und wollen auch die Träger weiterer Erneuerungsgedanken werden.

Harry Pross (Hg.), Die Zerstörung der deutschen Politik. Dokumente 1871–1933, Frankfurt am Main (Fischer Taschenbuch Verlag) 1983, S. 209 f.

1 Beschreiben Sie die Erwartungen des Volkes und der politischen Führung, die sich auf den Ausgang des Krieges richteten, und erörtern

Sie die Konsequenzen, die die Erwartungen der Menschen für die Lage nach Kriegsende hatten (M2, M3).

2 Untersuchen Sie, ob die Prognose Naumanns die Entwicklung in den 1920er- und frühen 1930er-Jahren traf (M3).

M4 Das „Berliner Tageblatt" am 10. November 1918 über die revolutionären Ereignisse vom Vortag

Die größte aller Revolutionen hat wie ein plötzlich losbrechender Sturmwind das kaiserliche Regime … gestürzt. Man kann sie die größte aller Revolutionen nennen, weil niemals eine so fest gebaute, mit so soliden Mauern umgebene Bastille so in einem Anlauf genommen worden ist. Es gab noch vor einer Woche einen militärischen und zivilen Verwaltungsapparat, der so verzweigt, so ineinander verfädelt, so tief eingewurzelt war, dass er über den Wechsel der Zeiten hinaus seine Herrschaft gesichert zu haben schien. Durch die Straßen von Berlin jagten die grauen Autos der Offiziere, auf den Plätzen standen wie Säulen der Macht die Schutzleute, eine riesige Militärorganisation schien alles zu umfassen, in den Ämtern und Ministerien thronte eine scheinbar unbesiegbare Bürokratie. Gestern früh war das alles noch da, gestern Nachmittag existierte nichts mehr davon.

Wer gestern in den Nachmittagsstunden Berlin gesehen hat, trägt Eindrücke und Bilder in sich, die unauslöschbar sind. Dort, wo bisher noch das Leben nach preußischem Zuschnitt sich abspielte, feierte die Revolution ihren Triumph. Endlos lange Züge von Arbeitern, Soldaten und Frauen marschierten vorbei. Rote Fahnen wurden vorangetragen. […] Die Soldaten und auch viele Zivilisten hatten die Gewehre über die Schulter gehängt. Die schweren Lastautos der Militärdepots und die grauen Autos, in denen eben noch die Offiziere gesessen hatten, jagten herum, bis zum letzten Stehplatz mit bewaffneten Soldaten, Zivilpersonen, Trägern großer roter Fahnen gefüllt. Vieles erinnerte an Zeichnungen der alten französischen Revolutionsmaler, ein Schauspiel für Nervenschwache war es mitunter nicht.

Berliner Tageblatt Nr. 579 vom 10. November 1918.

M5 Aufständische vor dem Brandenburger Tor in Berlin am 9. November 1918, zeitgenössische Fotografie

M6 Ausrufung der Republik, 9. 11. 1918

6 a) Philipp Scheidemann:

Das deutsche Volk hat auf der ganzen Linie gesiegt. Das alte Morsche ist zusammengebrochen; der Militarismus ist erledigt! Die Hohenzollern haben abgedankt! Es lebe die deutsche Republik! Der Abgeordnete Ebert ist zum Reichskanzler ausgerufen worden. Ebert ist damit beauftragt worden, eine neue Regierung zusammenzustellen. Dieser Regierung werden alle sozialistischen Parteien angehören. Jetzt besteht unsere Aufgabe darin, diesen glänzenden Sieg, diesen vollen Sieg des deutschen Volkes, nicht beschmutzen zu lassen, und deshalb bitte ich Sie, sorgen Sie dafür, dass keine Störung der Sicherheit eintrete! Wir müssen stolz sein können, in alle Zukunft auf diesen Tag! Nichts darf existieren, was man uns später wird vorwerfen können! Ruhe, Ordnung und Sicherheit, das ist das, was wir jetzt brauchen! Dem Oberkommandierenden in den Marken und dem Kriegsminister Scheüch werden je ein Beauftragter beigegeben. Der Abgeordnete Genosse Göhre wird alle Verordnungen des Kriegsministers Scheüch gegenzeichnen. Also gilt es von jetzt ab, die Verfügungen, die unterzeichnet sind von Ebert, und die Kundmachungen, die gezeichnet sind mit den Namen Göhre und Scheüch, zu respektieren. Sorgen Sie dafür, dass die neue deutsche Republik, die wir errichten werden, nicht durch irgendetwas gefährdet werde! Es lebe die deutsche Republik!

Peter Longerich (Hg.), Die Erste Republik. Dokumente zur Geschichte des Weimarer Staates, München (Piper) 1992, S. 45 f.

6 b) Karl Liebknecht ruft die sozialistische Republik aus (Bericht in der Vossischen Zeitung):

„Parteigenossen", begann Liebknecht, „der Tag der Freiheit ist angebrochen. Nie wieder wird ein Hohenzoller diesen Platz betreten. Vor 70 Jahren stand hier am selben Ort Friedrich Wilhelm IV. und musste vor dem Zug der auf den Barrikaden Berlins für die Sache der Freiheit Gefallenen, vor den fünfzig blutüberströmten Leichnamen seine Mütze abnehmen. Ein anderer Zug bewegt sich heute hier vorüber. Es sind die Geister der Millionen, die für die heilige Sache des Proletariats ihr Leben gelassen haben. Mit zerspaltenem Schädel, in Blut gebadet wanken diese Opfer der Gewaltherrschaft vorüber, und ihnen folgen die Geister von Millionen von Frauen und Kindern, die für die Sache des Proletariats in Kummer und Elend verkommen sind. Und Abermillionen von Blutopfern dieses Weltkrieges ziehen ihnen nach. Heute steht eine unübersehbare Menge begeisterter Proletarier an demselben Ort, um der neuen Freiheit zu huldigen. Parteigenossen, ich proklamiere die freie sozialistische Republik Deutschland, die alle Stämme umfassen soll, in der es keine Knechte mehr geben wird, in der jeder ehrliche Arbeiter den ehrlichen Lohn seiner Arbeit finden wird. Die Herrschaft des Kapitalismus, der Europa in ein Leichenfeld verwandelt hat, ist gebrochen. Wir rufen unsere russischen Brüder zurück. Sie haben bei ihrem Abschied zu uns gesagt: ‚Habt ihr in einem Monat nicht das erreicht, was wir erreicht haben, so wenden wir uns von euch ab.' Und nun hat es kaum vier Tage gedauert."

„Wenn auch das Alte niedergerissen ist", fuhr Liebknecht fort, „dürfen wir doch nicht glauben, dass unsere Aufgabe getan sei. Wir müssen alle Kräfte anspannen, um die Regierung der Arbeiter und Soldaten aufzubauen und eine neue staatliche Ordnung des Proletariats zu schaffen, eine Ordnung des Friedens, des Glücks und der Freiheit unserer deutschen Brüder und unserer Brüder in der ganzen Welt. Wir … rufen sie zur Vollendung der Weltrevolution auf.

Wer von euch die freie sozialistische Republik Deutschland und die Weltrevolution erfüllt sehen will, erhebe seine Hand zum Schwur" (alle Hände erheben sich und Rufe ertönen: Hoch die Republik!). Nachdem der Beifall verrauscht war, ruft ein neben Liebknecht stehender Soldat und schwenkt die rote Fahne, die er in den Händen trägt: „Hoch lebe ihr erster Präsident Liebknecht!"

Liebknecht schloss: „So weit sind wir noch nicht. Ob Präsident oder nicht, wir müssen alle zusammenhalten, um das Ideal der Republik zu verwirklichen. Hoch die Freiheit und das Glück und der Frieden!"

Bald darauf wurde an dem Mast der Kaiserstandarte die rote Fahne gehisst.

Ebd., S. 46 f.

M7 Reichskanzler Prinz Max von Baden in seinen in den 1920er-Jahren geschriebenen Memoiren über den 9. November 1918

Ich sagte mir: Die Revolution ist im Begriff, siegreich zu sein; wir können sie nicht niederschlagen, vielleicht aber ersticken. Jetzt heraus mit der Abdankung, mit der Berufung Eberts, mit dem Appell an das Volk, durch die verfassunggebende Nationalversammlung seine eigene Staatsform zu bestimmen; wird Ebert mir als Volkstribun von der Straße präsentiert, dann kommt die Republik, ist es Liebknecht, auch der Bolschewismus. Aber wenn der abdankende Kaiser Ebert zum Reichskanzler ernennt, dann besteht noch eine schmale Hoffnung für die Monarchie. Vielleicht gelingt es, die revolutionären Energien in die legalen Bahnen des Wahlkampfes zu lenken.

Prinz Max von Baden, Erinnerungen und Dokumente, Stuttgart (Ernst Klett Verlag) 1968, S. 597.

3 Benennen Sie die Träger der Revolution (M4 und M5).

4 Vergleichen Sie die Reden von Scheidemann und Liebknecht im Hinblick auf Sprache und Inhalt miteinander. Welche politischen Ziele verfolgten sie, welche Max von Baden (M6a und 6b, M7)?

M8 Das „Ebert-Groener-Bündnis" vom 10. 11. 1918: Aus den Lebenserinnerungen Wilhelm Groeners (1957)

Der Sturz des Kaisertums entzog den Offizieren den Boden ihres Daseins, ihren Sammel- und Ausrichtepunkt. Es musste ihm ein Ziel gewiesen werden, das des Einsatzes wert war und ihm die innere Sicherheit wiedergab. Es musste das Gefühl wachgerufen werden der Verpflichtung nicht nur gegenüber einer bestimmten Staatsform, sondern für Deutschland schlechthin. Dass Hindenburg auf seinem Posten blieb und den Oberbefehl über das gesamte Heer übernahm, ja dass dieser ihm vom Kaiser übertragen worden war, machte den Übergang möglich und erleichterte ihn.

Das Offizierskorps konnte aber nur mit einer Regierung zusammengehen, die den Kampf gegen den Radikalismus und Bolschewismus aufnahm. Dazu war Ebert bereit, aber er hielt sich nur mühsam am Steuer und war nahe daran, von den Unabhängigen und der Liebknechtgruppe über den Haufen gerannt zu werden. Was war demnach näher liegend, als Ebert, den ich als anständigen, zuverlässigen Charakter und unter der Schar seiner Parteigenossen als den staatspolitisch weitsichtigsten Kopf kennen gelernt hatte, die Unterstützung des Heeres und des Offizierskorps anzubieten?

[…] Im Laufe des Tages erkannte ich aber, dass ich so lange nicht warten dürfe; am Abend rief ich die Reichskanzlei an und teilte Ebert mit, dass das Heer sich seiner Regierung zur Verfügung stelle, dass dafür der Feldmarschall und das Offizierskorps von der Regierung Unterstützung erwarteten bei der Aufrechterhaltung der Ordnung und Disziplin im Heer. Das Offizierskorps verlange von der Regierung die Bekämpfung des Bolschewismus und sei dafür zum Einsatz bereit. Ebert ging auf meinen Bündnisvorschlag ein. Von da ab besprachen wir uns täglich abends auf einer geheimen Leitung zwischen der Reichskanzlei und der Heeresleitung über die notwendigen Maßnahmen. Das Bündnis hat sich bewährt.

Wolfgang Michalka, Gottfried Niedhart (Hg.), Die ungeliebte Republik. Dokumentation zur Innen- und Außenpolitik Weimars 1918–1933, 3. Aufl. München (dtv) 1984, S. 29 f.

M9 Die Rolle der Industrie und der Gewerkschaften während der Revolution

9a) Gründung der „Zentralarbeitsgemeinschaft" zwischen Arbeitgeberverbänden und Gewerkschaften (15. 11. 1918):

Die großen Arbeitgeberverbände vereinbaren mit den Gewerkschaften der Arbeitnehmer das Folgende:

1. Die Gewerkschaften werden als berufene Vertretung der Arbeiterschaft anerkannt.

2. Eine Beschränkung der Koalitionsfreiheit der Arbeiter und Arbeiterinnen ist unzulässig.

[…]

4. Sämtliche aus dem Heeresdienst zurückkehrenden Arbeitnehmer haben

Anspruch darauf, in die Arbeitsstelle sofort nach Meldung wieder einzutreten, die sie vor dem Kriege innehatten. Die beteiligten Arbeitgeber- und Arbeitnehmerverbände werden dahin wirken, dass durch Beschaffung von Rohstoffen und Arbeitsaufträgen diese Verpflichtung in vollem Umfange durchgeführt werden kann.

[...]

6. Die Arbeitsbedingungen für alle Arbeiter und Arbeiterinnen sind entsprechend den Verhältnissen des betreffenden Gewerbes durch Kollektivvereinbarungen mit den Berufsvereinigungen der Arbeitnehmer festzusetzen.

Die Verhandlungen hierüber sind ohne Verzug aufzunehmen und schleunigst zum Abschluss zu bringen.

7. Für jeden Betrieb mit einer Arbeiterschaft von mindestens 50 Beschäftigten ist ein Arbeiterausschuss einzusetzen, der diese zu vertreten und in Gemeinschaft mit dem Betriebsunternehmer darüber zu wachen hat, dass die Verhältnisse des Betriebes nach Maßgabe der Kollektivvereinbarung geregelt werden.

8. In den Kollektivvereinbarungen sind Schlichtungsausschüsse bzw. Einigungsämter vorzusehen, bestehend aus der gleichen Anzahl von Arbeitnehmer- und Arbeitgebervertretern.

9. Das Höchstmaß der täglichen regelmäßigen Arbeitszeit wird für alle Betriebe auf acht Stunden festgesetzt. Verdienstschmälerungen aus Anlass dieser Verkürzung der Arbeitszeit dürfen nicht stattfinden.

10. Zur Durchführung dieser Vereinbarungen sowie zur Regelung der zur Demobilisierung, zur Aufrechterhaltung des Wirtschaftslebens und zur Sicherung der Existenzmöglichkeiten der Arbeiterschaft, insbesondere der Schwerkriegsbeschädigten, zu treffenden weiteren Maßnahmen wird von den beteiligten Arbeitgeber- und Arbeitnehmer-Organisationen ein Zentralausschuss auf paritätischer Grundlage mit beruflich gegliedertem Unterbau errichtet.

11. Dem Zentralausschuss obliegt ferner die Entscheidung grundsätzlicher Fragen, soweit sich solche namentlich bei der kollektiven Regelung der Lohn- und Arbeitsverhältnisse ergeben, sowie die Schlichtung von Streitigkeiten, die mehrere Berufsgruppen zugleich betreffen. Seine Entscheidungen haben für Arbeitgeber und Arbeitnehmer vorbildliche Geltung, wenn sie nicht innerhalb einer Woche von einem der in Frage kommenden beiderseitigen Berufsverbände angefochten werden.

Jens Flemming u. a. (Hg.), Die Republik von Weimar. Bd. 2: Das sozialökonomische System, Königstein/Düsseldorf (Athenäum) 1979, S. 238–240.

9b) Entschließung des Vorsitzenden des Deutschen Metallarbeiterverbandes Robert Dißmann auf der Generalversammlung des Verbandes im Oktober 1919:

Die Generalversammlung verwirft die Haltung und Politik, die von der Generalkommission der Gewerkschaften Deutschlands und von den leitenden Instanzen unseres Verbandes während der Jahre des Krieges und nach den Novembertagen 1918 eingenommen wurden. Diese Kriegspolitik ließ den Klassenkampfcharakter der Gewerkschaften verschwinden und fand ihren Anschluss an der Seite der herrschenden Klasse der bürgerlichen Parteien und führte zum engsten Zusammenarbeiten mit dem Augenblicke in den so genannten Arbeitsgemeinschaften, in denen sich die Vertreter freier Gewerkschaften in holder Eintracht mit den Bereicherern an der Arbeiterklasse, den Kapitalisten, zusammengefunden haben. Die verwerfliche Kriegspolitik der leitenden Gewerkschaftsinstanzen und -vorstände fand ihre logische Fortsetzung nach den Tagen der Revolution. Anstatt den revolutionären Kampf des Proletariats mit allem Nachdruck zu fördern, wurde die Haltung der gleichen Gewerkschaftsinstanzen vielfach zu einem Hemmnis des proletarischen Befreiungskampfes inmitten der Revolution. Der Wiederaufbau unserer Volkswirtschaft muss ein sozialistischer sein; davon ausgehend, sind Haltung und Politik des Verbandes konsequent auf dem Boden des revolutionären Klassenkampfes und des Rätesystems einzustellen, um den Kampf des Proletariats zum schnellen und sicheren Siege des Sozialismus zu führen, mündend in der siegreichen Weltrevolution des Proletariats.

Ebd., S. 241.

9c) Rudolf Wissell (SPD) über die Funktionen der Zentralarbeitsgemeinschaft (1920):
Das deutsche Proletariat war und ist nicht in der Lage, allein die Wirtschaft aufzubauen. Ebenso aber war und ist die Bourgeoisie nicht mehr in der Lage, ohne die freiwillige Mitarbeit des Proletariats die neue Wirtschaftsordnung herzustellen. […]

Der Übergang zur liberalen Form der Demokratie hat das Proletariat durch seine zahlenmäßige Stärke zu einem politischen Machtfaktor gestempelt, der zwar für sich allein nichts durchsetzen, aber alles verhindern kann. So ist das Zusammenarbeiten zwischen Bourgeoisie und Proletariat – man kann es eine Arbeitsgemeinschaft nennen – nur das Symbol des Zustandes, den die politisch-ökonomische Entwicklung im Augenblick erreicht hat. […] Nach den Erfahrungen der Vergangenheit muss damit gerechnet werden, dass die Bourgeoisie bei Wiederkehr einer gewissen Stufe der Akkumulation von Produktionsmitteln den Versuch machen wird, das Verhältnis der Parität wieder durch ein einseitiges Machtverhältnis zu ersetzen. Es ist die Aufgabe des Proletariats, die Periode der Arbeitsgemeinschaft dazu zu benutzen, so viele politische und soziale Sicherungen zu schaffen, dass der Zeitpunkt nicht wiederkehrt, wo „zwei Arbeiter einem Unternehmer nachlaufen", ohne dass die politische Macht der Arbeiterklasse im Staat dieses ökonomische Missverhältnis ausgleichen kann. Vor allem aber hat die Arbeiterklasse die vor ihr liegende Zeitspanne, in welcher sie auf die freiwillige Mitarbeit der Bourgeoisie und die Bourgeoisie auf die der Arbeiterschaft angewiesen ist, dazu zu benutzen, in der Praxis der Wirtschaftsführung technische, ökonomische und kaufmännische Führer heranzubilden für den Augenblick eines neuen Entscheidungskampfes. […]
Ebd., S. 240.

5 Erörtern Sie die Funktion des „Ebert-Groener-Bündnisses" und der Zentralarbeitsgemeinschaft für den Charakter der Revolution (M8, M9a).
6 Stellen Sie die Argumente für und gegen die Zentralarbeitsgemeinschaft zusammen und diskutieren Sie sie (M9b und M9c).

M 10 Nationalversammlung und Rätesystem

10a) Rede des Vollzugsratsmitgliedes Max Cohen-Reuss auf dem Ersten Rätekongress über Nationalversammlung oder Rätesystem, 19. 12. 1918 (Auszüge):
Wie man auch über die Arbeiter- und Soldatenräte denken mag – ich denke ziemlich günstig über sie und werde darauf noch zurückkommen –, in jedem Falle drücken die *Arbeiter- und Soldatenräte nur einen Teilwillen,* niemals aber den Willen des ganzen deutschen Volkes aus. Diesen festzustellen, darauf kommt es an.

Die Gefahr, in der wir schweben, ist, glaube ich, sehr viel größer, als die meisten es sich vorstellen.

Wenn es so weitergeht wie bisher, dann wird unser gesamtes Wirtschaftsleben, das doch die Voraussetzung für den Wiederaufbau Deutschlands ist, lahm gelegt, ohne dass wir in der Lage sind, etwas Neues an seine Stelle zu setzen. […]

Kameraden und Parteigenossen! Nun glaube ich, dass im Augenblick die Dinge sich so entwickelt haben, dass für die Wiederaufrichtung unseres wirtschaftlichen Lebens eine vorhergehende Neuregelung unserer politischen Verhältnisse notwendig ist. Es ist in dieser kritischen Zeit und im Augenblick umgekehrt, wie wir Sozialisten es meist angenommen haben. Für den Augenblick ist die Politik die Voraussetzung der Ökonomie geworden, und ich glaube, dass wir eine geregelte Verwaltung in Deutschland nur durch die Nationalversammlung herstellen können, die uns die demokratische Verfassung gibt und das Deutsche Reich wieder aufbaut und seine auseinander strebenden Teile zusammenhält. […]

Parteigenossen! Es sollte eigentlich für jeden Sozialisten selbstverständlich sein, und das war es auch bisher, dass der Volkswille so schnell wie möglich zur Geltung kommt. Ich will darauf hinweisen, dass es bis zur Mitte des Jahres 1917 die *freieste Feststellung des Volkswillens* auf Grund eines gleichen Wahlrechts für alle Männer und Frauen das selbstverständliche Programm aller sozialistischen Parteien der ganzen Welt war. […]

Parteigenossen! In der glorreichen Revolution Russlands vom Frühjahr 1917 wurde als erste Forderung aufgestellt: die allgemeine verfassunggebende Konstituante für das Russische Reich! Erst den Bolschewisten war es vorbehalten, hierin eine Änderung eintreten zu lassen. Man kann es aber gar nicht scharf genug betonen, dass auch die Bolschewisten nicht von Anfang an gegen die Nationalversammlung waren. – Ich glaube, man wird noch einiges dort drüben hinzulernen. […]

Nun frage ich Sie, Parteigenossen – wir wollen uns einmal ganz ruhig darüber unterhalten: was hat der *Bolschewismus,* die Diktatur des Proletariats in *Russland erreicht?* Nach meiner Überzeugung nichts, was zur Förderung des Sozialismus, sondern nur, was dazu dienen kann, den Sozialismus auf Jahrzehnte hinaus zu diskreditieren. […]

Parteigenossen, man kann eben Sozialismus durch Gewalt und Dekrete nicht einführen; das hat uns das russische Beispiel gezeigt. *Sozialisierung* ist ein organischer Entwicklungs- und Umbildungsprozess, bei dem neue Wirtschaftsformen neben werdenden und auch alten Formen zusammen existieren werden. Wenn man aber diesen Entwicklungsprozess nicht in sorgsamster Weise fördert, kommt die Katastrophe. […]

Die Genossen sagen: wenn eine baldige Nationalversammlung zusammentritt, bekommen wir keine *sozialistische Mehrheit,* wir müssen deshalb die Sozialisierung vorher so schnell wie möglich beschließen. Parteigenossen, ich bin direkt der gegenteiligen Auffassung. Wenn wir eine sozialistische Mehrheit bekommen wollen, müssen wir die Nationalversammlung so schnell wie möglich einberufen. […] Wenn die Genossen der U.S.P., die an eine solche Mehrheit nicht glauben, sich mit der alten Partei *für die Wahlen zusammentun,* was mein sehnlichster Wunsch wäre, dann wird hier eine feste Reihe entstehen, die alle bürgerlichen Parteien schlagen wird und schlagen muss. […]

Es ist selbstverständlich, dass wir alle so viel Sozialismus wollen, wie durchführbar ist. Aber persönlich habe ich die Überzeugung, *es wird nicht mehr Sozialismus durchführbar sein, als die Mehrheit des Volkes will.* Denn ein Sozialismus, der vorher durchgeführt wäre, hätte sehr geringen Bestand, wenn die Mehrheit des Volkes anderer Meinung wäre. […]

Parteigenossen, schätzen Sie wirklich bei ganz ruhiger, nüchterner Überlegung den Widerstand der bürgerlichen Kreise und der Intelligenz so gering ein, dass wir, wenn wir sie politisch entrechten, gegen ihren Willen die Wirtschaft führen können? […]

Nun aber müssen wir vor allen Dingen und zuerst – und das hängt natürlich mit dem Gesamtkomplex der Fragen, die ich hier zu entwickeln mir erlaubt habe, zusammen – Frieden haben, einen Vorfrieden und dann einen schnellen, endgültigen Frieden. Glaubt jemand, der die Interessen der Entente kennt, dass diese Frieden schließen wird mit einem Deutschland, das nicht zu geordneten Zuständen und nicht zur Aufnahme seiner Produktion gekommen ist? Die Entente denkt gar nicht daran.

Peter Longerich (Hg.), Die Erste Republik. Dokumente zur Geschichte des Weimarer Staates, München (Piper) 1992, S. 67–72.

10 b) Rede des Vollzugsratsmitglieds Ernst Däumig auf dem Ersten Rätekongress über Nationalversammlung oder Rätesystem, 19. 12. 1918 (Auszüge):

Wenn die Geschichte dieser Revolutionswochen in Deutschland geschrieben wird, dann wird man sich lächelnd fragen: Waren denn die Leute so blind, dass sie nicht sahen, dass sie sich selbst den Strick um den Hals legten? Denn das muss doch jedem klar Denkenden einleuchten, dass die jubelnde Zustimmung zur Nationalversammlung gleichbedeutend ist mit einem Todesurteil für das System, dem Sie jetzt angehören, für das *Rätesystem.* […]

Genossen und Kameraden, Sie haben vorhin, als Genosse Cohen so warm für die Nationalversammlung plädierte und sogar für einen frühen Termin eintrat, zum Teil lebhaft applaudiert; Sie haben aber zweifellos damit *Ihr eigenes Todesurteil* gesprochen. Denn die Konzessionen, die vom Genossen Cohen und anderen Leuten gemacht werden, dass ja, wenn die Nationalversammlung komme, das Rätesystem noch weiterbestehen könne, sind ja doch nur Schall und Rauch. Was soll denn dieses Rätesystem neben einem sich breitspurig einnistenden parlamentarisch-demokratisch-bürgerlichen System, wie es die Nationalversammlung einmal im Gefolge hat! Eine leere Staffage, eine Marionette! Im Wirtschaftsleben werden mit Hilfe der Nationalversammlung und des Bürgertums die Gewerkschaften alten Stils natürlich die Arbeiterräte aus den Betrieben ganz schnell herausgedrängt haben. Das machen sie heute schon und haben es schon gemacht. Ach nein, dieses beides lässt sich eben nicht miteinander vereinigen, man muss das eine oder das andere wollen. Aber das sage ich Ihnen: all Ihre Illusionen auf ein neues, freies, auch kulturell und geistig freies Deutschland, auf ein deutsches Volk, das diesen alten Untertanengeist von sich geworfen hat, der ja heute noch knüppeltief drinsitzt im deutschen Volk, auf ein Deutschland, in dem das Volk auch wirklich aktiven Anteil an seinen Geschicken nimmt und nicht alle zwei, drei Jahre mit einem Stimmzettel in der Hand zur Wahlurne läuft, erreichen Sie nicht mit diesem alten System. […]

Die Diktatur ist zweifellos mit dem Rätesystem verbunden. Aber was sich in Russland durch die historischen Gesetze aufzwang, braucht noch lange nicht in Deutschland der Fall zu sein. Ich gehöre nicht zu denen, die mechanisch und sklavisch das *russische Beispiel* nachzuahmen versuchen. Ich bin Deutscher, und ich bin stolz darauf, Deutscher zu sein. Die 20 Jahre, die ich jetzt in der Partei bin, habe ich dazu verwandt, die deutsche Kultur, die deutsche

M 11 Stimmenanteile für die einzelnen Parteien in Prozent bei den Wahlen zur Nationalversammlung und zum Deutschen Reichstag 1919–1933 (Stimmen in Mio.)

	Nationalversammlung	Reichstag							
	19. Jan. 1919	6. Juni 1920	4. Mai 1924	7. Dez. 1924	20. Mai 1928	14. Sept. 1930	31. Juli 1932	6. Nov. 1932	5. März 1933
Wahlberechtigte (in 1000)	36766	35949	38375	38987	41224	42957	44226	44374	44685
Abgegeb. Stimmen (in 1000)	30524	28463	29709	30704	31165	35225	37162	35758	39654
Wahlbeteiligung (in Prozent)	83,0	79,2	77,4	78,8	75,6	82,0	84,1	80,6	88,8
KPD	–	2,1	12,6	9,0	10,6	13,1	14,5	16,9	12,3
USPD	7,6	17,9	0,8	0,3	0,1	0,0	–	–	–
SPD	37,9	21,7	20,5	26,0	29,8	24,5	21,6	20,4	18,3
DDP	18,6	8,3	5,7	6,3	4,9	3,8	1,0	1,0	0,9
Zentrum	15,9	13,6	13,4	13,6	12,1	11,8	12,5	11,9	11,2
BVP	3,8	4,2	3,2	3,8	3,1	3,0	3,7	3,4	2,7
DVP	4,4	13,9	9,2	10,1	8,7	4,7	1,2	1,9	1,1
DNVP	10,3	15,1	19,5	20,5	14,2	7,0	6,2	8,9	8,0
NSDAP	–	–	6,5	3,0	2,6	18,3	37,4	33,1	43,9
Sonstige	1,6	3,3	8,6	7,5	13,9	13,8	2,0	2,6	1,6

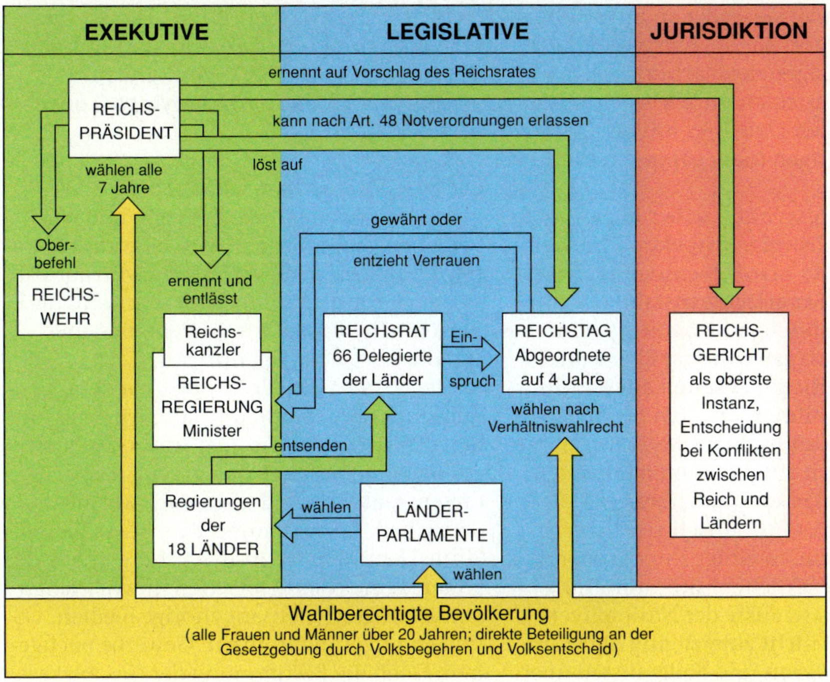

M12 Die Verfassung der Weimarer Republik vom 11. August 1919

Dichtung, die deutsche Literatur den Massen da unten zugänglich zu machen, weil die bürgerliche Gesellschaft nach dieser Richtung hin Millionen jahraus, jahrein geistig beraubt hat. Aber das, was sich aus der großen Geschichte der russischen Revolution ergibt, haben wir uns nutzbar zu machen, und ich habe stets zu denen gehört, die den Verzweiflungskampf der Bolschewisten gestützt haben. […]

Wir müssen ja doch aufräumen mit dieser ganzen alten Verwaltungsmaschine, die wir haben in Reich und Bundesstaaten und Kommunen. Die Selbstverwaltung muss doch mehr und mehr die Aufgabe sein, die dem deutschen Volke erwachsen muss, anstatt des Regiertwerdens. Wie wollen Sie aber ein Volk in weitestgehendem Maße zur Selbstverwaltung erziehen, wenn Sie es politisch einfach so dahintrotten lassen und wenn Sie Erwählte in irgendein Parlament schicken, die dann wieder die üblichen Redebächlein fließen lassen und den Parteihader erscheinen lassen, aber sonst an den Dingen draußen beim Volk nichts ändern!

Ebd., S. 72–75.

7 🚶 Teilen Sie den Kurs in zwei Gruppen (N und R) und diskutieren Sie auf der Grundlage von M10a und 10b über Nationalversammlung und Rätesystem. Beziehen Sie hierbei auch die Materialien aus dem Kapitel „Kultur" (vor allem M3, S. 75) ein.

8 Vergleichen Sie die Analyse von Cohen-Reuss (M10a) mit dem Ergebnis der Wahl zur Nationalversammlung (M11).

9 Untersuchen Sie die Bedeutung der russischen Revolution für die deutsche (M6b, M7, M8, M10a und 10b).

M13 Der Historiker Detlev J. K. Peukert urteilt über die Weimarer Reichsverfassung (1987)

Wenig beachtet von den Zeitgenossen, ungeliebt von nahezu allen politischen Strömungen in den darauffolgenden Jahren der Weimarer Republik, viel gescholten durch die Historiker: mit dem Hauptdokument der deutschen Demokratiegeschichte ist wenig Staat zu machen. Man könnte der Weimarer Reichsverfassung jedoch ein wenig gerechter werden, wenn man sie weder an Erwartungen mißt, die schon der Revolutionsverlauf und die Zwangslagen der Nachkriegszeit enttäuschen mußten, noch ihr alle Übelstände des nachfolgenden Umgangs mit den Verfassungsbestimmungen (oder gar gegen sie) zurechnet. [...]

Die Verfassungsgebung selber verlief auch deshalb vergleichsweise unspektakulär, weil die Parlamentarier mangels eindeutiger Mehrheiten und angesichts instabiler Kräftegleichgewichte ständig Kompromisse eingehen mußten. So gab es in der Eigentumsfrage eine bürgerliche Mehrheit aus Zentrum und Liberalen, während in allen Bereichen der Schul- und Kulturpolitik das Zentrum gegen die weltlich ausgerichteten Liberalen und Sozialdemokraten stand. Zwar war die Rätebewegung machtpolitisch geschlagen. Dennoch aber fanden einige ihrer Forderungen nach wirtschaftlicher Mitbestimmung Eingang in die Beschlüsse der Nationalversammlung. Und nicht zuletzt ging die Front zwischen Zentralisten und Föderalisten quer durch alle Parteien.

Eine Verfassung aus einem Guß war weder zu erwarten, noch konnte sie erwünscht sein. Sie hätte doch nur als Oktroi[1] einer siegreichen radikalen Mehrheit erfolgen können, während das machtpolitische Ergebnis der Revolution wie das parteipolitische Votum der deutschen Wähler auf eine Gemengelage zwischen Kontinuität und Neubeginn und auf ein labiles Machtgleichgewicht hinausliefen. [...]

Historiker und Zeitgenossen haben die Weimarer Verfassung danach beurteilt, was man in der politischen Praxis aus ihr gemacht hatte. Selbstredend ist es einer Verfassungsidee zuzurechnen, welche Anwendungen und Verformungen sie ermöglicht. Gerecht wird man ihr aber nur dann, wenn man auch jene in ihr ebenfalls angelegten alternativen Entwicklungen berücksichtigt, die unter den politischen Bedingungen der zwanziger Jahre nicht zum Zuge kamen.

Detlev J. K. Peukert, Die Weimarer Republik. Krisenjahre der Klassischen Moderne, Frankfurt am Main (Suhrkamp) 1987, S. 46–48. R

1 Oktroi = aufgezwungenes Gesetz, ohne verfassungsgemäße Zustimmung

M 14 Auszug aus dem Buch „Die Weimarer Verfassung in Lehre und Wirklichkeit“ des Juristen und DNVP-Vorstandsmitglieds Axel Freiherr von Freytagh-Loringhoven (1924)

Die aus undeutschem Geist geborene Weimarer Verfassung muss vergehen und wird vergehen. An ihre Stelle wird eine andere treten. Und diese neue Verfassung wird auf völkischer Grundlage aufgebaut sein, wird die Verschmelzung des völkischen mit dem staatlichen Gedanken bringen. [...]

Heute steht [...] dieser Staat vor dem Zusammenbruch und die Bahn wird frei für den Aufbau des völkischen Staats. Da heißt es vor allem, darüber klar zu sein, dass an diesem Staat nur teilhaben darf, wer aus deutschem Blute stammt. Nur wer in diesem Sinne Deutscher ist, ist Reichsbürger. Alle die anderen, die Nichtdeutschen im völkischen Sinne, mögen Reichsangehörige bleiben, mögen ungehindert ihrem Gewerbe nachgehen. Doch die Bestimmung der Geschicke des deutschen Volkes darf nicht mehr in ihrer Hand liegen. [...]

Welche Verfassung soll sich nun das von fremden Bestandteilen gereinigte deutsche Volk geben? Die Antwort auf diese Frage kann nur gefunden werden, wenn wir uns darüber klar sind, dass die Aufgabe einer jeden Verfassung darin besteht, die besten Kräfte des Volkes für den Staat nutzbar zu machen und eine Auslese von Führern zu Wege zu bringen. [...]

Was an politischen Großtaten zu verzeichnen ist, war das Werk einzelner Männer, entweder der Fürsten selbst oder der von ihnen richtig erkannten und emporgehobenen Diener. Gegen den Widerstand von Ständen und Parlamenten ist so die Großmachtstellung Deutschlands begründet, ist die preußische und deutsche Wehrmacht geschaffen worden. Daneben hat auf dem Gebiet der inneren Verwaltung, der kulturellen und wirtschaftlichen Hebung des Landes die Selbstverwaltung wertvolle Arbeit getan. Und endlich ist nicht zu verkennen, dass das deutsche Volk in seiner Berufsarbeit, gleichviel welcher Art, stets überaus Tüchtiges zu Wege gebracht hat.

Berücksichtigt man das, so wird man zu

dem Schlusse gedrängt, dass die in unserem Volk schlummernden Kräfte für den Staat nutzbar gemacht werden können, wenn man sie einerseits durch Vermittlung der Selbstverwaltung, andererseits durch die der Berufsstände erfasst. Selbstverwaltung und Berufsstände sind es deshalb, die zur staatlichen Mitarbeit herangezogen werden müssen, mit der Maßgabe jedoch, dass in den großen politischen Fragen, vor allem in den Fragen der Außenpolitik, und den unlöslich mit ihr verknüpften Fragen der Wehrmacht die Entscheidung nicht ihnen zusteht, dass hier vielmehr die geborenen Führer zur Geltung gelangen.

Jens Flemming u. a. (Hg.), Die Republik von Weimar. Bd. 1: Das politische System, Königstein/Düsseldorf (Athenäum) 1979, S. 32 f.

10 Setzen Sie sich mit dem Urteil eines Historikers (Eberhard Kolb) auseinander, die Revolution von 1918/19 sei eine „stecken gebliebene Revolution" gewesen. Berücksichtigen Sie dabei auch die Handlungsspielräume der handelnden Politiker.

11 Diskutieren Sie zusammenfassend über die Bedeutung der Revolution von 1918/19 für die politische Kultur in Deutschland. Sie können dafür auch die Rezeption der Revolution zum fünfzigjährigen Jubiläum 1968/69 in beiden deutschen Staaten heranziehen und in Zeitungen bzw. politischen Magazinen recherchieren.

12 2018 jährt sich die Revolution zum hundertsten Mal: Diskutieren Sie über die Veranstaltung einer Gedenkfeier zu diesem Anlass und entwerfen Sie anschließend den Text einer Rede dazu.

13 Erläutern Sie die politischen Strukturen der Weimarer Republik anhand von M12. Vergleichen Sie sie mit den entsprechenden Bestimmungen des Grundgesetzes. Hat man bei der Konzeption des Grundgesetzes von den Weimarer Erfahrungen gelernt? Wenn ja: Halten Sie dies für richtig?

14 Beurteilen Sie die Rolle der Verfassung in der politischen Krise der Weimarer Republik seit 1929/30 (siehe Kap. 9) (M13).

15 Bewerten Sie die Stellungnahme von Freytagh-Loringhovens (M14) zur Verfassung und seine Alternativkonzeption einer Verfassung auf völkischer Grundlage.

M15 Das Friedensprogramm des amerikanischen Präsidenten Woodrow Wilson: Die „Vierzehn Punkte"

Washington, 8. Januar 1918

[...]

IV. Austausch ausreichender Garantien dafür, dass die nationalen Rüstungen auf das niedrigste mit der inneren Sicherheit zu vereinbarende Maß herabgesetzt werden.

V. Eine freie, weitherzige und unbedingt unparteiische Schlichtung aller kolonialen Ansprüche, die auf einer genauen Beobachtung des Grundsatzes fußt, dass bei der Entscheidung aller derartiger Souveränitätsfragen die Interessen der betroffenen Bevölkerung ein ebensolches Gewicht haben müssen wie die berechtigten Forderungen der Regierung, deren Rechtsanspruch bestimmt werden soll.

VI. Räumung des ganzen russischen Gebiets.

VII. Belgien muss, wie die ganze Welt übereinstimmen wird, geräumt und wiederhergestellt werden, ohne jeden Versuch, seine Souveränität, derer es sich ebenso wie alle anderen freien Nationen erfreut, zu beschränken.

VIII. Alles französische Gebiet sollte befreit und die besetzten Teile sollten wiederhergestellt werden, und das Frankreich von Preußen im Jahre 1871 hinsichtlich Elsass-Lothringens angetane Unrecht, das den Weltfrieden während eines Zeitraums von nahezu fünfzig Jahren in Frage gestellt hat, sollte wieder gutgemacht werden, damit erneut Friede im Interesse aller gemacht werde.

IX. Es sollte eine Berichtigung der Grenzen Italiens nach den klar erkennbaren Linien der Nationalität durchgeführt werden.

X. Den Völkern Österreich-Ungarns, deren Platz unter den Völkern wir sichergestellt und zugesichert zu sehen wünschen, sollte die freieste Gelegenheit zu autonomer Entwicklung gewährt werden.

XI. Rumänien, Serbien und Montenegro sollten geräumt werden; besetzte Gebiete sollten wiederhergestellt werden; Serbien sollte freier und sicherer Zugang zum Meere gewährt werden; und die Beziehungen der verschiedenen Balkanstaaten zueinander sollten durch freundschaftliche Verständigung gemäß den geschichtlich feststehenden Grundlinien von Zugehörigkeit und Nationalität bestimmt werden. Auch sollten internationale Bürgschaften für die politische und wirtschaftliche Unabhängigkeit sowie für die territoriale Unverletzlichkeit der verschiedenen Balkanstaaten übernommen werden.

XII. Den türkischen Teilen des gegenwärtigen Osmanischen Reiches sollte eine sichere Souveränität, den anderen derzeit unter türkischer Herrschaft stehenden Nationalitäten aber eine unzweifelhafte Sicherheit der Existenz und unbeeinträchtigte Gelegenheit für autonome Entwicklung zugesichert werden; auch sollten die Dardanellen unter internationaler Garantie dauernd als ein freier Durchgang für die Schiffe und den Handel aller Nationen geöffnet werden.

XIII. Es sollte ein unabhängiger polnischer Staat errichtet werden, der die von unbestritten polnischen Bevölkerungen bewohnten Gebiete einschließen sollte, dem ein freier und sicherer Zugang zum Meere zugesichert werden sollte und dessen politische und wirtschaftliche Unabhängigkeit und territoriale Unverletzlichkeit durch internationale Abkommen garantiert werden sollten.

XIV. Es muss zum Zwecke wechselseitiger Garantieleistung für politische Unabhängigkeit und territoriale Unverletzlichkeit der großen wie der kleinen Staaten unter Abschluss spezifischer Vereinbarungen eine allgemeine Gesellschaft von Nationen gebildet werden.

Klaus Schwabe (Hg.), Quellen zum Friedensschluss von Versailles, Darmstadt (Wiss. Buchgesellschaft) 1997, S. 47–49.

M 16 Gedanken von Außenminister Ulrich Graf von Brockdorff-Rantzau zum Vorgehen bei den bevorstehenden Friedensverhandlungen

Berlin, 14. Januar 1919

[…] Der Friede, den wir schließen, muss ein Rechtsfrieden sein und darf kein Gewaltfriede werden. Unter diesem Gesichtswinkel werden die 14 Punkte des Wilsonschen Programms für uns auf der Friedenskonferenz leitend sein müssen.

Wie im Einzelnen sich die Taktik, die wir bei den Friedensverhandlungen zu befolgen haben, gestalten wird, ist heute nicht zu übersehen. Als leitender Gesichtspunkt schwebt mir vor, unsere Gegner von unserem Recht zu überzeugen. […] Im Übrigen habe ich Informationen von sehr guter Seite, dass die Alliierten leider wahrscheinlich beabsichtigen, auch nach dem Kriege in engem wirtschaftlichem Einvernehmen gegen uns zu handeln.

Es wird im Laufe der Zeit die Aufgabe unserer Politiker sein, diese Pläne zunichte zu machen und unsere heutigen Gegner zu überzeugen, dass sie ein Volk wie das deutsche in ihrem eigenen Interesse weder auf dem Weltmarkt noch in der Politik auf die Länge ausschalten können.

Ebd., S. 97 f.

M 17 Auszüge aus dem Friedensvertrag von Versailles (28. 6. 1919)

Teil I: Völkerbundsatzung

Artikel 8: Die Bundesmitglieder bekennen sich zu dem Grundsatz, dass die Aufrechterhaltung des Friedens eine Herabsetzung der nationalen Rüstungen auf das Mindestmaß erfordert, das mit der nationalen Sicherheit und mit der Erzwingung internationaler Verpflichtungen durch gemeinschaftliches Vorgehen vereinbar ist.

Artikel 10: Die Bundesmitglieder verpflichten sich, die Unversehrtheit des Gebiets und die bestehende politische Unabhängigkeit aller Bundesmitglieder zu achten und gegen jeden äußeren Angriff zu wahren. Im Falle eines Angriffs, der Bedrohung mit einem Angriff oder einer Angriffsgefahr nimmt der Rat auf die Mittel zur Durchführung dieser Verpflichtung Bedacht.

Artikel 11: Ausdrücklich wird hiermit festgestellt, dass jeder Krieg und jede Bedrohung mit Krieg, mag davon unmittelbar ein Bundesmitglied betroffen werden oder nicht, eine Angelegenheit des ganzen Bundes ist und dass dieser die zum wirksamen Schutz des Völkerfriedens geeigneten Maßnahmen zu ergreifen hat. Tritt ein solcher Fall ein, so beruft der Generalsekretär unverzüglich auf Antrag irgendeines Bundesmitgliedes den Rat.

Teile II–XV

Artikel 42: Es ist Deutschland untersagt, auf dem linken Ufer des Rheines und auf dem rechten Ufer westlich einer 50 km östlich des Flusses verlaufenden Linie Befestigungen beizubehalten oder anzulegen.

Artikel 43: Ebenso ist in der im Artikel 42 bezeichneten Zone die ständige oder zeitweise Unterhaltung oder Ansammlung von Streitkräften untersagt. Das Gleiche gilt für jedwede militärischen Übungen und die Beibehaltung aller materiellen Vorkehrungen für eine Mobilmachung.

Artikel 45: Als Ersatz für die Zerstörung der Kohlengruben in Nordfrankreich und als Anzahlung auf den Betrag der von Deutschland geschuldeten Wiedergutmachung der Kriegsschäden tritt Deutschland das volle und unbeschränkte, völlig schulden- und lastenfreie Eigentum an den Kohlengruben im Saarbecken mit dem ausschließlichen Ausbeutungsrecht an Frankreich ab.

Artikel 80: Deutschland erkennt die Unabhängigkeit Österreichs in den durch Vertrag zwischen diesem Staate und den alliierten und assoziierten Hauptmächten festzusetzenden Grenzen an und verpflichtet sich, sie unbedingt zu achten; Deutschland erkennt an, dass diese Unabhängigkeit unabänderlich ist, es sei denn, dass der Rat des Völkerbunds einer Abänderung zustimmt.

Artikel 160: 1. Spätestens am 31. März 1920 darf das deutsche Heer nicht mehr als 7 Infanterie- und 3 Kavalleriedivisionen umfassen.

Von diesem Zeitpunkt ab darf die gesamte Ist-Stärke des Heeres der sämtlichen deutschen Einzelstaaten nicht mehr als 100 000 Mann, einschließlich der Offiziere und der Depots, betragen. Das Heer ist nur für die Erhaltung der Ordnung innerhalb des deutschen Gebietes und zur Grenzpolizei bestimmt.

Die Gesamtstärke an Offizieren, einschließlich der Stäbe, ohne Rücksicht auf deren Zusammensetzung, darf die Zahl viertausend nicht übersteigen. […]

Artikel 198: Deutschland darf Luftstreitkräfte weder zu Lande noch zu Wasser unterhalten.

Artikel 227: Die alliierten und assoziierten Mächte stellen Wilhelm II. von Hohenzollern, vormaligen Kaiser von Deutschland, wegen schwerster Verletzung des internationalen Sittengesetzes und der Heiligkeit der Verträge unter öffentliche Anklage.

Artikel 231: Die alliierten und assoziierten Regierungen erklären und Deutschland erkennt an, dass Deutschland und seine Verbündeten als Urheber für alle Verluste und Schäden verantwortlich sind, die die alliierten und assoziierten Regierungen und ihre Staatsangehörigen infolge des Krieges, der ihnen durch den Angriff Deutschlands und seiner Verbündeten aufgezwungen wurde, erlitten haben.

Artikel 232: Die alliierten und assoziierten Regierungen erkennen an, dass die Hilfsmittel Deutschlands unter Berücksichtigung ihrer dauernden sich aus den übrigen Bestimmungen des gegenwärtigen Vertrags ergebenden Verminderung nicht ausreichen, um die volle Wiedergutmachung aller dieser Verluste und Schäden zu gewährleisten.

Immerhin verlangen die alliierten und assoziierten Regierungen und Deutschland verpflichtet sich dazu, dass alle Schäden wieder gutgemacht werden, die der Zivilbevölkerung jeder der alliierten und assoziierten Mächte und ihrem Eigentum während der Zeit, in der sich die beteiligte Macht mit Deutschland im Kriegszustand befand, durch den bezeichneten Angriff zu Lande, zur See und in der Luft zugefügt worden sind.

Artikel 428: Um die Ausführung des gegenwärtigen Vertrags durch Deutschland sicherzustellen, werden die deutschen Gebiete westlich des Rheins einschließlich der Brückenköpfe während eines Zeitraums von 15 Jahren nach Inkrafttreten des gegenwärtigen Vertrags durch die Truppen der alliierten und assoziierten Mächte besetzt gehalten.

Wolfgang Michalka, Gottfried Niedhart (Hg.), Die ungeliebte Republik. Dokumentation zur Innen- und Außenpolitik Weimars 1918–1933, 3. Aufl. München (dtv) 1984, S. 132–140.

M 18 **Die Auswirkungen des Versailler Friedensvertrages von 1919 auf das Deutsche Reich**

Bestimmungen des Versailler Vertrages

- Abzutretende Gebiete
- Unter Treuhandschaft des Völkerbundes (1920–1935)
- Freie Stadt unter Schutz des Völkerbundes
- Abstimmungsgebiete
- Besetzte Gebiete
- Entmilitarisierte Zone
- Zone mit Verbot des Festungsbaus
- Internationalisierte Flüsse und Kanäle
- Grenze des Deutschen Reiches 1920
- Alliierte Sanktionen 1920–1925 und französische Ruhrbesetzung 1923–1925
- 97,8 % Ergebnis der Volksabstimmung
- 1874 Bevölkerung in den abgetretenen Gebieten (in Tsd.)

Bevölkerungsverluste

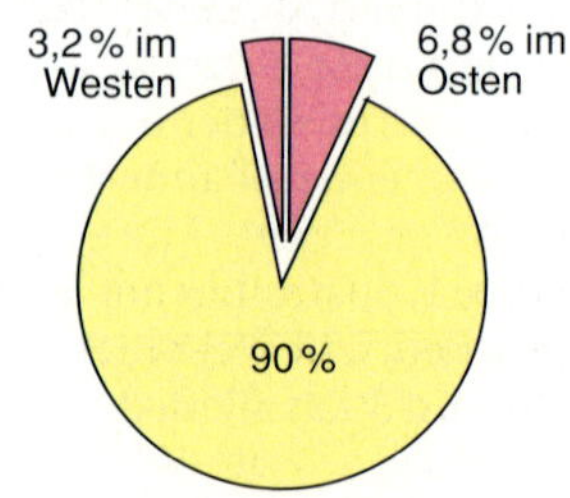

Gebietsverluste

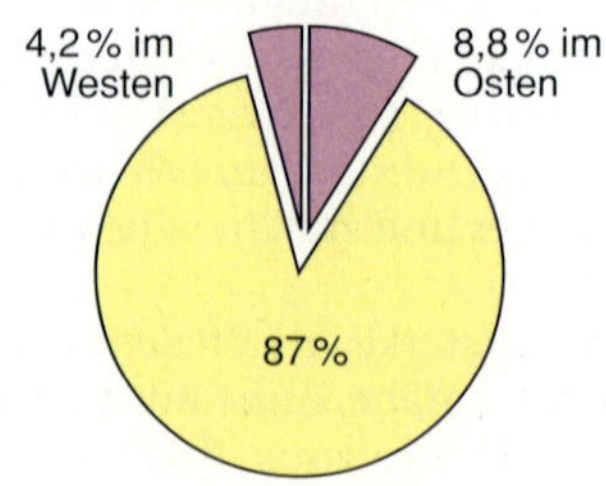

M19 Zeitgenössische Übersichtskarte über die Folgen des Versailler Vertrages.
Die Karte wurde in vielen Lehrbüchern der Weimarer Republik abgedruckt.

16 Vergleichen Sie Wilsons Friedensprogramm (M15) und die deutschen Überlegungen (M16) mit den Ergebnissen der Versailler Friedenskonferenz (M17).

17 Vergleichen Sie die zeitgenössische Darstellung der territorialen Auswirkungen des Vertrags (M19) mit einer heutigen (M18), erarbeiten Sie die Unterschiede und beurteilen Sie die Auswirkungen von M19 für die historisch-politische Bildung.

18 Erörtern Sie die Probleme, die aus der Existenz von deutschen Minderheiten in vielen europäischen Staaten (z. B. Tschechoslowakei, Polen, Frankreich, Russland) resultieren konnten. Welche Lösungsmöglichkeiten hätte es für das Minderheitenproblem gegeben?
Kennen Sie Fälle aus der Gegenwart, wo Minderheitenfragen politische Probleme darstellen?

19 Vergleichen Sie das Kriegsende 1918 einschließlich des Friedensvertrags von Versailles mit dem Kriegsende 1945 im Hinblick auf die Auswirkungen für Deutschland und seine Bevölkerung.

20 Informieren Sie sich über die Zielsetzungen und Strukturen von Völkerbund und Vereinten Nationen und erörtern Sie, inwiefern man bei der Gründung der UNO aus den historischen Erfahrungen gelernt hat.

21 Schreiben Sie eine Hausarbeit zum Thema „Versailler Vertrag – Diktatfrieden oder realpolitischer Kompromiss?"

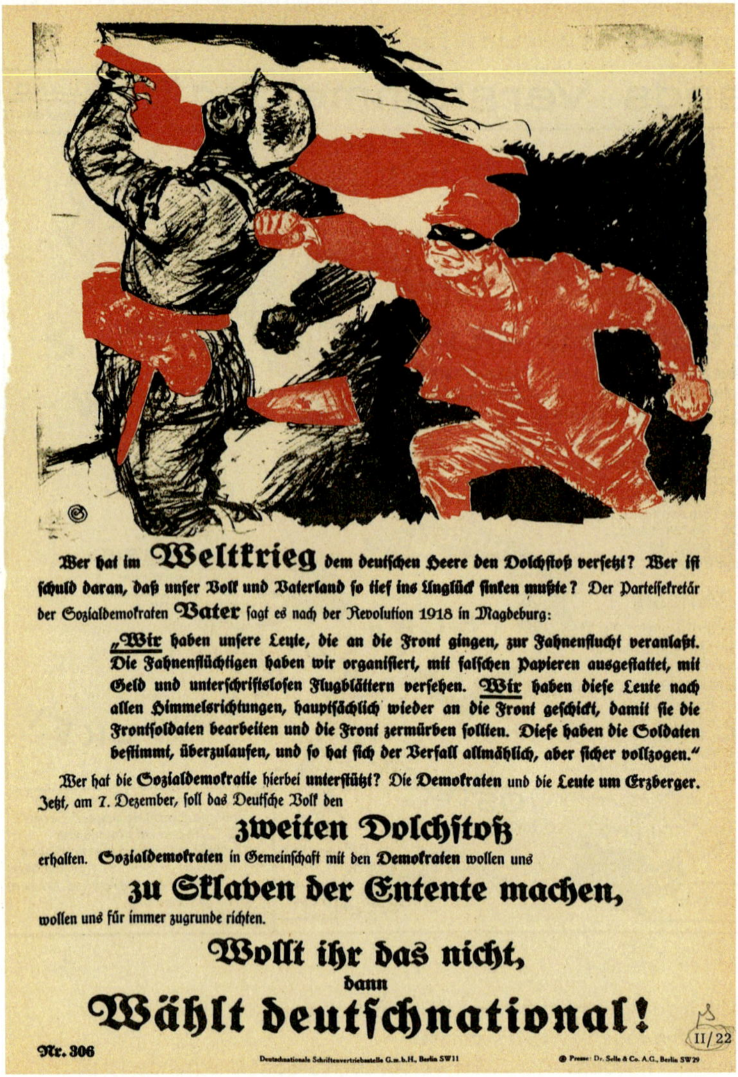

M20 **DNVP-Wahlplakat von 1924**

M21 Hindenburg und die Dolchstoßlegende

21 a) Hindenburg an Reichskanzler Prinz Max von Baden, Berlin, 3. 10. 1918:

Die Oberste Heeresleitung bleibt auf ihrer am Sonntag, dem 29. September d. J., gestellten Forderung der sofortigen Herausgabe des Friedensangebotes an unsere Feinde bestehen.

Infolge des Zusammenbruchs der mazedonischen Front, der dadurch notwendig gewordenen Schwächung unserer Westreserven und infolge der Unmöglichkeit, die in den Schlachten der letzten Tage eingetretenen sehr erheblichen Verluste zu ergänzen, besteht nach menschlichem Ermessen keine Aussicht mehr, dem Feinde den Frieden aufzuzwingen.

Der Gegner seinerseits führt ständig neue, frische Reserven in die Schlacht. Noch steht das deutsche Heer fest gefügt und wehrt siegreich alle Angriffe ab. Die Lage verschärft sich aber täglich und kann die

O. H. L. zu schwer wiegenden Entschlüssen zwingen.

Unter diesen Umständen ist es geboten, den Kampf abzubrechen, um dem deutschen Volke und seinen Verbündeten nutzlose Opfer zu ersparen. Jeder versäumte Tag kostet Tausenden von tapferen Soldaten das Leben.

Matthias Herrmann, Die Dolchstoßlegende. Hintergrund und politische Wirkung, in: Geschichte lernen, Heft 52 (1996), S. 48–53, hier S. 53.

21 b) Erklärung des Generalfeldmarschalls von Hindenburg vor dem parlamentarischen Untersuchungsausschuss am 18. 11. 1919:

Wir wussten, was wir vom Heer, der oberen und niederen Führung, nicht zuletzt von dem Manne im feldgrauen Rock zu fordern hatten und was sie geleistet haben. Aber trotz der ungeheuren Ansprüche an Truppen und Führung, trotz der zahlenmäßigen Überlegenheit des Feindes konnten wir den Kampf zu einem glücklichen Ende führen, wenn die geschlossene und einheitliche Zusammenwirkung von Heer und Heimat eingetreten wäre. Darin hatten wir das Mittel zum Siege gesehen, den zu erreichen wir den festen Willen hatten.

Aber was geschah nun? Während sich beim Feinde trotz seiner Überlegenheit ein Zusammenarbeiten aller Parteien und Schichten zeigte, sodass sie sich in dem Willen zum Siege immer fester zusammenschlossen, und zwar umso mehr, je schwieriger ihre Lage wurde, da machten sich bei uns

M 22 Karikatur von Oskar Theuer aus der Beilage zum „Berliner Tageblatt“: „Ulk“ (1921)

die Parteiinteressen geltend. […] Als wir unser Amt übernahmen, stellten wir bei der Reichsleitung eine Anzahl von Anträgen, um die Zusammenfassung aller Kräfte herbeizuführen; was schließlich wieder durch die Einwirkung der Parteien aus unseren Anträgen geworden ist, ist bekannt. Ich wollte kraftvolle und freudige Mitarbeit gewinnen, bekam aber Versagen und Schwäche. […] Die Heimat hat uns von diesem Augenblick an nicht mehr gestützt. Wir erhoben oft unsere warnende Stimme. Seit dieser Zeit setzte auch die heimliche Zersetzung von Heer und Flotte ein. Die Wirkung dieser Bestrebungen war der Obersten Heeresleitung während des letzten Kriegsjahres nicht verborgen geblieben. Die braven Truppen, die sich von der revolutionären Einwirkung frei hielten, hatten unter der Einwirkung der revolutionären Kameraden schwer zu leiden. Unsere Forderung, strenge Zucht und strenge Handhabung der Gesetze durchzuführen, wurde nicht erfüllt. So mussten unsere Operationen misslingen, so musste der Zusammenbruch kommen, die Revolution bildete nur den Schlussstein. Ein englischer General sagt mit Recht: Die deutsche Armee ist von hinten erdolcht worden. Wo die Schuld liegt, bedarf keines Beweises.

Ebd., S. 52 f.

22 Vergleichen Sie Hindenburgs Brief vom Oktober 1918 mit seiner Aussage ein Jahr später und erläutern Sie die politische Funktion der „Dolchstoßlegende" (M20, M21).

23 Analysieren Sie die Karikatur (M22) vor dem Hintergrund der politischen Entwicklung zwischen 1918 und 1921.

M23 **Werbeplakat für den Eintritt in ein Freikorps**

M 24 Artikel aus den „Akademischen Blättern" vom 1. 1. 1919

Uns V. D. St. ern (Verband Deutscher Studentenschaften) ist der innere Widerspruch, der in dem Begriff „Demokratie" liegt, von vornherein klar. Das „Volk" als solches, sogar als durch Rassenreinheit einheitliche Masse, ist zum Träger der Herrschaft gar nicht geeignet, es bedarf vielmehr erst des gestaltenden Prinzips, um Entschlüsse zu fassen, die zu richtungsgebenden Beschlüssen erhoben werden können. Nur durch Betrachtung des Volkscharakters ist die Frage zu lösen, welche Kräfte nun zu Trägern dieses gestaltenden Prinzips erhoben werden ... Die großen Städte und Industriezentren sowie die außerordentliche Steigerung des Verkehrs haben bei uns zu einer jeglicher Hochzüchtung von führerischen Instinkten feindlichen Blutsvermengung geführt, deren gefährlichen Folgen uns nur die Entwicklung eines gesunden Bauernstandes entziehen kann. Gleichzeitig müssen wir bestrebt sein, das in unseren Kreisen noch lebendige Führertum durch Auswahl und Erziehung zu erhalten. Nur so können wir erreichen, dass aus dem Chaos des Umsturzes eine neue herrschfähige „Aristokratie des Geistes" hervorgeht und nicht eine materielle Klassentyrannis oder eine verkappte Diktatur uns überwältigt.

[...] Rassengleichheit, gemeinsame Kulturgrundlagen, der gleiche Rhythmus des Erlebnisses, wie es uns das allen gemeinsame Gefahrenerlebnis des Krieges veranschaulicht, sind derartige Aufgaben, die uns in dieser Stunde eindringlicher denn je gemahnen, auf der Hut zu sein vor allem Fremdartigen, Undeutschen.

W. Abelshauser, A. Faust, D. Petzina (Hg.), Deutsche Sozialgeschichte 1914–1945. Ein historisches Lesebuch, München (C. H. Beck) 1985, S. 102 f.

M 25 Der Fall Mechterstädt

25 a) Aus einem Bericht über die Organisation des Studentenkorps Marburg (Mai 1920):
In Marburg wurde auf Befehl der Reichswehr-Brigade 11 im Oktober 1919 mit der Organisation eines Zeitfreiwilligenverbandes begonnen. [...]

Es gelang sehr schnell, den Zeitfreiwilligenverband „Studentenkorps Marburg" zu organisieren. Nach Rücksprache wurden zuerst die Verbindungen des Lokalkartells, wenig später die übrigen Korporationen der Universität dafür gewonnen. Von einer Zusammenfassung der Nichtkorporierten musste zunächst wegen der org[anisatorischen] Schwierigkeiten abgesehen werden. Eingeteilt wurde das Studentenkorps zu Marburg (Stu. Co. Ma.) in 8 Komp., deren Stärke zwischen 180 und 200 Mann schwankte.

Die nächsten Monate nach dem vollzogenen Zusammenschluss wurden zu einer straffen Ausgestaltung der Organisation benutzt. Für diejenigen Mitglieder, die noch nicht Soldat gewesen waren, wurde einmal im Semester Schießübung auf dem Schießstande des Jägerbatl. abgehalten, an der sich fast alle Korporationen beteiligten. [...] Um eine schnellere Alarmierung zu gewährleisten, wurde später ein Teil der Waffen im Einverständnis mit der Reichswehr-Brigade auf den Verbindungshäusern gelagert. Diese Maßnahme erfolgte auch auf Grund dessen, dass das Studentenkorps dazu bestimmt war, bei einem Abmarsch des Batl. den Schutz der Kasernen, Kanonen usw. zu übernehmen. Das Batl. konnte die Waffen auch ruhig ausgeben, da sie bei den Studenten, die zu fast 50 % aus ehemaligen Offizieren bestanden, in guten Händen waren.

Von Seiten der Demokraten und Sozialdemokraten wurde bald nach der Organisation, die in aller Öffentlichkeit erfolgte, gegen das Studentenkorps bei den maßgebenden Regierungs- und Befehlsstellen eine Auflösung und Entwaffnung verlangt. Dem wiederholten Ersuchen der beiden Parteien wurde aber nicht stattgegeben. [...] Vielmehr wurde das Studentenkorps für den Fall der dringenden Not auch für einen Einsatz nach außerhalb verpflichtet.

Die Gesamtstärke der Corps betrug gegen Ende des Jahres 1919 rund 1200 Mann. [...] Als die Spartakistenaufstände im Ruhrgebiet und in Thüringen ausbrachen, sah sich die Rw. Brigade genötigt, doch wieder auf die Unterstützung der Zeitfreiwilligenverbände zurückgreifen zu müssen. Trotz des Misstrauens, das ihnen entgegengebracht wurde, stellte sich auch dieses Mal das Studentenkorps bereitwilligst zur Verfügung, um diese schwerste Gefahr für Deutschland mit helfen abzuwenden. Das Studium wurde unterbrochen und die Universität geschlossen. Am 19. III. wurde das 1. Studentenbtl. unter Führung des Herrn Fregattenkapitän Frhr. von Selchow, wenige Tage später ein zweites Batl. unter Hauptmann von Buttlar aufgestellt und nach Thüringen in Marsch gesetzt. Im Ganzen hatten sich fast 2000 Studenten zur Verfügung gestellt.

Peter Krüger, Anne C. Nagel (Hg.), Mechterstädt – 25. 3. 1920. Skandal und Krise in der Frühphase der Weimarer Republik, Münster (LIT-Verlag) 1997, S. 104–106.

25 b) Aus der Vernehmung des Beschuldigten, Leutnant der Reserve Heinrich Goebel, (31. 3. 1920):

Ich marschierte mit meinen Gefangenen am Schluss des Bataillons. Hinter mir befand sich niemand weiter. Dass meine Leute bei Fluchtversuchen schießen durften, war ihnen von der Kompagnie gesagt worden, als sie zum Kdo. bestimmt wurden. Sie mögen auch die diesbezüglichen Äußerungen des Herrn Oberlts. Baldus gehört haben.

Ich marschierte mit meiner Gefangenenabteilung etwa 1000 Meter hinter der Nachspitze. Der Marsch erfolgte in der Weise, dass rechts und links in Höhe mit den Gefangenen, die zu zweit marschierten, je 1 von meinen Leuten marschierte. Kurz hinter Sättelstädt, durch das wir marschierten, wurde der Gefangene Hornebusch, der mir als Haupträdelsführer bezeichnet worden war, von den Übrigen abgesondert und am Schluss der Gefangenen von 2 oder 3 Leuten gesondert geführt. Ich marschierte an der Spitze der Abteilung. Zwischen Sattelstädt und Mechterstädt hörte ich hinter mir Schüsse fallen. Wegen des dichten Nebels konnte ich nicht sehen, was da war und ging mit beschleunigtem Tempo zurück. Zwei oder drei von den Mannschaften, die am Schlusse der Abteilung marschierten, gingen mit mir zurück. Nach kurzer Zeit stießen wir auf 3 Begleitleute, die uns mitteilten, dass der Gefangene Hornebusch einen Fluchtversuch gemacht [habe] und erschossen worden sei. [...] Ich ging wieder nach vorn. Ehe ich die Abtlg. erreichte, hörte ich schon wieder Lärm und bald darauf einige Schüsse und sah, dass einige Personen seitwärts rausliefen. Es fielen nun von der Abt. Schüsse; als ich hingekommen war, sah ich links vom Wege zwei von den Gefangenen liegen, scheinbar auch tot. Sie mussten auch einen Fluchtversuch gemacht und dabei erschossen worden sein, was mir auch später von den Begleitmannschaften, von wem, weiß ich nicht mehr, bestätigt wurde. [...] Ihr Auftreten hatte aber die übrigen 12 Gefangenen ermutigt, sodass sie bei einer ganz dichten Hecke hinter dem Weg sämtlich die Flucht ergriffen. 4 von ihnen liefen geradeaus, die anderen links und rechts vom Wege ab. Es erhob sich von Seiten der Begleitmannschaften eine Schießerei auf die Flüchtlinge, bei denen 8 bald getroffen wurden. Die 4 Ersterwähnten konnten erst beschossen werden, als sie auf einem Feldwege einbogen. Sie fielen dann aber auch bald auf der Flucht. Ich habe mir alle Erschossenen angesehen, da waren sie m. E. schon alle tot. Ich musste sie liegen lassen, weil ich den Vormarsch fortsetzen musste. Ich habe unmittelbar darauf Meldung an den Batl.-Führer von den Vorfällen erstattet. Ich kann mit gutem Gewissen behaupten, dass alle Gefangenen auf der Flucht erschossen worden sind. Der Vorfall ist sehr bedauerlich. Die Toten haben sich aber ihr Schicksal selbst zuzuschreiben. Zum Gebrauch der Waffe waren meine Leute unbedingt berechtigt. Ob meine Leute die Flüchtlinge vorm Schießen erst angerufen haben, kann ich nicht angeben. Gerufen worden ist, das habe ich gehört.

Ebd., S. 119 f.

25 c) Auszug aus einem medizinischen Gutachten über die Toten von Mechterstädt (25. 3. 1920):

Alle Leichen zeigen mehrere Schussverletzungen, die an allen Körperteilen nachzuweisen waren; über die Schussrichtung dieser Verletzungen kann ich nichts angeben, da eine genaue Untersuchung nicht stattfand. Bei allen Leichen lag ein Kopfschuss vor, der in größter Nähe abgegeben worden sein muss und zur Zertrümmerung des Schädeldaches [...] [geführt] hatte. Bei einigen war auch ein Teil des Gesichts mit zerrissen.

Ebd., S. 121 f.

25 d) Auszüge aus dem Bericht des Offizierstellvertreters Dahlheim (undatiert):
Auf dem Marsche sah ich, dass die Gefangenen von ihren Begleitern in der rohesten Weise – durch Tritte auf die Füße, Stöße mit den Gewehrkolben – misshandelt wurden. Etwa in der Zeit zwischen 7.30 und 8 vorm. hörte ich hinter mir Schüsse fallen. […] Nach einigen Minuten fielen weitere Schüsse. Darauf ritt der Batl.-Adjudant nach hinten, kehrte jedoch nach kurzer Zeit zurück. Das Schießen hielt indessen an. Nach einigen Minuten kam ein Student von hinten. Auf meine Frage, was hinten los sei, gab er mir zur Antwort, dass sie drei Mann von den Gefangenen erschossen hätten, und drückte dieser sich weiter ungefähr so aus, dass es nicht lange dauern würde, dann seien alle erschossen. Ich gewann den Eindruck, dass die die Gefangenen begleitenden Studenten sich freiwillig zur Begleitung derselben gemeldet hatten, um ihre Wollust an diesen Bedauernswerten befriedigen zu können. Der Marsch des Batls. und der noch lebenden Gefangenen wurde indessen ungestört weiter fortgesetzt. Nachdem zum zweiten Male Schüsse gefallen waren, begab auch ich mich nach einer kurzen Zeit zurück zu den Gefangenen. Hier sah ich wiederum aus nächster Nähe, wie die Gefangenen durch ihre Begleiter in der rohesten Weise misshandelt wurden. Ich sah auch, wie sie gezwungen wurden, im Gleichschritt zu gehen. Von einigen Studenten wurde versucht, mich an dem Zuschauen zu hindern. […] Das Schießen wurde fortgesetzt. Nach einiger Zeit verstummte es! Kurz darauf kamen sämtliche Begleitmannschaften nach vorne und begaben sich zu ihrer Kompagnie. Auf die Frage eines anderen Studenten, welchem die Begleitmannschaften in der Nähe meines Fahrzeuges begegneten, „Sind sie alle erledigt?“, bekam dieser die Antwort „Alle erledigt!“ Letzteres war kurz vor Duderstadt. […]

Einen Studenten fragte ich noch während der Schießerei, ob die erschossenen Gefangenen auf der Straße liegen bleiben sollten. Er gab mir zur Antwort: „Sie sollen sie nach Marburg schicken, unsere Anatomie braucht Leichen!“ […] Ich gewann hierdurch den Eindruck, dass die Erschießung dieser Ärmsten verabredete Sache war.

Wie wir in Gotha waren, verbreitete sich das Gerücht, dass das Standrecht aufgehoben sei. Indem ich hierüber unter den Studenten eine große Missstimmung bemerkte, hörte ich von verschiedenen Äußerungen wie: „Jetzt wollen wir aber Ebert zeigen, dass er nichts zu sagen hat, und wir werden jetzt Standrecht auf eigene Faust machen.“

Ebd., S. 122–124.

M 26 Der Abgeordnete Stücklen (SPD) über die Reichswehr als „Staat im Staate“, 26. 5. 1925

Wir haben heute ein Heer der Republik, das, wie ich feststellen will, diesem Staate dient, dessen Leitung erklärt, wir stehen auf dem Boden der Verfassung; aber das schließt natürlich nicht aus, dass wir, wenn die Verfassung geändert, ein anderes Staatswesen aufgezogen wird, dann auch dem neuen Staatswesen dienen.

Es sind aber recht deutliche Anzeichen dafür vorhanden, dass die Entwicklung der Reichswehr dahin geht, eine Art Staat im Staate zu werden. Das war […] eine gewisse Abgeschlossenheit, ein Korpsgeist, der zur Abgeschlossenheit führen musste und letzten Endes bewirkte, dass die alte Armee wirklich ein Staat im Staate war, mit einem eigenen Ehrbegriff, ihrem eigenen Strafkodex, mit einem Wort: eine Menge Einrichtungen, die von den Einrichtungen der zivilen Bevölkerung losgelöst waren. Im Hauptausschuss wurde darauf hingewiesen, dass die Anzeichen für eine solche Entwicklung abermals vorhanden seien. Die Gefahr ist umso größer, als früher der Soldat nur zwei Jahre diente und nach zwei Jahren in die Massen des Volkes zurücktrat. […] Heute dient der Reichswehrsoldat zwölf Jahre. Zwölf Jahre verlebt er in einer ganz anderen Umwelt. Er ist ganz anderen Einflüssen und Eindrücken preisgegeben; das führt letzten Endes dazu, dass eine gewisse Entfremdung nicht vermieden werden kann.

Wolfgang Michalka, Gottfried Niedhart (Hg.), Die ungeliebte Republik. Dokumentation zur Innen- und Außenpolitik Weimars 1918–1933, 3. Aufl. München (dtv) 1984, S. 220.

M 27 **Karikatur von Gerhard Holler aus der Beilage zum Berliner Tageblatt: „Ulk" (1927)**

M 28 **Die Sühne der politischen Morde 1919–1922**

Politische Morde, begangen von	**Rechtsstehenden**	**Linksstehenden**
Ungesühnte Morde	326	4
Teilweise gesühnte Morde	27	1
Gesühnte Morde	1	17
Gesamtzahl der Morde:	**354**	**22**

Zahl der Verurteilungen	**24**	**38**
Geständige Täter freigesprochen	23	–
Geständige Täter befördert	3	–
Dauer der Einsperrung pro Mord	4 Monate	15 Jahre
Zahl der Hinrichtungen	–	10
Geldstrafe pro Mord	**2 Papiermark**	–

Emil Julius Gumbel, Vom Fememord zur Reichskanzlei, Heidelberg (Verlag Lambert Schneider) 1962, S. 46.

M 29 Aus einem Beitrag in den Sozialistischen Monatsheften (1921)

Anfang Dezember 1919 stand, wie der Vorwärts vom 12. Juni 1920 berichtete, im Dramburger Kreisblatt folgendes Inserat: „Achtung! Vertrauensstellung! Ordentlicher Nachtwächter wird gesucht, gewesener Offizier bevorzugt. Domäne Zadow, Post Märkisch Friedland. Landbrief, Gutsverwalter." Der Kommandeur der 42. Reichswehrbrigade stellte gegen den Gutsverwalter Landbrief Strafantrag wegen Beleidigung des Offiziersstandes. Das Schöffengericht Märkisch Friedland eröffnete das Hauptverfahren und verurteilte Landbrief zu 100 Mark Geldstrafe. In den Urteilsgründen heißt es: „Die Anzeige hatte der Angeklagte, welcher Gutsverwalter des Gutes Zadow ist, einrücken lassen. Sie bringt zum Ausdruck, dass die Offiziere nach ihrer Entlassung sich dazu hergeben, die Stellung eines Nachtwächters einzunehmen. Wenn auch der Beruf eines Nachtwächters als ein ehrbarer gilt, so liegt doch darin, dass die Offiziere zu ihm, wie geschehen, in Verbindung gebracht werden, eine Ehrenkränkung des Offiziersstandes, da die Offiziere im Leben eine hohe Stellung einnehmen, während der Beruf des Nachtwächters zu den unteren gehört. Es liegt somit eine Beleidigung im objektiven Sinne vor, und zwar eine Beleidigung des Offiziersstandes, welcher auch nach Bildung der Reichswehr noch besteht; denn die Reichswehr ist nur eine Fortsetzung des frühern Heeres. In ihr sind ebenso wie früher Offiziere vorhanden, die einen besondern Stand bilden. Wenn auch in jener Anzeige nur von gewesenen Offizieren die Rede ist, so ist damit der ganze Offiziersstand einschließlich der aktiven und zur Disposition gestellten Offiziere getroffen." Ist es wirklich ein „unwahres Schlagwort politischer Agitation", wenn man dieses Urteil als ein Klassenurteil bezeichnet? Ist es eine vereinzelte Erscheinung? Und woraus erklärt sich die Unzulänglichkeit, ja [...] die Dummheit des Urteils? [...]

Die deutschen Richter sind, von ganz seltenen Ausnahmen abgesehen, im Vorderhaus geboren. Dem größten Teil der Richter war das Studium nur auf Grund des Bildungsprivilegs der Besitzenden möglich. Von „besitzlosen Nurarbeitern" (Sombart) stammen sicher nur ganz wenige Richter ab. Über die Anschauungen, in denen man geboren und erzogen ist, hinauszuwachsen ist Durchschnittsnaturen versagt. Das Gewohnte ist ihnen das Normale. So kann es nicht wundernehmen, dass die große Mehrzahl der Richter jeder Erneuerung im öffentlichen Leben innerlich abgeneigt ist.

W. Abelshauser, A. Faust, D. Petzina (Hg.), Deutsche Sozialgeschichte 1914–1945. Ein historisches Lesebuch, München (C. H. Beck) 1985, S. 293 f.

M 30 Grundsätze der Deutschnationalen Volkspartei, 1920

In ruhigem Vertrauen harren wir der Zeit, wo die heilige Flamme vaterländischer Begeisterung [...] die trägen Geister entzündet, wo der feurige Idealismus der Jugend sich in männlichen Taten bewährt und in der nationalen Einheit eines geläuterten Volkes unter den alten Reichsfarben Schwarz-Weiß-Rot das Kaiserreich der Zukunft erwächst. [...] Die Freiheit des deutschen Volkes von fremder Zwangsherrschaft ist die Voraussetzung der nationalen Wiedergeburt. Auf freiem Boden ein neu erstarktes Reich, die abgerissenen deutschen Lande in ihm wieder vereint, das ist und bleibt das Ziel aller deutschen Politik. Darum erstreben wir die Änderung des Versailler Vertrages, die Wiederherstellung der deutschen Einheit und den Wiedererwerb der für unsere wirtschaftliche Entwicklung notwendigen Kolonien. [...]

Die monarchische Staatsform entspricht der Eigenart und geschichtlichen Entwicklung Deutschlands. Über den Parteien stehend, verbürgt die Monarchie am sichersten die Einheit des Volkes, den Schutz der Minderheiten, die Stetigkeit der Staatsgeschäfte und die Unbestechlichkeit der öffentlichen Verwaltung. Die deutschen Einzelstaaten sollen freie Entschließung über ihre Staatsform haben; für das Reich streben wir die Erneuerung des von den Hohenzollern aufgerichteten deutschen Kaisertums an.

Wolfgang Michalka, Gottfried Niedhart (Hg.), Die ungeliebte Republik. Dokumentation zur Innen- und Außenpolitik Weimars 1918–1933, 3. Aufl. München (dtv) 1984, S. 73 f.

24 Beschreiben Sie, welche Gruppen und Organisationen zu Trägern gegenrevolutionärer, antirepublikanischer Bestrebungen wurden, und erläutern Sie deren Zielsetzungen und Interessen (M23–M30).

25 Analysieren Sie den Fall Mechterstädt, formulieren Sie in Gruppen zwei Plädoyers von Anklage und Verteidigung und simulieren Sie eine Gerichtsverhandlung gegen die Studenten (M25).

26 Diskutieren Sie die Freisprüche für die angeklagten Studenten vor dem Hintergrund von M27 bis M29.

27 Organisieren Sie eine Podiumsdiskussion mit einem Richter eines örtlichen Gerichts über die Frage „Beeinflussen eigene politische Einstellungen und aktuelle politische Entwicklungen das richterliche Handeln?".

M 31 Artikel aus der Berliner Illustrierten Zeitung (26.8.1923)

Man hat nicht viel zuzusetzen. Das trommelt täglich auf die Nerven: der Zahlenwahnsinn, die ungewisse Zukunft, das über Nacht wieder fraglich gewordene Heute und Morgen. Epidemie der Angst, der nacktesten Not: dem Blick längst entwöhnt gewesene Käuferschlangen stehen wieder vor den Läden, erst vor einem, dann vor allen. Keine Krankheit ist so ansteckend wie diese. Die Anstehschlangen haben etwas Suggestives: der Blick dieser Frauen, ihre hastig angetanen Küchenkleider, ihre vergrämten, geduldigen Gesichter. Die Anstehschlangen sind immer wieder das gleiche Fanal: die Stadt, die große steinerne Stadt wird wieder einmal leer gekauft. Reis, gestern noch das Pfund 80000 Mark, kostet heute 160000 Mark, morgen vielleicht das Doppelte, übermorgen zuckt der Mann hinterm Ladentisch die Achseln: „Reis ist alle." Also Nudeln! „Nudeln sind alle." Also Graupen, Grieß, Bohnen, Linsen, nur kaufen, kaufen, kaufen! […]

Irgendwo explodiert die Geduld. Die Resignation zerreißt. […] Man schluckt auch noch die bissige Bemerkung des Schlächters hinunter, dass alle Kühe Knochen haben müssen. Man zahlt und schwankt hinaus. Aber dann, bei dem Butterfräulein, deren Gesicht immer spitzer, deren Redensarten immer spinöser werden, je voller ihr Laden ist – dieses nervöse Butterfräulein: es erteilt Anstandsregeln, wie man sich als Kunde zu benehmen hat, es verkündet laut, dass Drängeln eine Frechheit ist, dass nicht alle durcheinander schreien sollen. Sie könne sonst nicht ruhig abwiegen. – „Nu geben Sie mir endlich meine Butter!", schreit eine Frau. – „Ihre Butter? Das ist noch lange nicht Ihre Butter. Eh' Sie rankommen, ist Ihre Butter alle." – Und da schlägt als Antwort eine Schirmkrücke in die Glasglocke mit dem Kräuterkäse. Und der Schupo, der draußen Wache steht, zerrt eine schluchzende Frau aus dem Laden. Und es gibt einen Auflauf. Und es gibt ein Strafmandat.

Der Mensch von heute ist weder gut noch böse. Der Mensch von heute ist müde. Er ist satt von Ärger, krank von Aufregung, ein gehetztes Tier, das sein bisschen Verstand zusammenkratzen muss, um zu existieren.

Peter Longerich (Hg.), Die Erste Republik. Dokumente zur Geschichte des Weimarer Staates, München (Piper) 1992, S. 169 f.

M 32 Erinnerungen des Literaturhistorikers Hans Mayer (1907–2001) an seine Schulzeit am Kölner Schiller-Gymnasium (1985)

Die letzten Schuljahre fielen zusammen mit einer ebenso vorübergehenden wie relativen Festigung der deutschen Wirtschaft und Staatlichkeit. Vorher jedoch, also bis zur Stabilisierung des Geldes mit Hilfe einer „Rentenmark", die am 1. Januar 1924 an die Stelle einer Billion alter Währung getreten war, wurde ein Abgrund geöffnet, der sich nie wieder schließen sollte. Die Inflation zerstörte das deutsche Bürgertum in seiner Substanz. Auch das Vermögen meiner mütterlichen Familie war weggeweht worden. Während des Krieges hatte die Großmutter ihren Kindern helfen können; nun war sie selbst auf diese Kinder angewiesen, vor allem auf den Sohn, meinen Onkel, der es zum Prokuristen der Dresdner Bank gebracht hatte: was ihn während des Krieges leider nicht davon abhielt, das mütterliche Vermögen, indirekt auch sein eigenes damit, der gefräßigen und doch immer hungrigen „Kriegsanleihe“ zu opfern. Auf dem Höhepunkt der Geldentwertung, als die Zeitungen von der Revolution der Kommunisten oder von Fememorden, exekutiert durch nationalistische Studenten und ehemalige Offiziere, zu berichten hatten, vollzog sich innerhalb unserer Schulklasse, sichtbar für einen jeden, doch von niemand ernsthaft überdacht, eine neue und tiefe Spaltung: jenseits der Religionen und der hastig von uns übergestreiften politischen Überzeugungen. Es war von nun an, jedenfalls bis zur Stabilisierung des Geldes, die Zweiteilung in Kinder der Habenichtse und der neureichen Geschäftemacher.

Die Beamtengehälter hatten alle Kaufkraft verloren, man sah es an den Frühstücksbroten der Söhne. Die Kaufleute jedoch handelten und verhandelten auf Dollargrundlage. Ihnen ging es gut. Auch meine Familie gehörte dazu. In unserer Klasse saßen zwei Mitschüler, nette Burschen übrigens, deren Väter bei uns am Abendbrottisch einfach mit dem lieblosen Ausdruck „Spritschieber“ qualifiziert wurden. Die Jungen hatten viel Taschengeld, nämlich solide Valuta. Sie pflegten auf Motorrädern anzufahren, was ganz unerhört war, denn schon ein gutes Fahrrad war heiß begehrt. Die meisten Mitschüler kamen und gingen zu Fuß. Wenn die unerträglichen Schulausflüge stattzufinden hatten, die ich inbrünstig hasste, so fanden sich die Habenichtse mit dem Rucksack ein; man wusste, was er zu enthalten hatte oder enthalten konnte. Harte Eier, etwas Kaffee oder Kakao, schmächtige Brote. Wir Söhne der Nachkriegsgewinnler benutzten den ersten Vorwand, um uns angeblich im Wald zu verlaufen. Worauf wir irgendwo einkehrten, großspurig Zeche machten, mit Alkohol, wie es sich versteht, um dann mit der Bahn nach Köln zurückzufahren. Am andern Morgen gab es natürlich Krach in der Schule, aber der war bereits einberechnet. Ich bin damals mitgelaufen im Häuflein der neuen Bourgeois. Doch die Spaltung innerhalb der Klasse fand sich, nach solcher brutalen Kündigung aller Kameradschaft, weiterhin vertieft.

Ebd., S. 166 f.

M 33 Wahlplakat des Völkisch-Sozialen Blocks – *Erläuterung: „Papiergeldwirtschaft“ meint Inflation.*

28 Beschreiben Sie die Folgen der Inflation für den Alltag der Menschen (M1, M31 und M32). Eine gute literarische Darstellung der Zeit ist der Roman „Erfolg. Drei Jahre Geschichte einer Provinz“ (1930) von Lion Feuchtwanger. Ziehen Sie ihn bei Interesse mit hinzu.

29 Untersuchen Sie die Auswirkungen der Inflation in Ihrer Stadt. Ziehen Sie hierzu vor allem eine Reihe von Zeitungsberichten aus der Zeit zwischen Juli und November 1923 heran und stellen Sie mit Zeitungskopien eine Collage aus einschlägigen Anzeigen und Berichten zusammen.

30 Analysieren Sie das Wahlplakat des Völkisch-Sozialen Blocks 1924 (M33). Wer fühlte sich von dieser Darstellung wohl angesprochen?

M 34 Der Staatskonflikt zwischen Reichsregierung und sächsischer Landesregierung

34 a) Auszug aus der Regierungserklärung des sächsischen Ministerpräsidenten Dr. Zeigner nach der Neubildung der Landesregierung auf der Grundlage einer SPD-KPD-Koalition (12. 10. 1923):

Demgegenüber erklärt die sächsische Regierung: Sie wird sich jederzeit als die Regierung der gesamten werktätigen Bevölkerung fühlen und betätigen. Ihre besondere Sorge soll den Ärmsten gelten, all den proletarisierten Schichten, die ohne staatlichen Schutz überhaupt zu Grunde gehen müssen. Gestützt auf die Arbeiter und Angestellten, die Beamten, die Angehörigen der freien Berufe, Kleinbauern und die sinkenden Mittelschichten, will sie die Gefahr einer großkapitalistischen Militärdiktatur bannen, die greifbar vor uns steht. Sie wird dabei alles versuchen, um eine solche Diktatur zu verhindern und den Bürgerkrieg zu vermeiden. Das kann aber nur gelingen, wenn die Bevölkerung sich, trotz der Einschränkungen der Pressefreiheit, nicht irreführen lässt, wenn sie einig ist in der entschlossenen Abwehr aller Diktaturgelüste.

Um ihren Abwehrkampf führen zu können, wird die sächsische Regierung den Staatsapparat weiter energisch säubern von allen, die für die verfassungswidrige Diktatur des Großkapitals offen oder versteckt tätig sind. Sie rechnet bei ihrem Kampfe gegen die Feinde der Republik nicht nur mit den staatlichen Machtmitteln, sondern erwartet die opferbereite Mitarbeit aller proletarischen Schichten und ihrer Organisationen[1]. Diese Organisationen mit allen Kräften zu fördern wird eine der wichtigsten Aufgaben der Regierung sein.

[...]

Durch die rücksichtslose Interessenpolitik der hochkapitalistischen Kreise Deutschlands und durch das dreiste Auftreten der faschistischen Organisationen ist die Einheit des Deutschen Reiches auf das Schwerste bedroht. In Bayern und im besetzten Gebiete erhebt der Separatismus sein Haupt. Monarchisten und Schwerindustrielle verbinden sich mit dem Landesfeind, um ihre Profitherrschaft weiter aufrechterhalten zu können. Demgegenüber erklärt die sächsische Regierung: Wir stehen zum Reich und werden für die Einheit Deutschlands bis zum Äußersten kämpfen.

Wir sind überzeugt, dass unser Ruf zur Sammlung und zur Abwehr im gesamten Volk Widerhall finden wird. Wir erwarten von der Disziplin und dem Opfermut des Volkes, dass es gelingen wird, über alle Volksfeinde zu siegen und in eine bessere Zukunft hinüberzuführen.

Ernst Rudolf Huber (Hg.), Dokumente zur deutschen Verfassungsgeschichte. Bd. 4: Deutsche Verfassungsdokumente 1919–1933. Dritte, neubearb. Aufl. Stuttgart (Kohlhammer) 1992, S. 326 f.

1 Gemeint sind u. a. die seit dem Frühjahr aus Mitgliedern von SPD und KPD gebildeten „Proletarischen Hundertschaften".

34 b) Schreiben des Befehlshabers des Wehrkreises IV, Generalleutnant Alfred Müller, an den sächsischen Ministerpräsidenten v. 13. 10. 1923:

Dem Wehrkreiskommando sind aus allen Teilen Sachsens, vor allen Dingen aber aus dem westlichen Sachsen, insbesondere aus der Gegend von Chemnitz, Werdau, Aue und Annaberg, von einwandfreien und ruhigen Persönlichkeiten sowie auch von Staatsbehörden Schilderungen und Meldungen über die Lage in den Hauptindustriegebieten zugegangen, aus denen hervorgeht, dass ein großer Teil der Bevölkerung, auch der Arbeiterschaft, stark unter dem Druck einer gewalttätigen Minderheit zu leiden hat. Die Arbeitgeber und die verständigen älteren Arbeiter fühlen sich durch diese Minderheit, die vorwiegend durch radikale Jugend verkörpert wird, bedrückt. Sie fühlen sich dauernd bis in das Familienleben hinein verfolgt, überwacht und bedroht. Sie wagen es nicht, ihre Ansichten offen auszusprechen oder Widerstand zu leisten. Aus Furcht vor Racheakten unterlassen sie sogar Anzeigen strafbarer Handlungen.

Das Wehrkreiskommando hat aus diesen Schilderungen und aus Gerichtsakten die Beweise erhalten, dass die so genannten proletarischen Hundertschaften zum großen Teil den Rahmen für diese Terror ausübende radikale Jugend abgeben.

Die endgültige Gesundung der Verhältnisse kann daher nur herbeigeführt werden, wenn die Einrichtung der Hundertschaften ebenso wie die aller anderen Selbstschutzorganisationen überhaupt aufhört. Ich ordne daher durch beifolgende Verfügungen ihre Auflösung an:

[...]

Der Befehlshaber des Wehrkreises IV: Müller.

Ebd., S. 327 f.

34 c) Schreiben des Reichskanzlers Dr. Stresemann an den sächsischen Ministerpräsidenten Dr. Zeigner vom 27. Oktober 1923:

Die Propaganda der Kommunistischen Partei in Sachsen hat unter Führung der Ihrem Kabinett angehörenden kommunistischen Mitglieder Formen angenommen, die den gewaltsamen Sturz der Reichsverfassung und ihre Zertrümmerung zum Ziele haben und herbeiführen können. [...]

Im Auftrage der Reichsregierung fordere ich Sie deshalb hierdurch auf, den Rücktritt der sächsischen Landesregierung zu vollziehen, weil die Teilnahme kommunistischer Mitglieder an dieser Landesregierung angesichts dieser Vorgänge mit verfassungsmäßigen Zuständen unvereinbar ist. [...] Falls eine Neubildung der Regierung auf anderer Grundlage ohne Mitwirkung kommunistischer Mitglieder nicht sofort herbeigeführt und dadurch die Ruhe, Sicherheit und Ordnung des Landes weiter gefährdet werden sollte, wird der Inhaber der vollziehenden Gewalt einen Reichskommissar bestellen, der die Verwaltung des Landes bis zur Wiederherstellung verfassungsmäßiger Zustände in die Hand nimmt.

Der Reichskanzler: Dr. Stresemann

Ebd., S. 329 f.

34 d) Schreiben des sächsischen Ministerpräsidenten Dr. Zeigner an den Reichskanzler Dr. Stresemann vom 28. Oktober 1923:

Ich bestätige den Empfang Ihres Schreibens vom 27. Oktober 1923. Das in ihm enthaltene Ansinnen zurückzutreten lehnt die sächsische Regierung [...] ab. Ein politischer Anlass zu Ihrer Forderung liegt nicht vor und rechtlich ist das Verlangen der Reichsregierung nach der Reichsverfassung unzulässig. Nur der Sächsische Landtag ist legitimiert, die sächsische Regierung abzuberufen. Solange das nicht geschieht, wird die sächsische Regierung auf ihrem Posten ausharren. Sie wird aber im Landtag umgehend eine Entschließung über diese Vertrauensfrage herbeiführen.

Dr. Zeigner, Ministerpräsident

Ebd., S. 330.

34 e) Verordnung des Reichspräsidenten Ebert, betreffend die zur Wiederherstellung der öffentlichen Sicherheit und Ordnung im Gebiet des Freistaats Sachsen nötigen Maßnahmen, vom 29. Oktober 1923:

Auf Grund des Artikels 48 der Reichsverfassung verordne ich [...] Folgendes:

§ 1. Der Reichskanzler wird ermächtigt, für die Dauer der Geltung dieser Verordnung Mitglieder der sächsischen Landesregierung und der sächsischen Landes- und Gemeindebehörden ihrer Stellung zu entheben und andere Personen mit der Führung der Dienstgeschäfte zu betrauen. Auf Richter der ordentlichen Gerichtsbarkeit findet die Vorschrift keine Anwendung.

Die Verordnung, betreffend die zur Wiederherstellung der öffentlichen Sicherheit und Ordnung für das Reichsgebiet nötigen Maßnahmen, vom 26. September 1923 (RGBl. I, S. 905) bleibt im Übrigen unberührt.

§ 2. Diese Verordnung tritt mit der Verkündung in Kraft.

Der Reichspräsident: Ebert.

Der Reichskanzler: Dr. Stresemann.

Ebd., S. 330 f.

34 f) Schreiben des Reichskommissars für Sachsen, Dr. Rudolf Heinze, an die sächsische Landesregierung vom 29. Oktober 1923:

Ich bin durch die Reichsregierung unter dem 29. Oktober 1923 zum Reichskommissar für Sachsen ernannt. Die sächsischen Minister sind hiermit ihrer Ämter enthoben.

Der Reichskommissar für Sachsen: Dr. Heinze.

Ebd., S. 331.

34 g) Der Historiker Heinrich August Winkler urteilt über die Verantwortung für die Reichsexekution gegen Sachsen (1998):

Die Sozialdemokraten hätten die Reichsexekution gegen Sachsen noch abwenden können, wenn es ihnen gelungen wäre, Zeigner zur Entlassung der kommunistischen Minister zu bewegen. Einem Bericht Wilhelm Dittmanns zufolge, der im Auftrag des Parteivorstands mit Zeigner und den sächsischen Führungsgremien verhandelte, war die Dresdner Landtagsfraktion am 28. Oktober bereit, sich von den Kommunisten zu trennen. Um so schwerer begreiflich ist das Verhalten der sozialdemokratischen Reichsminister am 27. Oktober. Sie bestanden weder darauf, den genauen Wortlaut des Briefes an Zeigner noch dessen Antwort im Kabinett zu erörtern. Doch was immer die Parteiführung und die sozialdemokratischen Mitglieder der Reichsregierung zwischen dem 27. und 29. Oktober versäumt haben mögen, die eigentliche Verantwortung für die Reichsexekution lag bei der sächsischen SPD. Ihr Pakt mit den Kommunisten ermöglichte es einer Partei, die den gewaltsamen Umsturz plante, staatliche Machtpositionen zu besetzen. […] Das Reich hatte allen Grund, in der Ernennung kommunistischer Landesminister eine akute Bedrohung der verfassungsmäßigen Ordnung zu sehen.

Heinrich August Winkler, Weimar 1918–1933. Die Geschichte der ersten deutschen Demokratie. Durchges. Aufl. München (C. H. Beck) 1998, S. 228.

34 h) Der Historiker Karsten Rudolph urteilt über die Gründe für die Reichsexekution gegen Sachsen (1995):

Am 27. Oktober 1923 leitete das Reichskabinett das Ende des linksrepublikanischen Projektes in Sachsen ein. Die Entscheidung, die Reichsexekution in Gang zu setzen, konnte nicht beanspruchen, gegen die amtierende Landesregierung Ruhe und Sicherheit oder verfassungsmäßige Zustände wegen der Regierungsbeteiligung der KPD durchzusetzen. Zu dem Zeitpunkt, als die Würfel in Berlin fielen, befand sich die Lage in Sachsen längst unter vollständiger Kontrolle des Militärs und Zeigner hatte sich bereits vom Bündnis mit den Kommunisten abgesetzt, weil er für die weitere Zusammenarbeit keine Perspektive mehr sah. Der Reichsexekution lagen andere Zwecke zu Grunde: Erstens stellte sie eine Strafaktion gegen eine Landesregierung dar, die sich der Remilitarisierung des Reiches entgegengestemmt hatte. Zweitens war die Regierung Zeigner als Bauernopfer in der Auseinandersetzung der Reichsregierung mit dem Rechtsradikalismus in Bayern gedacht. Sie war der Preis, der an die Reichswehr entrichtet wurde, um diese von einem Übergehen auf die Seite der bayerischen Putschisten abzuhalten. Drittens diente die Reichsexekution der definitiven Ausgrenzung der KPD aus dem parlamentarischen System in Deutschland. Viertens sollte demonstrativ die Vereinbarkeit linksrepublikanischer Politik mit der bestehenden Staats- und Gesellschaftsordnung dementiert werden. In jedem dieser Punkte bestand Übereinstimmung zwischen den Spitzen der Großen Koalition und der Reichswehr. Umstritten war hingegen, wie viel Rücksicht man auf die Sozialdemokratische Partei nehmen müsse. Die Antwort hing davon ab, ob ein Interesse für die Fortsetzung der Großen Koalition oder die Bildung einer Bürgerblockregierung unter Beteiligung der DNVP vorlag.

Karsten Rudolph, Die sächsische Sozialdemokratie vom Kaiserreich zur Republik (1871–1923), Weimar u. a. (Böhlau) 1995, S. 402.

31 Analysieren Sie die Zielsetzungen der sächsischen Regierung (M34a) sowie die Maßnahmen der Reichsregierung (M34b–f) und setzen Sie sich mit den unterschiedlichen Deutungen der Historiker (M34g und h) auseinander. Berücksichtigen Sie hierbei die revolutionären Ziele der KPD.

32 Der Historiker Rudolph spricht im Hinblick auf die Zusammenarbeit von SPD und KPD in Sachsen von einem „linksrepublikanischen Projekt". Vergleichen Sie dies mit der heutigen Zusammenarbeit von SPD und PDS in einigen neuen Bundesländern (Sachsen-Anhalt, Mecklenburg-Vorpommern): Sehen Sie Gemeinsamkeiten? Beziehen Sie hierbei auch die öffentlichen Reaktionen auf diese Zusammenarbeit ein, die Sie durch eine Recherche in der Presse oder im Internet erarbeiten können.

33 Schreiben Sie aus der Sicht des Silvestertages 1923 einen ausführlichen Tagebucheintrag im Rückblick auf das Jahr.

34 Setzen Sie sich angesichts der Krisenbewältigung 1923 mit der These auseinander, die Weimarer Republik sei an ihren „Geburtsfehlern" gescheitert.

Weiterführende Arbeitsanregungen

Fächerverbindender Unterricht: Deutsch – Geschichte

Auch in der Dichtung schlägt sich historisches Geschehen nieder. Zwar geht es ihr nicht um die Darstellung „wahrer", „wirklicher" Geschichte im Sinne von möglichst weit gehender Übereinstimmung mit wissenschaftlich überprüfbaren Fakten. Dennoch sind Schriftsteller auch von den Entwicklungen ihrer jeweiligen Zeit geprägt und setzen ihre lebensgeschichtlichen Erfahrungen – gebrochen allerdings durch die Fiktionalität ihrer Darstellung und ihre Absichten als Autor/Autorin – in ihren Werken um. Dies gilt vor allem für Dichtung, die sich geschichtlichen Themen zuwendet. Damit sind solche Werke auch Quellen für die Arbeit des Historikers, allerdings meist nur für die Zeit der Entstehung des Werkes, nicht für die Zeit, die das Werk darstellt; ein Buch aus der Weimarer Zeit, das die Auseinandersetzungen in der Römischen Republik zum Thema hat, ist eine Quelle für die Erfahrungen und Deutungen der Zwanzigerjahre und nicht für die Antike.
Es bietet sich daher an, in einem fächerverbindenden Unterricht im Deutsch- und Geschichtsunterricht Literatur der Weimarer Republik mit literaturwissenschaftlichen und geschichtswissenschaftlichen Fragestellungen und Methoden zu untersuchen.

Literatur-Tipps

Zu Beginn sollten Sie sich mit den wichtigsten kulturellen Entwicklungen der Zwanzigerjahre beschäftigen (s. auch Kap. 6). Als Einführungen bieten sich an:

Peter Gay, Die Republik der Außenseiter. Geist und Kultur der Weimarer Zeit 1918–1933, Frankfurt am Main (Fischer Taschenbuch Verlag) 1987.

Bärbel Schrader, Jürgen Schebera, Die „goldenen" Zwanziger Jahre. Kunst und Kultur in der Weimarer Republik, Köln (Böhlau) 1987.

Erste Informationen über einzelne Autoren und ihre Werke bietet:

Walter Jens (Hg.), Kindlers Neues Literatur-Lexikon. 21 Bände, München (Kindler) 1996.

Auch das Internet liefert viele wichtige Informationen. Zu Feuchtwangers oben erwähntem Roman von 1930, der die Situation in Bayern Anfang der Zwanzigerjahre behandelt, vgl. etwa:

http://www.dhm.de/lemo/html/weimar/kunst/feuchtwanger/index.html (Informationen zum Roman)

http://www.usc.edu/isd/locations/ssh/special/fml/ (Seite der Lion Feuchtwanger Memorial Library der University of Southern California)

Feuchtwanger selbst hat sich auch über die Absichten eines Autors bei der Abfassung historischer Dichtung geäußert:

Lion Feuchtwanger, Das Haus der Desdemona oder Größe und Grenzen der historischen Dichtung. Ein Fragment, aus dem Nachlass Lion Feuchtwangers hrsg. von *Fritz Zschech,* München u. a. (Langen-Müller) 1984.

Hinweise für die Arbeit mit einem Werk

- Informieren Sie sich aus Lexika und dem Internet über den Autor (soziale Herkunft, Lebensweg, politische Position etc.) und den Entstehungszeitpunkt des Werkes.
- Arbeiten Sie die Charakteristika einzelner Personen und Situationen heraus (arbeitsteilig).
- Überprüfen Sie, ob diese Personen und Situationen aus geschichtswissenschaftlicher Perspektive historisch „triftig" sind, also die dargestellte Zeit zutreffend beschreiben.
- Ermitteln Sie die zentralen Aussagen des Textes und stellen Sie sie in Bezug zu der Position des Autors und den zeitgenössischen Problemen.
- Versuchen Sie, die damalige Rezeption des Werkes (Rezensionen, öffentliche Reaktionen etc.) zu ermitteln und beziehen Sie diese in Ihre Interpretation ein.

3 Die Weimarer Republik in der internationalen Politik: Chancen und Grenzen republikanischer Außenpolitik

Das Jahr 1923 stellte nicht nur innen-, sondern auch außenpolitisch eine Zäsur dar: Der Schock des Ruhrkampfes machte den Verantwortlichen der deutschen Außenpolitik, aber auch den Politikern in anderen europäischen Staaten, allen voran in Frankreich und England, deutlich, dass mit einer Politik der Androhung oder gar Ausübung von Gewalt zwischen den Staaten weder die kurzfristige Durchsetzung eigener Machtinteressen noch eine dauerhafte Befriedung des europäischen Kontinents zu erreichen waren. Mit dem Jahr 1924 setzte daher eine Phase spezifisch „republikanischer Außenpolitik“ ein, die vor allem durch Versuche gemeinsamer Friedenssicherung geprägt war. Die Symbolfigur dieser Phase auf deutscher Seite war der Reichsaußenminister Gustav Stresemann, besondere Stationen außenpolitischen Handelns waren das Vertragswerk von Locarno 1925 und der Beitritt Deutschlands zum Völkerbund 1926.

Dabei hatten sich die Zielsetzungen deutscher Außenpolitik im Vergleich zur Zeit davor gar nicht geändert: Es ging in erster Linie um eine Revision der durch den Versailler Vertrag geschaffenen machtpolitischen Lage in Europa. Konkret hieß dies, dass Deutschland wieder ein gleichberechtigter Partner im Konzert der europäischen Großmächte sein wollte, und hierzu gehörte eine Senkung der Reparationsleistungen, eine militärische Gleichberechtigung und ein wirtschaftlicher Wiederaufstieg Deutschlands. Revision beinhaltete aber auch eine Veränderung der durch Versailles geschaffenen territorialen Situation, vor allem im Osten (siehe Kapitel 1). Über diese Ziele gab es in Deutschland einen großen politischen Konsens. Was die „Ära der Verständigungspolitik“ aber von der Zeit davor und auch der Zeit nach 1930, vor allem aber nach 1933 unterschied, waren die Methoden der Außenpolitik. Stresemann und seine Mitarbeiter setzten auf Verhandlungen und Zusammenarbeit, auf den Ausbau internationaler Verflechtungen statt auf Konfrontation und Isolation. Und sie hatten mit dieser Strategie auch Erfolg. Mit der Annahme des Dawes-Planes 1924 erreichten sie, dass die Reparationslasten erträglicher und überschaubar wurden und einseitige Sanktionen wie beim Ruhrkampf unmöglich wurden. Während der Vertrag von Rapallo 1922 noch eine einseitige Handlung der deutschen Außenpolitik gewesen war, entstand das Vertragswerk von Locarno als Ergebnis multilateraler Konsultationen. Der Beitritt Deutschlands zum Völkerbund als Instrument einer internationalen Kooperation krönte diese erfolgreichen Jahre republikanischer Außenpolitik – Deutschland erhielt einen ständigen Sitz im Völkerbundsrat und war damit in den Kreis der europäischen Großmächte zurückgekehrt. Der politische Ausgleich mit den ehemaligen Kriegsgegnern schuf erst die Voraussetzungen für einen wirtschaftlichen Wiederaufbau, der nach Überwindung der Inflation 1924 einsetzte; dabei hatten die Verantwortlichen durchaus im Hinterkopf, dass ein wirtschaftlich wieder erstarktes Deutschland seine bislang noch nicht erreichten Revisionsziele wesentlich nachdrücklicher fordern und schlagkräftiger durchsetzen könnte. Die Forschung spricht daher von der „ökonomischen (und nicht: militärischen) Variante deutscher Machtpolitik“. Weiterhin offen waren die Probleme im Osten, die Deutschland in Locarno bewusst ausgeklammert hatte; hier war man, anders als im Westen, zu keiner Anerkennung des territorialen Status quo bereit. Immerhin gab es in diesen Jahren aber auch keine Verschärfung in der Politik gegenüber den östlichen Nachbarn; 1929/30 konnten sogar Abkommen mit Polen, dem Hauptgegner bei der angestrebten territorialen Neuordnung, geschlossen werden.

Ohne Zweifel war die Entschärfung des deutsch-französischen Konflikts, der während der Ruhrbesetzung noch mit großer Erbitterung auf beiden Seiten ausgetragen worden war, die größte Leistung der Verständigungspolitik, die vor allem von Stresemann auf deutscher und dem französischen Außenminister Aristide Briand auf französischer Seite getragen wurde.

1927 gelang es sogar nach fast dreijährigen Verhandlungen, ein deutsch-französisches Handelsabkommen zu unterzeichnen. Die Atmosphäre in Europa war durch diese Politik gegenseitiger Konsultationen deutlich entspannter geworden.

Allerdings war die Verständigungspolitik in Deutschland nie unumstritten gewesen. Zwar erhielten die Vertragswerke im Reichstag die erforderlichen Mehrheiten, doch insbesondere bei den Deutschnationalen und den noch weiter rechts stehenden politischen Kräften stießen sie auf zum Teil scharfe Ablehnung, wurden als Ausverkauf nationaler Interessen gebrandmarkt. Umso fataler war es, dass diese Kräfte seit 1929 politisch immer stärker und ihr prominenter Gegner, Stresemann, durch eine schwere Krankheit geschwächt wurde, an der er schließlich am 3. Oktober 1929 starb. So erlebte er zwar noch die Unterzeichnung des Young-Plans, der den Dawes-Plan ablöste und die Lasten senkte sowie die internationalen Kontrollen abschaffte, aber nicht mehr den noch größeren Erfolg seiner Politik, nämlich die vorzeitige Räumung des Rheinlands von alliierten Truppen 1930. In der Außenpolitik zeichnete sich ein deutlicher Wandel ab, auch wenn in der Forschung umstritten ist, ob man mit dem Tode Stresemanns bzw. dem Ende der Großen Koalition 1930 tatsächlich von einer Zäsur sprechen kann. Einigkeit herrscht darüber, dass der Anteil republikanischer Außenpolitik immer weiter zurückging; der Begriff „Verständigungspolitik" verschwand nunmehr aus dem Wortschatz der deutschen Regierung. Hatte in den Jahren zuvor eine Strategie der Krisenvermeidung vorgeherrscht, so nutzte die Regierung unter dem neuen Reichskanzler Brüning nun die Krise aus, um den Kampf gegen die Reparationen zu führen (siehe Kapitel 9). Im Zeichen der Weltwirtschaftskrise setzte sich eine Politik des wirtschaftlichen Nationalismus durch; Deutschland konzentrierte sich außenpolitisch auf eine Verstärkung seines Einflusses in Mittel- und Südosteuropa im Sinne einer Großmachtpolitik und schlug auch gegenüber Polen wieder einen schärferen Ton an. Der – schließlich an internationalen Widerständen gescheiterte – Versuch einer Zollunion mit Österreich 1931 war ein deutliches Indiz dafür, dass Deutschland nicht mehr gewillt war, langwierige internationale Verhandlungen mit dem Ziel eines Konsenses zu führen, sondern einseitig seine Machtinteressen durchzusetzen gedachte.

M1 **Stresemanns erste Rede vor dem Völkerbund am 10. September 1926, zeitgenössische Fotografie**

Hinweise zur Arbeit mit den Materialien

In dem Kapitel geht es um die Grundprinzipien republikanischer Außenpolitik nach Überwindung der krisenhaften Anfangsjahre der Weimarer Republik. Im Mittelpunkt stehen Zielsetzungen und Methoden der Stresemannschen Politik seit 1924. Aus der Rede Stresemanns (M4) sowie dem Vertrag von Locarno (M3) sollten diese zunächst erarbeitet und dann mit den alternativen Vorstellungen der Reichswehrführung (M2) verglichen werden. M6 bis M8 ermöglichen eine Analyse der deutschen Außenpolitik nach Stresemann, wie sie sich in der Reaktion auf den Europaplan Briands (M5) und dem Versuch einer deutsch-österreichischen Zollunion zeigte. In einem langfristigen historischen Vergleich könnte die Stresemannsche Außenpolitik zum einen mit der nationalsozialistischen nach 1933, zum anderen mit der bundesrepublikanischen seit 1949 verglichen werden.

M2 Denkschrift von Oberstleutnant von Stülpnagel über die außenpolitische Lage, 20.2.1924

Frankreich will und wird immer die endgültige Zerstörung Deutschlands als Machtstaat wollen. Hat Frankreich nach Zerstückelung Deutschlands die unbestrittene Vormachtstellung auf dem europäischen Festland, so wird es den offenen Kampf mit England nicht mehr scheuen. […] Deutschland ist für beide nur Objekt. England will Deutschland unter seinem Einfluss ‚veröstereichern', Frankreich will Deutschland zerstören. […] Darüber hinaus ist es aber die Pflicht des Soldaten als der Wächter des nationalen Gewissens, dafür zu sorgen, dass eine unter dem Einfluss wirtschaftlicher und pazifistischer Ideen stehende Regierung die nationale Zukunft nicht um ein Linsengericht der physischen Saturierung des Volkes verrät. Die gleichen Befürchtungen für Deutschlands nationale Zukunft erweckt der von demokratischer Seite heute propagierte Gedanke einer europäischen Korporation der Völker, das heißt eines Föderativsystems sämtlicher europäischer Staaten. Auch er kann die gesunde nationale Entwicklung und Wehrhaftmachung des deutschen Volkes hemmen. An jeder Stärkung der pazifistisch-demokratischen Ideologie muss Deutschland sterben! Versailles war ein auf Lügen aufgebautes Unrecht, dies muss einst durch Gewalt unter wehrhafter Zusammenfassung aller nationalen Kräfte beseitigt werden oder – Frankreich gibt vorher nach, schafft das Unrecht aus der Welt, trifft Vereinbarungen mit uns, die unsere nationale Entwicklung nicht hemmen. Das ist aber nicht zu erwarten und wäre wieder *(sic)* den Sinn der deutsch-französischen Geschichte. Deutschland muss die auf die Dauer unüberbrückbaren Gegensätze zwischen England und Frankreich ausnutzen, sie nicht durch Opferung eigener Interessen mildern, sondern im Gegenteil dadurch verschärfen, dass in der Welt der Eindruck entsteht, es ist nicht Deutschlands, sondern Frankreichs Schuld, wenn der englische Vorschlag auf Völkerbund, Abrüstung und wirtschaftliche Befriedung nicht zur Ausführung kommt. Gelingt dies, wird die Entwicklung dahin gehen, dass England sein Ziel gegenüber Frankreich nur noch durch Waffengewalt an der Seite Deutschlands erreichen kann. Dies anzustreben wäre die Pflicht der deutschen Diplomatie und ist die Aufgabe des Soldaten.

Wolfgang Michalka, Gottfried Niedhart (Hg.), Die ungeliebte Republik. Dokumentation zur Innen- und Außenpolitik Weimars 1918–1933, 3. Aufl. München (dtv) 1984, S. 148 f.

M3 Auszüge aus dem Vertragswerk von Locarno (1925)

Die Vertreter der deutschen, belgischen, britischen, französischen, italienischen, polnischen und tschechoslowakischen Regierung, die vom 5. bis zum 16. Oktober 1925 in Locarno versammelt waren, um gemeinsam die Mittel zum Schutze ihrer Völker vor der Geißel des Krieges zu suchen und für die friedliche Regelung von Streitigkeiten jeglicher Art, die etwa zwischen einigen von ihnen entstehen könnten, zu sorgen, haben ihre Zustimmung zu den Entwürfen der sie betreffenden Verträge und Abkommen gegeben, die im Laufe der gegenwärtigen Konferenz ausgearbeitet worden sind und sich aufeinander beziehen:

Anlage A.

Artikel 1: Die Hohen Vertragschließenden Teile garantieren, jeder für sich und insgesamt, in der in den folgenden Artikeln bestimmten Weise die Aufrechterhaltung des sich aus den Grenzen zwischen Deutschland und Belgien und zwischen Deutschland und Frankreich ergebenden territorialen Status quo, die Unverletzlichkeit dieser Grenzen, wie sie durch den in Versailles am 28. Juni 1919 unterzeichneten Friedensvertrag oder in dessen Ausführung festgesetzt sind, sowie die Beobachtung der Bestimmungen der Artikel 42 und 43 des bezeichneten Vertrages über die demilitarisierte Zone.

Artikel 2: Deutschland und Belgien und ebenso Deutschland und Frankreich verpflichten sich gegenseitig, in keinem Falle zu einem Angriff oder zu einem Einfall oder zum Kriege gegeneinander zu schreiten.

Diese Bestimmung findet jedoch keine Anwendung, wenn es sich handelt

1. um die Ausübung des Rechtes der Selbstverteidigung, das heißt um den Widerstand gegen eine Verletzung der Verpflichtung des vorstehenden Absatzes oder gegen einen flagranten Verstoß gegen die Artikel 42 oder 43 des Vertrags von Versailles, sofern ein solcher Verstoß eine nicht provozierte Angriffshandlung darstellt und wegen der Zusammenziehung von Streitkräften in der demilitarisierten Zone eine sofortige Aktion notwendig ist;

2. um eine Aktion auf Grund des Artikels 16 der Völkerbundssatzung;

3. um eine Aktion, die auf Grund einer Entscheidung der Versammlung oder des Rates des Völkerbundes oder auf Grund des Artikels 15 Abs. 7 der Völkerbundssatzung erfolgt, vorausgesetzt, dass sich die Aktion in diesem letzten Falle gegen einen Staat richtet, der zuerst zum Angriff geschritten ist.

Artikel 3: Im Hinblick auf die von ihnen im Artikel 2 beiderseits übernommenen Verpflichtungen verpflichten sich Deutschland und Belgien sowie Deutschland und Frankreich, auf friedlichem Wege, und zwar in folgender Weise, alle Fragen jeglicher Art zu regeln, die sie etwa entzweien und die nicht auf dem Wege des gewöhnlichen diplomatischen Verfahrens gelöst werden können.

Alle Fragen, bei denen die Parteien untereinander über ein Recht im Streite sind, sollen Richtern unterbreitet werden, deren Entscheidung zu befolgen die Parteien sich verpflichten.

Jede andere Frage ist einer Vergleichskommission zu unterbreiten. Wird der von dieser Kommission vorgeschlagenen Regelung nicht von beiden Parteien zugestimmt, so ist die Frage vor den Völkerbundsrat zu bringen, der gemäß Artikel 15 der Völkerbundssatzung befindet.

Die Einzelheiten dieser Methoden friedlicher Regelung bilden den Gegenstand besonderer Abkommen, die am heutigen Tage unterzeichnet worden sind.

Peter Krüger, Versailles. Deutsche Außenpolitik zwischen Revisionismus und Friedenssicherung, München (dtv) 1986, S. 187–190.

M4 Auszüge aus einer Rede Stresemanns vor der „Arbeitsgemeinschaft deutscher Landsmannschaften in Groß-Berlin“ am 14.12.1925

Wenn ein Außenminister seine Aufgabe nicht dahin auffasst die täglichen Eingänge zu erledigen, sondern sich fragt, ob es Ausblicke für eine andere Stellung seines Landes in der Welt gibt, dann muss er sich zunächst die Frage vorlegen, welche Mittel ihm zur Verfügung stehen, um seinem Lande wieder Geltung zu verschaffen. Das Hauptmittel ist die materielle Macht, Armee und Flotte. Dass wir sie nicht besitzen, ist Ihnen bekannt, und schöne Träume von neuen Erfindungen, an die viele glaubten, haben sich als schön, aber doch nur als Träume erwiesen, wie uns von all denen bestätigt wird, die dafür die Verantwortung tragen. Dieses Mittel scheidet aus. Wir sind heute kaum in der Lage, unser Land zu verteidigen, geschweige denn auf unsere Macht zu pochen und dadurch zu versuchen, das Schicksal zu wenden.

Wir hätten ein zweites Mittel, eine Außenpolitik zu treiben, die zu Erfolgen führte, das wäre ein einheitlicher nationaler Wille des deutschen Volkes, der über alle Parteien hinaus das Volk einte und es in großen Fragen so zusammenführte, dass seine Stimme als die eines 60-Millionen-Volkes in der Welt erschallt. [...]

Meine Herren, von diesen beiden Dingen scheidet das erste aus. Das zweite ist nur partiell anwendbar. Eine dritte Frage für die deutsche Außenpolitik ist die, ob Deutschland noch irgendwo eine Großmacht wäre und als Großmacht sich wieder in das Konzert der Mächte einschalten könnte, und diese einzige große Waffe unserer Außenpolitik sehe ich in unserer wirtschaftlichen Stellung, und zwar in unserer wirtschaftlichen Stellung als Konsumentenland, in unserer Stellung als großes Schuldnerland gegenüber anderen Nationen. Unsere Stärke besteht nicht in der Stärke unserer Industrie und unserer Produktion. Völker sind immer Egoisten. Für andere Völker Mitleid, Interesse oder Liebe zu haben ist eine Krankheitsform, die sich auf Deutschland stets beschränkt hat. (Heiterkeit und Sehr gut!) Ich glaube, man wird am weitesten kommen, wenn man irgendein Verhältnis zu anderen Nationen auf gleich laufenden Interessen aufbaut. An unserer Produktion haben die anderen kein Interesse; aber sie haben ein Interesse daran, dass die aus den Fugen geratene Weltwirtschaft, die sich in einer Zerstörung der Währungen mit Ausnahme von zwei großen Ländern ausgesprochen hat, wieder in Ordnung kommt; und sie glauben nicht daran, dass sie wieder in Ordnung kommt, wenn Deutschland in den Abgrund hineingezogen wird. [...]

Meine Herren, das waren Gesichtspunkte, die uns veranlassen mussten, an uns die Frage zu richten, ob es nicht für uns möglich sei, politische Fragen auf wirtschaftlichem Wege zu lösen und unter dem Gedanken dieser unserer Machtstellung zu versuchen, den Dingen seit Versailles eine andere Wendung zu geben. [...]

Was bedeuten im Sinne der Regierung der Vertrag von Locarno und die angebahnte Verständigung? [...]

Der wirtschaftlichen Verständigung musste eine politische Verständigung folgen. [...]

Gewiss bedeutet der Verzicht auf Krieg auch den Verzicht, auf kriegerischem Wege Elsass-Lothringen wiederzugewinnen. Meine Herren, einen anderen Weg sehe ich aber auch nicht. [...]

Meine Herren, ich denke auch in Bezug auf die Ostfragen, wo das Selbstbestimmungsrecht der Völker in unerhörter Weise vergewaltigt worden ist, nicht an kriegerische Auseinandersetzungen. Was ich mir aber vorstelle, ist das, dass, wenn einmal Verhältnisse entstehen, die den europäischen Frieden oder die wirtschaftliche Konsolidierung Europas durch die Entwicklung im Osten bedroht erscheinen lassen, und wenn man zur Erwägung kommt, ob diese ganze Nichtkonsolidierung Europas nicht ihren Grund in unmöglichen Grenzziehungen im Osten mit hat, dass dann Deutschland auch die Möglichkeit haben kann, mit seinen Forderungen Erfolge zu erzielen, wenn es sich vorher mit den ganzen Weltmächten, die darüber zu entscheiden haben, politisch auf einen freundschaftlichen Verständigungsfuß und auf eine wirtschaftliche Interessengemeinschaft auf der anderen Seite gestellt hat. (Bravo!) Das ist meiner Meinung nach die einzig praktische Politik. [...]

Meine Herren, die Politik, die wir inauguriert haben, hat uns mindestens immer als eine Politik der Sicherung des deutschen Rheinlands gegen die Fortsetzung der französischen Rheinpolitik vor Augen gestanden, und da wir es nicht mit den Waffen schützen können, mussten wir es durch Verträge schützen.

Nun aber ein Wort über die Inkraftsetzung und über den Völkerbund. Auch hier bekämpfen wir Deutsche uns prinzipiell wie immer. Bist du für den Völkerbund oder gegen ihn? Das ist eine ganz falsche Fragestellung. Man muss vielmehr fragen: Ist es besser für Deutschland, draußen zu bleiben oder hineinzugehen? Der Völkerbund ist mir absolut nicht sympathisch. Seine Entstehung war gegen uns gerichtet. Seine Handlungen waren gegen uns. Auf ihm ruht das Verdikt, dass er in der oberschlesischen Frage Städte, die zu 92 % für Deutschland gestimmt haben, den Polen überwiesen hat.

Wir hätten vom eigenen Standpunkt keine Veranlassung, große Sympathien mit ihm zu haben. Aber ich frage mich auch hier: nicht, ob mir die Menschen sympathisch sind oder nicht, sondern: nutzt oder schadet es? Da sehe ich die Dinge folgendermaßen: Alles, was das deutsche Volk auf dem Herzen hat, gerade an den noch ungelösten Fragen aus dem Weltkrieg, kann es nirgends besser anbringen als dort.

Akten zur deutschen auswärtigen Politik 1918–1945. Serie B: 1925–1933. Band I, 1, Göttingen (Vandenhoeck & Ruprecht) 1966, S. 728–751.

1 Erarbeiten Sie die Motive, Ziele und Methoden der Stresemannschen Außenpolitik (M3, M4). Untersuchen Sie die Forschungsthese von der „ökonomischen Variante deutscher Machtpolitik".

2 Ermitteln Sie, welche Gründe die Gegner der Verständigungspolitik für ihre Haltung angeben (M2).

M5 Aus der Rede des französischen Außenministers Aristide Briand (1862–1932) vor der Bundesversammlung des Völkerbundes in Genf am 5. 9. 1929

Ich denke, dass unter den Völkern, deren Länder geografisch zusammengehören wie die der europäischen Völker, eine Art von einem föderativen Band bestehen sollte. Diese Völker müssen in jedem Augenblick die Möglichkeit haben, in Kontakt miteinander zu treten, über ihre gemeinsamen Interessen zu diskutieren, gemeinsame Entschlüsse zu fassen, kurz, sie müssen untereinander ein Band der Solidarität knüpfen, das es ihnen erlaubt, widrigen Verhältnissen im gewünschten Augenblick zu begegnen, wenn sie eintreten sollten. Alle meine Anstrengungen sind darauf gerichtet, dieses Band zu schaffen.

Selbstverständlich wird die Gemeinschaft vor allem auf dem Gebiet der Wirtschaft tätig sein: Dort ist es am nötigsten. Ich glaube, dass man auf diesem Gebiet Erfolge erzielen kann. Aber ich bin mir auch sicher, dass das föderative Band, ohne die Souveränität irgendeiner Nation anzutasten, die an dieser Gemeinschaft teilnehmen könnte, vom politischen oder sozialen Standpunkt aus gesehen, von Nutzen sein könnte. Ich habe vor, diejenigen meiner Kollegen, die hier die europäischen Nationen vertreten, während dieser Sitzungsperiode offiziös zu bitten, diese Anregung aufzunehmen und sie ihren Regierungen zum Studium vorzuschlagen, um später – vielleicht während der nächsten Versammlung – die Möglichkeiten zur Verwirklichung meines Planes, die ich zu erkennen glaube, zu klären.

Geschichte in Quellen, Bd. 5, bearb. von Günter Schönbrunn, 2. Aufl. München (Bayerischer Schulbuchverlag) 1970, S. 225.

3 Analysieren Sie den Briandschen Europaplan (M5) und vergleichen Sie ihn mit dem europäischen Einigungsprozess nach 1945.

M6 Der Staatssekretär des Auswärtigen Amts, von Bülow, an den Botschafter in Paris, von Hoesch

Berlin, den 17. März 1931

Lieber Hoesch!

Mit dem gleichen Kurier erhalten Sie den Erlass und sonstige Unterlagen, betreffend die österreichische Zollunion. […] Wir dürfen unter keinen Umständen bei Besprechung dieser Angelegenheit und während des zu erwartenden Pressesturmes irgendeine Spur von schlechtem Gewissen zeigen. […] Es hat niemand das Recht, uns aus der bisherigen Geheimhaltung unserer Verabredung mit Österreich einen Vorwurf abzuleiten und uns eine Überrumpelung vorzuwerfen. […] Ferner kann man uns aus unserem Vorgehen ebenfalls nicht Illoyalität oder Verrat an gemeinsamen Interessen Europas zum Vorwurf machen. Unsere Aktion liegt durchaus im Rahmen des paneuropäischen Gedankens, wenn auch nicht der Briandschen Prägung, die wir ja aber niemals akzeptiert haben. Dass wir dabei unsere und Österreichs eigene Interessen zunächst berücksichtigen, ist unser gutes Recht. Wir, die wir durch Reparationslasten so schwer geschädigt sind und aus den verschiedensten Gründen unter der Weltwirtschaftskrise doppelt leiden, sind mehr als andere berechtigt, für uns selbst zu sorgen. Schließlich müssen wir unter allen Umständen daran festhalten, dass wir mit unseren Abmachungen keine Vertragsbestimmung verletzen, und man darf uns das nicht zum Vorwurf machen, dass wir hart an der Grenze des juristisch Zulässigen vorbeigehen.

Akten zur deutschen auswärtigen Politik 1918–1945. Serie B: 1925–1933. Band XVII, Göttingen (Vandenhoeck & Ruprecht) 1982, S. 67 f.

M 7 Reichsminister Treviranus ruft zum „Kampf gegen Versailles" auf, 10. 8. 1930

Nun fordert der Osten Einheit und Einsatz des ganzen deutschen Volkes, Willen und Zukunftshoffnung. Wir gedenken in der Tiefe unserer Seele des zerschnittenen Weichsellandes, der ungeheilten Wunde in der Ostflanke, diesem verkümmerten Lungenflügel des Reichs. Wir denken daran, unter welch schnödem Druck Wilson zur unnatürlichen Abschnürung Ostpreußens gepresst, zu welchem Zwitterzustand das deutsche Danzig verurteilt wurde. Die Zukunft des polnischen Nachbarn, der seine staatliche Macht nicht zum geringsten Teil deutschen Blutopfern verdankt, kann nur gesichert sein, wenn Deutschland und Polen nicht durch ungerechte Grenzziehung in ewiger Unruhe gehalten werden. Ostdeutschlands Blutstockung bleibt eine europäische Sorge und Gefahr. Die Grenzen des Unrechts halten nicht stand gegen Volksrecht und nationalen Lebenswillen. Wir wissen mit Hermann Stegemann: „Generationen gehen durch helle Tage, Generationen wandern durch Dämmerung und Nacht. Aber keine Generation weiß, ob sie die letzte ihres Volkes ist. Schon im Glauben an die Beharrung, im Willen zur Tat, liegt die Zukunft beschlossen." Weg mit dem Gerede von der Katastrophe, her mit dem Mut, alle Nöte zu bannen. Der Tag wird kommen, wo der Kampf für das Recht Deutschland und Europa befreit hat.

Wolfgang Michalka, Gottfried Niedhart (Hg.), Die ungeliebte Republik. Dokumentation zur Innen- und Außenpolitik Weimars 1918–1933, 3. Aufl. München (dtv) 1984, S. 364 f.

M 8 Auszug aus einem Telegramm des deutschen Botschafters in Paris, von Hoesch, an das Auswärtige Amt am 22. 11. 1930

Trotz gewisser oben erwähnter Versuche, Rede[1] durch Pression deutscher nationalistischer Elemente zu erklären, scheint doch Überzeugung hier jetzt ziemlich durchgedrungen zu sein, dass die von Reichsminister geltend gemachten Forderungen inhaltlich von ganzem deutschem Volk gestellt werden. Diese Überzeugung sowie Tatsache, dass Forderungen in so offizieller Form jetzt regierungsseitig kundgegeben worden sind, haben in französischer Öffentlichkeit Erkenntnis gefördert, dass wir am Beginn eines neuen Abschnittes der deutsch-französischen Beziehungen stehen und dass die im Frühjahr 1924 begonnene Periode zum Abschluss gekommen ist.

Wir werden uns auch unsererseits dieser Erkenntnis nicht verschließen können. Während Deutschland und Frankreich bisher unter sorgfältiger wechselseitiger Schonung, insbesondere mit Bezug auf öffentliche Kundgebungen, bemüht waren, eine Atmosphäre herzustellen und zu wahren, unter deren Schutz sie in einem sehr weit gehenden Vertrauensverhältnis gewisse Ziele zu erreichen suchten, sind sie nunmehr wieder auf Weg der öffentlichen Polemik gekommen.

Akten zur deutschen auswärtigen Politik 1918–1945. Serie B: 1925–1933. Band XVI, Göttingen (Vandenhoeck & Ruprecht) 1981, S. 184.

1 Rede des Reichsaußenministers Curtius im Reichsrat

4 Erklären Sie, warum sich die Außenpolitik in der Ära Brüning von der Stresemannschen unterscheidet (M6–M8).

5 Der Historiker Peter Krüger hat den Plan einer deutsch-österreichischen Zollunion als „Sündenfall der deutschen Außenpolitik" bezeichnet. Nehmen Sie zu dieser These Stellung.

6 Vergleichen Sie die republikanische Außenpolitik mit den Grundprinzipien der heutigen deutschen Außenpolitik. Informieren Sie sich hierzu aus dem Internet oder besorgen Sie sich vom Auswärtigen Amt entsprechende Materialien.

Die Methode der historischen Biografie am Beispiel Gustav Stresemann

Bis in die 1960er-Jahre hinein war der Geschichtsunterricht stark von der Behandlung einzelner „großer" Persönlichkeiten wie Staatsmänner, Könige, Feldherren, Künstler oder Erfinder geprägt. Er spiegelte damit eine Geschichtssicht auch in der Wissenschaft wider, die der Auffassung war, der Geschichtsprozess werde vor allem durch das Handeln einzelner Menschen, durch ihre besonderen Leistungen bestimmt; verkürzt ausgedrückt: „Männer machen Geschichte". Neue geschichtstheoretische Überzeugungen, die Erkenntnisse der Sozial- und Wirtschaftsgeschichte und auch die Einsicht, dass eine solche „Personalisierung" von Geschichte einer demokratischen Gesellschaft nicht angemessen ist, haben die „großen Menschen" aus dem Geschichtsunterricht weit gehend verdrängt. In den letzten Jahren aber scheint sich hier ein Wandel anzudeuten, wobei vor allem in der nicht-wissenschaftlichen Publizistik und in den Medien die Biografie sich großer Beliebtheit erfreut. Aber auch in der Geschichtswissenschaft wird wieder verstärkt biografisch gearbeitet. Die größten Vorteile eines biografischen Vorgehens, z. B. gegenüber einem stärker strukturanalytischen, sind die größere Lebensnähe und Anschaulichkeit. Wenn eine Biografie deutlich macht, dass die behandelte Person mit ihrem Denken und Handeln in den Bedingungen der jeweiligen Zeit wurzelte und die Wechselbeziehungen zwischen Individuum und Gesellschaft im Mittelpunkt stehen, handelt es sich bei der historisch-biografischen Arbeit um eine sinnvolle historische Methode. Dies gilt dann sowohl für exemplarische Menschen aus den Unterschichten – für die allerdings die Suche nach geeigneten Quellen besonders schwierig ist – als auch für historisch bedeutende Personen.

Zu ihnen zählt für die Weimarer Zeit ohne Zweifel Gustav Stresemann. Mehrere Aspekte machen eine historisch-biografische Beschäftigung mit ihm lohnenswert:

- Er war gerade in den halbwegs stabilen mittleren Jahren der Republik wohl der einflussreichste deutsche Politiker, ja, die Stabilität war zu einem guten Teil auf sein politisches Handeln zurückzuführen.
- Er gehörte zu den wenigen „charismatischen" Politikern, deren Bedeutung weit über die Funktion ihres Amtes hinausging.
- Er scheint zu Beginn der Zwanzigerjahre eine große Wandlung vom Annexionisten und Nationalisten der Weltkriegszeit zum Verständigungspolitiker durchgemacht zu haben; die ältere Forschung sprach im Hinblick auf diesen Wandel gar von einem „Damaskus". Eine Untersuchung der Ursachen dieses Wandels verspricht Aufschlüsse über die Überlebenschancen der Weimarer Republik.
- Seine Verständigungspolitik – zumindest ihre Methoden, nicht unbedingt ihre Ziele – gehörte zu den positiven Potenzialen der Weimarer Republik, an die nach 1945 angeknüpft werden konnte.
- Er hat wie kaum ein anderer Weimarer Politiker seit seinem Tode sehr unterschiedliche Bewertungen erfahren: „War er Nationalist oder Europäer, Opportunist oder Idealist, aufrichtiger Verständigungspolitiker oder doppelzüngiger Machtpolitiker?" (Eberhard Kolb). Eine Beschäftigung mit dieser Geschichte der Rezeptionen Stresemanns ermöglicht Einblicke in den vergangenheitspolitischen Umgang mit der Weimarer Republik im Geschichtsbewusstsein der Deutschen; die Stilisierung Stresemanns zum „großen Europäer" z. B. ist eben nur verständlich vor dem Hintergrund der Bestrebungen zur europäischen Integration nach 1945, die sich mit der Vereinnahmung Stresemanns eine historische Tiefe verleihen wollten.

Dies sind auch die leitenden Gesichtspunkte der Arbeit an den Stresemann-Biografien. Sinnvoll ist es, mehrere verschiedene Biografien, die zu unterschiedlichen Zeitpunkten und von unterschiedlichen Historikern verfasst wurden, unter diesen Fragestellungen miteinander zu vergleichen.

Literaturhinweise zum Einstieg in die Beschäftigung mit Stresemann
– *Eberhard Kolb,* Probleme einer modernen Stresemann-Biographie, in: Otmar Franz (Hg.), Am Wendepunkt der europäischen Geschichte, Göttingen-Zürich (Muster-Schmidt) 1981, S. 107–134.
– *Wolfgang Michalka, Marshall M. Lee* (Hg.), Gustav Stresemann, Darmstadt (Wiss. Buchgesellschaft) 1982.
– *Andreas Körber,* Gustav Stresemann als Europäer, Patriot, Wegbereiter und potenzieller Verhinderer Hitlers. Historisch-politische Sinnbildungen in der öffentlichen Erinnerung, Hamburg (Krämer) 1999.

Die ältere Forschung erfassen folgende Bibliografien:
– *Gerhard Zwoch,* Gustav-Stresemann-Bibliografie, Düsseldorf (Droste) 1953.
– *Martin Walsdorff,* Bibliographie Gustav Stresemann, Düsseldorf (Droste) 1972.

Ausgewählte Stresemann-Biografien:
– *Rudolf Olden,* Stresemann, Berlin (Rowohlt) 1929.
– *Heinrich Bauer,* Stresemann. Ein deutscher Staatsmann, Berlin (Stilke) 1930.
– *Walter Görlitz,* Gustav Stresemann, Heidelberg (Ähren-Verlag) 1947.
– *Antonina Vallentin,* Stresemann. Vom Werden einer Staatsidee, München u. a. (List) 1948.
– *Hubertus Prinz zu Löwenstein,* Stresemann. Das deutsche Schicksal im Spiegel seines Lebens, Frankfurt am Main (Scheffler) 1952.
– *Annelise Thimme,* Gustav Stresemann. Eine politische Biographie zur Geschichte der Weimarer Republik, Hannover u. a. (Goedel) 1957.
– *Joseph Scheidel* (Hg.), Gustav Stresemann. Festschrift zur Wiedererrichtung des Stresemann-Ehrenmals in Mainz am 16. Oktober 1960, Mainz (Arbeitsausschuss für die Wiedererrichtung des Stresemann-Ehrenmals) 1960.
– *Martin Göhring,* Gustav Stresemann. Wendepunkt deutschen Schicksals, Wiesbaden (Marquardt) 1961.
– *Henry Ashby Turner,* Stresemann – Republikaner aus Vernunft, Berlin u. a. (Leber) 1968.
– *Theodor Eschenburg, Ulrich Frank-Planitz,* Gustav Stresemann. Eine Bildbiographie, Stuttgart (Deutsche Verlags-Anstalt) 1978.
– *Wolfgang Stresemann,* Mein Vater Gustav Stresemann, München (Herbig) 1979.
– *Kurt Koszyk,* Gustav Stresemann. Der kaisertreue Demokrat. Eine Biographie, Köln (Kiepenheuer u. Witsch) 1989.

Die wichtigsten Biografien zu bedeutenden Weimarer Politikern sind verzeichnet in:
– *Eberhard Kolb,* Die Weimarer Republik, 4., durchges. u. ergänzte Aufl. München (Oldenbourg) 1998, S. 279–282.

4 Weimars „kranke Wirtschaft“?

Die wirtschaftliche Entwicklung in den Jahren der Weimarer Republik war auf den ersten Blick gekennzeichnet von schwer wiegenden Problemen. Auch viele Zeitgenossen nahmen diese Jahre vor allem als eine Abfolge von Krisen, Inflation, Stagnation und sich verschärfenden ökonomischen und sozialen Konflikten wahr. Besonders vor dem Hintergrund eines vermeintlich „goldenen Zeitalters“ wirtschaftlichen Wohlergehens vor dem Ersten Weltkrieg musste die Lage in den Zwanzigerjahren besonders düster gemalt werden; für die Mentalität der Menschen aus unterschiedlichen sozialen Schichten und für ihre politische Einstellung zur Weimarer Demokratie hatte dies schwer wiegende Konsequenzen.

Schaut man etwas genauer hin, so stellt man fest, dass sich die Weimarer Wirtschaft nach wie vor in einem durchgreifenden Strukturwandel befand, der bereits lange vor 1914 eingesetzt hatte. Deutschland war wie viele andere europäische Staaten auf dem Weg vom Agrar- zum Industriestaat weiter vorangeschritten; der Anteil der Landwirtschaft an der Volkswirtschaft und der Zahl der Erwerbstätigen sank weiter, während Industrie, Handel und Dienstleistungssektor in ihrer Bedeutung zunahmen.

Die Industrieproduktion erreichte in den Zwanzigerjahren allerdings kaum wieder das Vorkriegsniveau, womit Deutschlands Wirtschaft im internationalen Vergleich weit zurückfiel. Die Ursachen hierfür lagen nicht nur in den Anpassungsproblemen, die ein Strukturwandel mit sich bringt, sondern auch in den Auswirkungen des Ersten Weltkriegs: Neben den USA als wirtschaftlicher Weltmacht waren auch andere Staaten wie Australien, Kanada oder Japan als neue industrielle Konkurrenten auf den geschrumpften Märkten aufgetreten. Deutschland hatte zudem zwischen 1914 und 1924 den Anschluss an den wissenschaftlichen und technischen Fortschritt weit gehend verloren, sodass in vielen Industrien Modernisierungsdefizite zu verzeichnen waren. Auch einige Bestimmungen des Versailler Vertrages wie die Beschlagnahme der Auslandsvermögen und der Handelsflotte verschlechterten die deutschen Wettbewerbsbedingungen.

Die notwendigen Rationalisierungen und Modernisierungen, die die Globalisierung der Märkte erforderte, um konkurrenzfähig zu bleiben, fanden nur in einigen Branchen statt; dort aber hatten sie auch vermehrte Entlassungen und erhöhte psychische und physische Belastungen für die Arbeitnehmer zur Folge. Verstärkte Konzentrationsprozesse in der Wirtschaft, die etwa zur Bildung der „IG Farben“ und der „Vereinigten Stahlwerke“ führten, setzten die Regeln eines freien Marktes teilweise außer Kraft, wodurch die Preise nicht mehr durch die Nachfrage, sondern durch Absprachen festgesetzt wurden. Auch die Flexibilität der Wirtschaft litt unter der Zunahme von Konzernen und Kartellen.

Trotz dieser strukturellen Probleme war nach der Überwindung der Inflation ein deutlicher wirtschaftlicher Aufschwung in Deutschland spürbar; das vor allem durch eine restriktive Geldpolitik der Reichsbank hervorgerufene hohe Zinsniveau ließ in erheblichem Umfang ausländisches Kapital, vor allem aus den USA, hierher fließen, das für die notwendigen Modernisierungsinvestitionen dringend benötigt wurde. Maschinenbau, Elektrotechnik, Optik und Chemie waren die Wachstumsbranchen, die Mitte der Zwanzigerjahre wieder vorsichtigen wirtschaftlichen Optimismus aufkommen ließen.

Doch selbst in dieser Aufschwungphase kam die Arbeitslosigkeit nicht von ihrem hohen Niveau herunter, was allerdings nicht nur an der Schwäche der deutschen Wirtschaft, sondern auch an der Tatsache lag, dass nach dem Ersten Weltkrieg relativ starke Geburtenjahrgänge auf den Arbeitsmarkt drängten, wodurch die Zahl der Erwerbstätigen deutlich anstieg. Dagegen verbesserte sich für diejenigen, die Arbeit besaßen, die soziale Situation, wozu ein Anstieg der Löhne und die Verbesserung sozialer Leistungen beitrugen.

Allerdings veränderten sich auch die machtpolitischen Gewichte nun wieder deutlich: Zu Beginn der Weimarer Republik hatte die Wirtschaft eine gleichberechtigte Zusammenarbeit mit der Arbeitnehmerschaft akzeptiert (vgl. Kapitel 2). Die Gewerkschaften waren zu machtvollen Massenorganisationen geworden, in den Unternehmen wurden Betriebsräte gewählt und Tarifverträge regelten die Beziehungen zwischen Arbeitgebern und Arbeitnehmern. Jetzt aber, spätestens seit 1924, als die Verteilungsspielräume geringer und der Druck auf den Märkten größer wurden, wich diese Bereitschaft zur Kooperation einer immer stärkeren Bereitschaft zur Konfrontation. Insbesondere das Instrument der staatlichen Zwangsschlichtung bei Tarifauseinandersetzungen, das aus der Sicht der Unternehmer vor allem seit der Regierungsbeteiligung der SPD 1928 eine Waffe der Gewerkschaften zur Durchsetzung ihrer Interessen zu sein schien, geriet ins Sperrfeuer unternehmerischer Kritik. Im so genannten „Ruhreisenstreit" vom Herbst 1928 (vgl. S. 62) eskalierten diese erheblich gestiegenen Spannungen zwischen Unternehmern und Gewerkschaften. Am Vorabend der großen Krise war dies ebenso wie die oben genannten Belastungsfaktoren ein denkbar schlechtes Zeichen für die Stabilität der Weimarer Wirtschaft und ihre Fähigkeit zur sozialen Integration.

M1 Industrielle Massenproduktion. Zeitgenössisches Plakat.

Hinweise zur Arbeit mit den Materialien:

Die Materialien dieses Kapitels legen den Schwerpunkt auf die mittleren Jahre der Weimarer Republik zwischen Anfangskrisen und Inflation auf der einen, Weltwirtschaftskrise auf der anderen Seite. M2 bis M4 liefern grundlegendes statistisches Material zu den wirtschaftlichen Strukturen Deutschlands, z. T. in international vergleichender Perspektive. M5 bis M9 thematisieren das Problem der wirtschaftlichen Rationalisierung aus unterschiedlichen Perspektiven und M9a und 9b stellen zwei Positionen einer grundlegenden wissenschaftlichen Kontroverse über die wirtschaftliche Entwicklung in den Zwanzigerjahren zur Verfügung (vgl. hierzu auch Kapitel 9). Der Ruhreisenstreit 1928 wird zur inhaltlichen Weiterführung als Gegenstand einer historischen Fallanalyse empfohlen.
Insbesondere im zweiten Abschnitt bietet es sich an, einen Gegenwartsbezug herzustellen, da auch heute immer wieder die Notwendigkeit der Rationalisierung in der Wirtschaft betont und ihre Durchführung sowie die Konsequenzen für die betroffenen Menschen kontrovers diskutiert werden (vgl. Aufgabe 9). Hierzu könnte auch eine Diskussion mit Vertretern von Gewerkschaften und Arbeitgeberverbänden veranstaltet werden.

M2 Erwerbsquote und Erwerbsstruktur (in % der Erwerbspersonen) für das Reich[1] und die BRD

	Erwerbspersonen						Tertiärer Sektor[2]
Jahr	insges. Mill.	% der Bevölkerung	Land- u. Forstwirtschaft %	Produzierendes Gewerbe %	Insges. %	Handel u. Verkehr %	Öfftl. u. private Dienste %
1882	18957	41,9	43,4	33,7	22,8	8,3	14,5
1895	22110	42,7	37,5	37,5	25,1	10,6	14,5
1907	28092	45,5	35,2	40,1	24,8	12,4	12,4
1925	32009	51,3	30,5	42,1	27,4	16,4	11,0
1933	32296	49,5	28,9	40,4	30,7	18,5	12,2
1939	35732	51,6	25,9	42,2	31,9	17,5	14,4
1950	23489	46,2	22,1	44,7	33,1	15,9	17,2
1961	26821	47,7	13,4	48,1	38,5	17,2	21,3
1970	26617	43,9	8,9	48,6	43,2	17,5	25,7

1 Gebietsstand 1937
2 Ab 1950 neue Systematik: Banken und Versicherungen zu Dienstleistungen

M3 Entwicklung der deutschen Industrieproduktion

3 a) Deutsche Industrieproduktion (1913 = 100) 1890–1930 (deutsche Staatsgebiete):

Jahr	Index	Jahr	Index	Jahr	Index	Jahr	Index
1890	40	1919	38	1923	47	1927	100
1895	48	1920	55	1924	70	1928	103
1900	65	1921	66	1925	83	1929	104
1913	100	1922	72	1926	80	1930	91

M2 und M3a: D. Petzina, Die deutsche Wirtschaft in der Zwischenkriegszeit, Wiesbaden (Steiner) 1977, S. 14f.

3 b) Deutschlands Industrieerzeugung 1925 im internationalen Vergleich (umgerechnet auf identisches Territorium, 1913 = 100):

Japan	222
Italien	157
USA	148
Australien	141
Tschechoslowakei	136
Indien	132
Kanada	117
Frankreich	114
Schweden	113
Österreich	95
Deutschland	95
Großbritannien	86
Russland	70
Polen	63

Ebd., S. 14 f.

1 Setzen Sie M2 in verschiedene Grafiken um und diskutieren Sie Vor- und Nachteile der Darstellungsarten.

2 Erarbeiten Sie aus M2 die langfristige Entwicklung in den verschiedenen Wirtschaftssektoren und ordnen Sie die Zeit der Weimarer Republik ein.

3 Analysieren Sie die Entwicklung der deutschen Industrieproduktion, vergleichen Sie sie mit der anderer Staaten und erklären Sie die Unterschiede (M3a und 3b).

4 Informieren Sie sich aus Handbüchern und Lexika über die wirtschaftliche Entwicklung in einem europäischen Staat zwischen 1918 und 1933.
Stellen Sie die wichtigsten Erkenntnisse unter Zuhilfenahme von Tabellen bzw. Grafiken in einem Kurzreferat vor.
Diskutieren Sie anschließend die möglichen Gründe für unterschiedliche Entwicklungen.

M4 Arbeitslosigkeit in ausgewählten Ländern in % 1919–1938

Jahr	Deutschland	Großbritannien	USA	Schweden	Frankreich
1919	3,7	5,2	3,4	5,5	
1920	3,8	3,2	5,8	5,4	
1921	2,8	17,0	16,9	26,6	5,0
1922	1,5	14,3	10,9	22,9	2,0
1923	10,2	11,7	4,6	12,5	2,0
1924	13,1	10,3	8,0	10,1	3,0
1925	6,8	11,3	5,9	11,0	3,0
1926	18,0	12,5	2,8	12,2	3,0
1927	8,8	9,7	5,9	12,0	11,0
1928	8,6	10,8	6,4	10,6	4,0
1929	13,3	10,4	4,7	10,2	1,0
1930	22,7	16,1	13,0	11,9	2,9
1931	34,3	21,3	23,3	16,8	6,5
1932	43,8	22,1	34,0	22,4	15,4
1933	36,2	19,9	35,3	23,3	14,1
1934	20,5	16,7	30,6	18,0	13,8
1935	16,2	15,5	28,4	15,0	14,5
1936	12,0	13,1	23,9	12,7	10,4
1937	6,9	10,8	20,0	10,8	7,4
1938	3,2	12,9	26,4	10,9	7,8

Ebd., S. 16 f.

M 5 Rationalisierungsnotwendigkeiten aus Sicht der Arbeitgeber (1913)

Die Entwicklung zur modernen Produktionsweise ist abhängig von bestimmten Voraussetzungen, der Umschichtung der Bevölkerung, der Ausbildung der Verkehrsmittel, der Befreiung des Gewerbe- und Arbeitsvertragsrechts von allen Fesseln. Zu diesen tritt die völlige Umgestaltung der Technik hinzu. Erst die Befreiung von [...] der ehrwürdigen Großvatertradition und deren Ersetzung durch eine wissenschaftlich begründete, auf mathematischer und technischer Logik sich stützende Arbeitsweise ermöglichte den Bau unserer Kraft- und Arbeitsmaschinen, die heutige Arbeitsteilung, kurz den maschinellen Großbetrieb [...]

Nicht gleichen Schritt gehalten hat mit dieser Entwicklung die technische Verwendung der menschlichen Arbeitskraft. Sosehr die Ausschaltung der Handkraft das Ziel technischen Strebens war, so wenig wurde vom Ingenieur bisher die Aufgabe erfasst, die technischen Grundsätze auf eine Ausnützung der menschlichen Arbeitskraft, Steigerung der Leistungsfähigkeit des Einzelnen, Ausgestaltung der Lohnformen anzuwenden. Es beweist diese Auffassung nichts so sehr als die langsame Entwicklung vom primitiven, unwirtschaftlichen Zeitlohnsystem zur Akkordarbeit in Deutschland [...] Dagegen scheint in jüngster Zeit die Arbeit des bedeutenden amerikanischen Ingenieurs Frederick W. Taylor die Beachtung in erhöhtem Maße auf diese Frage zu lenken. Die Vorschläge Taylors [...] haben in Deutschland bereits große Zustimmung, vor allem in technischen Kreisen, gefunden.

Werner Abelshauser, Anselm Faust, Dietmar Petzina (Hg.), Deutsche Sozialgeschichte 1914–1945. Ein historisches Lesebuch, München (Beck) 1985, S. 32.

M 6 Eine Arbeiterin berichtet aus der Stromzählermontage bei der AEG (1926)

„Du hebst die Sicherungsstücke zum Beispiel, die bearbeitet werden sollen, vom Band auf und fügst ein Stück Draht oder mittels einer kleinen Bohr- oder Stanzmaschine irgendwelche Formen ein. Aber beeile dich nur, denn schon kommen die nächsten Sicherungen, die nächsten Arbeitsstücke. Sie

M 7 Ein Zeitnehmer im Betrieb

Wirtschaft

sind nur noch einige Zentimeter von dir entfernt. Und bist du noch nicht mit deinen Stücken fertig und legst sie schnell wieder auf das Fließband zurück, so segeln die nächsten Stücke stumm an dir vorüber, ohne dass du sie noch fassen kannst: zu deinem Nachbarn, der aber damit nichts anfangen kann, weil du vorher deine Arbeit an ihnen getan haben musst, bevor der Nächste sie weiter vollendet. Und stockst du, so muss dein Nachbar stocken, und das setzt sich dann fort bis zum Ende des Bandes. Dieses wirft dann die unbearbeiteten Rohstücke wieder aus. Der Meister kommt. Er stellt die schuldige Person fest: schon steht sie auf der Abbauliste (= Kündigungsliste). Aber auch deine nachbarlichen Arbeitskollegen werden darüber erregt, wenn du versagst. Denn es wird Gruppenakkordlohn gezahlt. Versagt ein Einzelner oder arbeitet auch nur etwas langsamer, so vermindert sich der Tagesauswurf des Fließbandes; die Gruppe und damit auch der einzelne Arbeiter erhält weniger Lohn. Oft ist ein Arbeitskollege nur zu leicht geneigt, nicht den antreibenden Meister, das raffinierte System der ‚Flussproduktion', ihr zu schnelles Tempo anzuklagen, sondern den eignen Arbeitskollegen. Das umso mehr, als jeder Arbeiter während der ganzen Arbeitszeit stumm, lautlos, ohne jegliche überflüssige oder nur lästige Bewegung dasteht, stets aufmerksam das ‚Band' oder seine Arbeitsstücke beobachtet. Und da kann niemand sich ein freundliches Wort, eine Aufmunterung zurufen, bei der Arbeit ein wenig pfeifen oder singen. Dazu ist keine Zeit und Lust mehr; man hört nur die Maschinen, das Knirschen des laufenden Bandes und das Auf- und Abheben der Arbeitsstücke, obwohl viele hundert Arbeiter und Arbeiterinnen in demselben Arbeitsraum vereinigt sind. […] Diejenigen, welche Forderungen zu stellen wagten, die verlangten, dass das Band sich ihrer Arbeitsfähigkeit, ihren abgearbeiteten Knochen anpassen müsse, nicht aber umgekehrt, sie wurden an andere Arbeitsstellen versetzt und waren bald ‚überflüssig' und arbeitslos. Einige aber versuchten sich anzustrengen. Sie wurden herausgenommen, zu Gruppen zusammengestellt und nun aus ihnen ‚Musterbänder' hergestellt. Auf jene ‚Musterbänder' mit den besonders gefügigen Arbeitern konnte der Meister nun stets verweisen, wenn andere Arbeitsgruppen an den übrigen Bändern gegen das Tempo und die bewilligten Akkorde aufbegehrten. So hatte man es nun geschafft. Es wurde abgebaut. Allmählich waren nur zwei Drittel der alten Belegschaft im Betrieb. Aber die Zahl der produzierten Stücke war nicht zurückgegangen, sondern noch gestiegen.

Hans Jürgen Pandel, Stechuhr und Stoppuhr. Mikrohistorie im Geschichtsunterricht, in: Geschichte lernen, Heft 19 (1991), S. 31–43, hier S. 39.

M8 Rationalisierung aus gewerkschaftlich-sozialdemokratischer Perspektive: Fritz Naphtali (1928)

In der kapitalistischen Wirtschaft hat die Rationalisierung notwendigerweise für die Arbeiterklasse ein doppeltes Gesicht. Das Ziel jeder Rationalisierung ist die Verringerung der Unkosten, mit denen ein bestimmtes Arbeitsergebnis erreicht werden kann. Soweit diese Verringerung auf technischem Fortschritt, auf einer Erhöhung der Produktivität der Arbeit, durch eine bessere Zusammenfassung der Kräfte und durch bessere betriebliche Organisation beruht, wird sie auch von der Arbeiterschaft grundsätzlich bejaht; denn wir wissen, dass nur die höchste Steigerung der Arbeitsproduktivität die ökonomischen Voraussetzungen für eine Verwertung der Arbeitskraft in der Welt schafft und dass nur sie die ökonomischen Voraussetzungen eines Kulturlebens für alle Menschen hervorbringen kann. Diese Tendenzen des technisch-organisatorischen Fortschritts müssen wir deshalb bejahen, selbst wenn wir sehen, dass sie zunächst stellenweise durch Erzeugung neuer Arbeitslosigkeit mit Leiden für die Arbeiterschaft verbunden sind, die durch den Ausbau der Versicherung zwar gemildert, aber nicht beseitigt werden können. Aber unter dem Schlagwort der Rationalisierung, unter der Tendenz der Unkostenersparung verbirgt sich in der kapitalistischen Wirtschaft nicht nur die Tendenz zur Anwendung höherer Technik und höherer Organisation, sondern auch die Tendenz, einen Druck auf die Arbeiter auszuüben, ihre Arbeit zu beschleunigen, ihre Arbeitskraft rücksichtslos zu verausgaben, ohne Rücksicht darauf, ob die augenblickliche Anspannung der Arbeitskraft zu einem vorzeitigen Verzehr der Kräfte der Arbeiter führt. […] Gegenüber der kapitalistischen Denkungsweise, die nur das Unkostenkonto und sein Verhältnis zum Profit und nichts anderes sieht, hat die Arbeiterschaft und haben im Besonderen die Gewerkschaften ihren Standpunkt durchzukämpfen, dass der Mensch im Mittelpunkt der Wirtschaft steht, dass der Mensch nicht zum Instrument herabgewürdigt werden darf, sondern dass die Erhaltung seiner Arbeitskraft und seiner Lebenskraft das wichtigste Ziel aller Ökonomie sein muss.

Jens Flemming u. a. (Hg.), Die Republik von Weimar. Bd. 2: Das sozialökonomische System, Düsseldorf (Droste) 1979, S. 346 f.

M9 Rationalisierung aus arbeitswissenschaftlicher Perspektive (1926)

Von sich aus hat der „getaylorte“ Arbeiter rein nur den höchsten Arbeitseifer aufzubringen, um das vorgeschriebene Tempo einzuhalten; im Übrigen ist ihm alles eisern vorgeschrieben, bis in die allerkleinste Bewegung, er ist regelrecht darauf gedrillt.

Das Taylorsystem selber lässt sich gemäß seiner reifsten Ausprägung in der Praxis wohl auf die Formel bringen: Organisatorisch zwangsläufige Bestgestaltung der ausführenden Arbeit im Betriebe! Habe ich das Streben nach Höchstleistung überhaupt „Taylorismus“ genannt, so nenne ich den von Taylor dahin eingeschlagenen Weg, also sein eben skizziertes System, „Taylorei“; und meine es in einem unverhohlen ablehnenden Sinne! Aber ich lege damit ausschließlich den Maßstab dessen an, aus dessen Geist das Ganze doch geboren ist, nämlich den ganz sachlichen Maßstab der technischen Vernunft. Diese überschlägt sich hier gleichsam schon zu etwas Widervernünftigem, sobald sich der Taylorismus übersteigert hat zu dieser Taylorei. […] Diese Taylorei ist Filigranarbeit am Betriebe […] und den Betrieb verkünstelt sie wirklich zum Seelenlosen eines Uhrwerkes. Unter dem stählernen Stempel der „Normung“ wird die Persönlichkeit des Arbeiters totgequetscht. Und wenn in Sachen der Leitung ganz grundsätzlich auch an Stelle der Persönlichkeit Organisation gesetzt wird, so läuft dies zusammen hinaus auf eine Orgie […] jener Geistlosigkeit, für die ein Henry Ford nur Hohn und Verachtung hat. […] Seinen Überlohn muss auch der Fordarbeiter emsiglich erleisten. Ford wäre der Letzte, dies zu bestreiten, wenn ihm auch viel Bemühung um wirkliche persönliche Erleichterung der Arbeit im Sinne liegt – Hygiene, ähnlich der Gerechtigkeit, versteht sich in den Fordwerken von selber. Ford persönlich schließt die Augen keineswegs vor dem Schweiß der Arbeit, bekennt sich aber so von ganzer Seele selber dazu, dass man hoffen könnte, auch ein Geist der Arbeit zieht durch das ganze Werk und biegt manche Mühsal der Arbeit zu Leistungsfreude und Freude am gemeinsamen Werk um und rettet so die Arbeit als Inhalt des Lebens, an Stelle bloßen Opfers für das Leben!

Werner Abelshauser, Anselm Faust, Dietmar Petzina (Hg.), Deutsche Sozialgeschichte 1914–1945. Ein historisches Lesebuch, München (Beck) 1985, S. 34 f.

5 Vergleichen Sie die Entwicklung der Arbeitslosigkeit in Deutschland mit der in anderen Staaten und stellen Sie Gemeinsamkeiten und Unterschiede dar (M4).

6 Stellen Sie Argumente der Befürworter und Gegner der Rationalisierung tabellarisch gegenüber. Wie bewerten Sie die jeweiligen Argumente (M5–M9)?

7 Diskutieren Sie mögliche Lösungsvorschläge für den Konflikt (vgl. vor allem M8 und M9).

8 Machen Sie ein Experiment mit der Zeitnahme (M6 und M7): Wählen Sie einen Arbeitsablauf, der sich in der Schule durchführen lässt, lassen Sie diesen von mehreren Personen durchführen und stoppen Sie jeweils die Zeit. Diskutieren Sie, was es für die Arbeiterinnen und Arbeiter bedeutet, eine „Normalzeit“ für diese Arbeit aufzustellen.

9 Geben Sie der Arbeiterin einen Namen und lassen Sie sie einen ausführlichen Tagebucheintrag über ihren Tagesablauf schreiben. Beziehen Sie nicht nur ihre Handlungen, sondern auch ihre Gefühle, ihre Erwartungen und Befürchtungen mit ein (M6).

M 10 Zu hohe Löhne? Eine Historikerkontroverse

10 a) Knut Borchardt (1979):
Unter Produktivität, genauer: Arbeitsproduktivität, verstehen wir die durchschnittlich je Erwerbstätigen im Jahr erzeugte Gütermenge. Während sich die Produktivität im Kaiserreich in der langfristigen Bewegung relativ schnell erhöht hat und sie nach dem Zweiten Weltkrieg geradezu atemberaubend anstieg, erreichte sie während der Zwanzigerjahre nicht einmal das Vorkriegsniveau! So schwach waren in dieser Zeit die langfristigen Wachstumskräfte.

Was nun in diesem Zusammenhang besonders interessant ist, ist der Umstand, dass 1925 bis 1929 die Entwicklung der durchschnittlichen Löhne anscheinend keine Rücksicht auf die eben veranschaulichte Produktivitätsentwicklung genommen hat. Die durchschnittlichen realen Stundenlöhne lagen bald nach 1924 deutlich über denen vor 1914 und auch die durchschnittlichen Wochenlöhne gingen – im Durchschnitt aller Arbeitnehmer – kräftig in die Höhe. In einem internationalen Vergleich der Lohnentwicklung von der Vorkriegszeit bis 1930/31 schneidet Deutschland im Vergleich mit den Siegerstaaten des Ersten Weltkriegs, mit den USA, Frankreich und Großbritannien, erstaunlich gut ab.

[...]

Vereinfacht ausgedrückt: Die Arbeitskraft war in der Weimarer Zeit im Durchschnitt so teuer, dass dies auf Kosten der Einkommen aus Unternehmertätigkeit und Vermögen gehen musste. Angesichts der internationalen Preisentwicklung und in einem System fester Wechselkurse, in dem die Zentralbank zur Verteidigung ihrer Währungsreserven eine restriktive Politik treiben musste, konnten die höheren Löhne nicht auf die Preise überwälzt werden. Im Verein mit der Steigerung auch anderer Kostenelemente ergab sich dadurch eine Kompression jener Einkommensarten, aus denen üblicherweise die Investitionen wesentlich finanziert werden.

Die Wirtschaftswissenschaftler pflegen heute darauf hinzuweisen, dass Löhne, die die durch die Produktivitätsentwicklung gezogenen Grenzen erheblich übersteigen, die Gefahr der Arbeitslosigkeit heraufbeschwören. Das trägt uns vielfach Kritik ein, was freilich die Wirtschaftswissenschaft, eine Wissenschaft, die oft das Nichtmachbare beim Namen nennt, seit ihrer Begründung ertragen muss. Die Weimarer Zeit kann uns aber lehren, dass es sich so verhielt, wie die Theoretiker sagen, denn die Arbeitslosigkeit war schon ab 1925 und nicht erst nach 1929 so hoch wie nie zuvor in Deutschland.

Knut Borchardt, Zwangslagen und Handlungsspielräume in der großen Wirtschaftskrise der frühen dreißiger Jahre. Zur Revision des überlieferten Geschichtsbildes, in: Michael Stürmer (Hg.), Die Weimarer Republik. Belagerte Civitas. 2., erw. Aufl. Königstein Ts. (Athenäum) 1985, S. 328–330.

10 b) Carl-Ludwig Holtfrerich (1984):
Der Vergleich der Arbeitsproduktivitätsentwicklung *je Beschäftigten* mit der *Stunden*lohnentwicklung könnte aber nur dann etwas über die Kostenniveauneutralität der Lohnentwicklung aussagen, wenn die Arbeitszeit unverändert geblieben wäre. Das ist aber im Vor- und Nachkriegsvergleich, ja selbst während der Weimarer Periode, nicht der Fall. Borchardt selbst weist darauf hin, dass sich in Deutschland die Arbeitszeit 1930/31 gegenüber 1905 um 33 % verkürzt hatte. Das heißt aber, dass die Produktivität *pro Arbeitsstunde* 1930/31 im Vergleich zu 1905 um ca. 50 % höher lag als die Produktivität *je Beschäftigten*. [...]

Dieses hohe Wachstum der Arbeitsstundenproduktivität dürfte vor allem ein Ergebnis der Rationalisierungswelle in der zweiten Hälfte der 1920er-Jahre in Deutschland gewesen sein. [...]

Will man zur Beurteilung der Kostenniveauneutralität der Lohnentwicklung die durchschnittlichen realen *Stunden*löhne heranziehen, so muss man ihre Entwicklung mit der Entwicklung der gesamtwirtschaftlichen Produktivität *pro Arbeitsstunde* vergleichen. [...]

Aber auch der Vergleich der Indizes für die realen Bruttostundenverdienste und für die gesamtwirtschaftliche Produktivität pro Arbeitsstunde zeigt, dass mit Ausnahme der Jahre 1926 und 1928 ... die realen Bruttostundenverdienste weniger gestiegen waren als die gesamtwirtschaftliche Produktivität pro Arbeitsstunde. Selbst oder gerade wenn man die Abweichungen der beiden Indizes nach oben und nach unten wegen der Fehlermargen in den Grunddaten als insignifikant ansieht, widerlegt dieser empirische Befund Borchardts Behauptung, „die Lohnentwicklung damals in Deutschland [habe] den durch die Produktivitätsentwicklung gezogenen Rahmen gesprengt." […]

Weder waren die Lohnpolitik und die hohe Lohnquote der Weimarer Zeit Ursachen der großen Krise in Deutschland noch waren die massiven Kostensenkungen in der Weltwirtschaftskrise das Instrument, das zu einer „Bereinigung" (Borchardt) der Lohnquote führte. […]

Der Anteil der Einkommen aus Unternehmertätigkeit am Volkseinkommen war zwar 1925 und in den folgenden Jahren niedriger als 1913, aber nicht in dem Ausmaß, wie die Lohnquote über ihrem Niveau von 1913 lag. Zum Teil spiegelt dieser Rückgang nur die Reduzierung des Anteils der Selbstständigen an der Gesamtzahl der Erwerbspersonen wider (1907: 19,6%; 1925: 16,5%). Bemerkenswert ist, dass sich der Anteil des Einkommens aus Unternehmertätigkeit im Bereich Handel und Gewerbe, der auch die Industrie umfasst, bis zum Beginn der Weltwirtschaftskrise 1929 relativ gut halten konnte. Das spricht gegen die These, dass in diesem Bereich die Lohnhöhe oder die Höhe der Lohnquote das Einkommen aus Unternehmertätigkeit drückte. […]

Aber ob […] ein Einkommensvorsprung einseitig zu Gunsten der Unternehmer das „nicht funktionsfähige(s) wirtschaftliche System in einem schon kaum noch funktionsfähigen politischen System" (Borchardt) auf Dauer hätte sanieren können, wird man sowohl unter dem Gesichtspunkt des sozialen Friedens als auch der sozialen Gerechtigkeit in der Einkommens- und Vermögensverteilung bezweifeln können. […]

Ein Ausweg aus dem wirtschaftlichen Dilemma der Weimarer Zeit hätte darin bestanden, dass das Arbeitnehmerlager zusammen mit den Volkseinkommensanteilen, die es von der Schicht der Geldvermögensbesitzer seit 1913 übernommen hatte, auch die ökonomische Funktion jener Schicht hätte mit übernehmen müssen, nämlich zur gesamtwirtschaftlichen Kapitalbildung beizutragen. Kapitalbildung in Arbeitnehmerhand durch staatliche Sparanreize, wie in der Wiederaufbauphase der Bundesrepublik, oder durch „Zwangssparen" (z. B. durch tariflich vereinbarte Investivlöhne und Vermögensbildungsfonds für Arbeitnehmer) wäre das Gebot der Stunde gewesen (nicht dagegen die Reduzierung angeblich überhöhter Löhne) nicht nur als Beitrag zur Demokratisierung der Wirtschaft, sondern vor allem zur Wiederherstellung der Funktionsfähigkeit des wirtschaftlichen Systems und auf diese Weise auch zur Stabilisierung des politischen Systems von Weimar.

Carl-Ludwig Holtfrerich, Zu hohe Löhne in der Weimarer Republik? Bemerkungen zur Borchardt-These, in: Geschichte und Gesellschaft 10 (1984), S. 127–129, 135, 139–141

10 Ermitteln Sie, wie heute in der Wirtschaft Rationalisierungsmaßnahmen durchgeführt werden. Welche Ziele werden hierbei verfolgt, welche Methoden verwendet, wie sind die Auswirkungen auf die betroffenen Menschen? Vergleichen Sie Ihre Erkenntnisse mit den Ergebnissen Ihrer historischen Analyse.

11 Vergleichen Sie die Argumente Borchardts und Holtfrerichs (M10a und 10b) miteinander: Wie kommt die gegensätzliche Argumentation zu Stande?

12 Welche Konsequenzen haben die Argumentationen für die Beurteilung der Endphase der Weimarer Republik und die Handlungsspielräume der Politiker? Fällen Sie ein begründetes Urteil.

Der Ruhreisenstreit – eine historische Fallstudie

Im Ruhreisenstreit prallten im Herbst 1928 die Tarifparteien und der Staat mit seinem Instrument der staatlichen Zwangsschlichtung heftig aufeinander. Der Streit entwickelte sich zum schwersten Arbeitskonflikt der Zwanziger- und frühen Dreißigerjahre und zur „eigentliche(n) Wendemarke in den sozialpolitischen Auseinandersetzungen der Weimarer Zeit" (Eberhard Kolb). Er eignet sich daher sehr gut für eine historische Fallstudie, bei der die unterschiedlichen Interessen der beteiligten Parteien (Unternehmer der Schwerindustrie, Gewerkschaften, Staat) am konkreten Beispiel analysiert und verglichen werden können.
Wichtige Quellen zur Erarbeitung dieser Fallstudie sind bereits veröffentlicht und daher in Bibliotheken relativ leicht greifbar. Grundlegend ist hier:

– *Michael Schneider,* Auf dem Weg in die Krise. Thesen und Materialien zum Ruhreisenstreit 1928/29, Wentorf bei Hamburg (Einhorn-Presse-Verlag)1974 (Die Arbeiterbewegung in den Rheinlanden, Bd. 2).

– Außerdem finden sich Quellen über die Beratungen der Reichsregierung in den veröffentlichten *Akten der Reichskanzlei:* Das Kabinett Müller II. Bd. 1, Boppard (Boldt) 1970.

Wichtige historische Einschätzungen und Bewertungen liefern:

– *Ludwig Preller,* Sozialpolitik in der Weimarer Republik, Stuttgart 1949, 2. Aufl. Düsseldorf (Athenäum) 1978.

– *Ernst Fraenkel,* Der Ruhreisenstreit 1928–29 in historisch-politischer Sicht, in: *F. A. Hermens, Th. Schieder* (Hg.), Staat, Wirtschaft und Politik. Festschrift für Heinrich Brüning, Berlin (Duncker & Humblot) 1967, S. 97–117.

– *Ursula Hüllbusch,* Der Ruhreisenstreit in gewerkschaftlicher Sicht, in: *Hans Mommsen, Dietmar Petzina, Bernd Weisbrod* (Hg.), Industrielles System und politische Entwicklung in der Weimarer Republik, Düsseldorf (Droste) 1974, S. 271–289.

– *Wilhelm Treue,* Der deutsche Unternehmer in der Weltwirtschaftskrise 1928–1933, in: *Werner Conze, Hans Raupach* (Hg.), Die Staats- und Wirtschaftskrise des Deutschen Reiches 1929/33, Stuttgart (Ernst Klett)1967, S. 82–125.

– *Bernd Weisbrod,* Schwerindustrie in der Weimarer Republik. Interessenpolitik zwischen Stabilisierung und Krise, Wuppertal (Hammer) 1978, S. 415–456.

– *J. Bähr,* Staatliche Schlichtung in der Weimarer Republik. Tarifpolitik, Korporatismus und industrieller Konflikt zwischen Inflation und Deflation 1919–1932, Berlin (Colloquium-Verlag) 1989.

– *Heinrich August Winkler,* Der Schein der Normalität. Arbeiter und Arbeiterbewegung in der Weimarer Republik 1924–1930, Berlin/Bonn (Dietz) 1985, S. 557–572.

Ergänzt werden können diese Quellen und Darstellungen durch Recherchen in Zeitungen vor Ort, da der Konflikt wegen der Schärfe der Auseinandersetzung und der verbreiteten Hilfsbereitschaft für die über 200 000 Ausgesperrten unter großer Anteilnahme der deutschen Öffentlichkeit verlief. Im Ruhrgebiet kann zusätzlich auch in den lokalen Archiven geforscht werden.

Weiterführende Arbeitsanregungen

Umgang mit Statistiken

In den Tages- und Wochenzeitungen und in Zeitschriften finden Sie häufig Statistiken in Form von Tabellen oder Diagrammen, die Zahlenmaterial zu wirtschaftlichen Themen liefern; seit der Popularisierung des Börsengeschehens etwa wird die Entwicklung von „Dax" und „Nemax 50" dem Zeitungsleser und Fernsehzuschauer täglich anschaulich präsentiert. Die Fülle an Zahlen erweckt den Eindruck von „Objektivität"; tatsächlich lassen sich ja in Statistiken über den konkreten, anschaulichen Einzelfall hinaus „große" bzw. langfristige Trends und Entwicklungen darstellen. Dies ist aber keine Garantie für Zuverlässigkeit; auch Statistiken können manipuliert werden oder durch eine entsprechende Gestaltung zumindest einseitig informieren bzw. bestimmte Deutungen nahe legen.

Arbeitsvorschläge

1 Werten Sie vierzehn Tage lang verschiedene Zeitungen und Zeitschriften aus und sammeln Sie alle Statistiken zu wirtschaftlichen Themen. Vergleichen Sie verschiedene Statistiken zum gleichen inhaltlichen Zusammenhang miteinander. Achten Sie dabei besonders auf folgende Aspekte:
- Worum geht es in der Statistik?
- Sind die Daten sorgfältig erhoben? Dies ist häufig schwer festzustellen; möglicherweise muss man sich mit der Vertrauenswürdigkeit einer Institution (z. B. Deutsche Bundesbank, Statistisches Bundesamt etc.) begnügen. Sollten bei der Statistik aber keine Informationen zur Herkunft der Daten vorhanden sein, wenden Sie sich an die Zeitung/Zeitschrift und bitten Sie um Auskunft.
- In wessen Auftrag wurden die Daten erhoben bzw. in eine Tabelle, Grafik umgesetzt? Lässt die Darstellung Rückschlüsse auf die Interessen der Auftraggeber zu?
- Handelt es sich um absolute oder relative Zahlenwerte?
- Sind die Zahlenangaben überhaupt vergleichbar (gleicher Raum, gleiche Zeit etc.)?
- Welche Sachverhalte sind miteinander verknüpft? Welche Informationen bieten sie?
- Ergeben sich aus der Darstellungsform (z. B. durch besondere grafische Mittel wie Farben, Dicke von Balken/Linien, Beschriftung etc., durch den verwendeten Maßstab oder die Größe) besondere Aussagen?
- Setzen Sie eine Statistik zunächst in zwei Tabellen mit absoluten bzw. relativen Werten und dann per Hand oder mit einem entsprechenden Computerprogramm in verschiedene Grafiken (z. B. Säulen/Balken-, Kreis-, Flächen-, Figurendiagramm) um: Vergleichen Sie die Darstellungen miteinander und legen Sie die Tabellen und Grafiken mehreren Unbeteiligten (z. B. Mitschülern aus einem anderen Kurs) mit der Bitte vor, jeweils rasch die wichtigste Aussage zu nennen.

2 Mit Statistiken wird selbstverständlich auch Politik gemacht. Dies gilt insbesondere auch für die Prognose künftiger gesellschaftlicher Entwicklungen auf der Grundlage vorhandener und in die Zukunft fortgeschriebener Statistiken. Recherchieren Sie in den Zeitungsarchiven oder im Internet aktuelle Fälle solcher interessengeleiteter Prognosen. Siehe dazu z. B.:
- Glaube keiner Statistik, die du nicht selbst gefälscht hast. Makler warnen vor windigen Marktprognosen, in: Die Welt online v. 12. 03. 2001.
- *Benjamin Geisler,* Die Form der Statistik bestimmt die Interpretation, in: Die Welt online v. 22. 12. 2000.

Literaturtipp

Umfangreiches Zahlenmaterial finden Sie in den „Statistischen Jahrbüchern für die Bundesrepublik Deutschland", die jährlich vom Statistischen Bundesamt herausgegeben werden.

Literaturtipps zum Umgang mit Statistiken:

Bernd Hey u. a., Umgang mit Geschichte. Geschichte erforschen und darstellen – Geschichte erarbeiten und begreifen, Stuttgart (Ernst Klett) 1998, S. 127–141.

Lernbox Geschichte. Das Methodenbuch, Seelze (Friedrich Verlag) 2000.

5 Sozialstaat Weimar – Ausbau und Krise

Die Weimarer Reichsverfassung verankerte erstmals in mehreren Artikeln das Sozialstaatsprinzip (Art. 151) und wesentliche sozialpolitische Grundsätze wie z. B. die Gemeinwohlbindung des Privateigentums (Art. 153), die Ermöglichung der Sozialisierung (Art. 156), den Schutz der Arbeitskraft (Art. 157 und 158) oder die Pflicht des Staates zum Unterhalt für diejenigen, die nicht in der Lage waren, diesen selbst durch Arbeit zu gewährleisten (Art. 163). Dabei fußten diese Überlegungen auf den Entwicklungen im Kaiserreich mit der Gründung der Sozialversicherung in den 1880er-Jahren, hatten allerdings im Ersten Weltkrieg einen starken Schub erhalten: Zum einen war es von zentraler Bedeutung für eine erfolgreiche Kriegsführung, dass die Loyalität der Arbeiterschaft durch soziale Zugeständnisse gesichert werden konnte, zum anderen mussten Kriegsversehrte, Kriegerwitwen und -waisen versorgt werden. Beides setzte sich nach 1918 zunächst verstärkt fort: Die Bewältigung der sozialen Folgelasten des Krieges (Kriegsopferversorgung, Wiedereingliederung der Frontsoldaten etc.) stellte die Republik in den ersten krisenhaften Jahren auf eine harte Bewährungsprobe und die in der Revolution zu politischer Macht gekommene Arbeiterbewegung forderte durchgreifende wirtschaftliche und soziale Reformen, die allerdings nur zum Teil Wirklichkeit wurden.

Zahlreiche Gesetzesinitiativen und politische Entscheidungen trugen trotz der gravierenden wirtschaftlichen Probleme dazu bei, das Sozialstaatsprinzip im Laufe der 1920er-Jahre auch Verfassungswirklichkeit werden zu lassen, so z. B.

- der starke Ausbau des staatlichen Wohnungsbaues,
- die Umwandlung der alten Armenpflege in eine moderne Sozialfürsorge, auf die es einen Rechtsanspruch gab,
- der Ausbau der Unfallversicherung,
- die Schaffung einer einheitlichen Rentenversicherung,
- Leistungsverbesserungen bei der Krankenversicherung,
- die Einführung einer Arbeitslosenversicherung 1927.

Die Ausgaben für alle Zweige der sozialen Sicherung stiegen von ca. 1 Milliarde Reichsmark 1913 auf über 9 Milliarden 1929. Hinzu kam, dass schon seit 1918 grundlegende rechtliche Neuregelungen geschaffen wurden, die die soziale Stellung der Arbeitnehmerschaft deutlich verbesserten; zu nennen sind hier vor allem die Anerkennung der Gewerkschaften als Arbeitnehmervertretung, die Sicherstellung der Koalitionsfreiheit, die Einführung des Achtstundentags und von Mitbestimmungsrechten, die Anerkennung des Tarifvertrags usw.

Trotz dieser sozialstaatlichen Bestrebungen gab es nach wie vor gravierende Probleme: Eines der bedeutendsten war, dass auch in der wirtschaftlichen Aufschwungphase Mitte der 1920er-Jahre ein hoher Sockel von Dauerarbeitslosen existierte, der die Leistungsfähigkeit der sozialen Systeme auf eine harte Probe stellte. Die Unternehmerschaft, die in der Anfangsphase der Republik angesichts der neuen Machtkonstellationen die Reformen akzeptiert hatte, empfand nunmehr den auch von ihr mit finanzierten Ausbau sozialer Sicherungssysteme als Belastung und agitierte heftig gegen diese als „kalte Sozialisierung“ bezeichnete Politik. Über mögliche Wege zur Lösung der Probleme wurde heftig und kontrovers diskutiert; da viele Wissenschaftler, Verwaltungsexperten und Politiker glaubten, gesellschaftliche Probleme ähnlich wie technische Probleme auch sozialtechnisch lösen zu können, war ein viel diskutierter Lösungsweg, Problemursachen durch biologische Maßnahmen auszuschalten. Die Auslese von nicht leistungsfähigen Menschen, die dem Sozialsystem auf Dauer hohe Kosten verursachten, mit eugenischen Mitteln bis hin zur (Zwangs-)Sterilisation sollte soziale und finanzielle Konflikte gleichermaßen verhindern; eine Auffassung, die nicht nur in rechtsradikalen Kreisen, sondern auch von Liberalen und Sozialdemokraten vertreten wurde.

Vor allem in der Wirtschaftskrise seit 1929 zeigte sich, dass der zum Teil durch Kredite finanzierte Ausbau sozialer Leistungen gerade dann in seiner Substanz bedroht war, als das Sozialsystem am dringendsten gebraucht wurde, nämlich in einer wirtschaftlichen Krisensituation, die viele Menschen in nackte existenzielle Not stürzte: Erhebliche Kürzungen von Leistungen und des Kreises der Anspruchsberechtigten waren die Folge. Der Widerspruch zwischen dem staatlichen Versprechen sozialer Sicherung, das so manchen mit dem Weimarer Staat versöhnt hatte, und den ökonomischen und politischen Möglichkeiten wurde nun immer krasser – und viele Menschen entzogen dem politischen System angesichts der enttäuschten Hoffnungen auf Hebung oder zumindest Sicherung des Lebensstandards ihre Loyalität.

M 1 Wohnungsbau als Sozialpolitik: Die Hufeisensiedlung Berlin-Britz (erbaut 1925 bis 1931)

Hinweise zur Arbeit mit den Materialien:

Die Materialien setzen drei inhaltliche Schwerpunkte: den Ausbau sozialer Sicherung, Grenzen und Krise des Sozialsystems und die Debatte über eine Biologisierung der Sozialpolitik. Begonnen werden kann im Unterricht entweder mit dem zusammenfassenden Historikerurteil (M7) oder mit dem Zahlenmaterial (M2). Zum Konflikt zwischen politischen Absichten und ökonomischen Möglichkeiten können auch ergänzend Materialien zur wirtschaftlichen Entwicklung aus Kapitel 4 und 9 herangezogen werden.

Die Debatte über die Reformbedürftigkeit des Sozialstaates besitzt hohe Aktualität. In den letzten Jahren sind zahlreiche Bücher erschienen mit Titeln wie: „Ist der Sozialstaat noch zu retten?", „Sozialfall Sozialstaat", „Der bankrotte Sozialstaat", „Wohlfahrtsstaat am Ende", „Wohlfahrtsstaat ade?" oder „Der Wohlfahrtsstaat. Geschichte eines Irrwegs". Es ist daher sinnvoll, im Unterricht die Weimarer Entwicklungen mit der Konzipierung einer „sozialen Marktwirtschaft" nach 1945 und den gegenwärtigen Diskussionen zu vergleichen (Aufgaben 10 bis 11).

Eine ähnliche Ausweitung ist auch bei dem Problem der Biologisierung der Sozialpolitik möglich: So kann überprüft werden, inwiefern in den gegenwärtigen Debatten über Chancen und Risiken der Gentechnik auch ökonomische Argumente verwendet und vergleichbare Bilder eines „perfekten", leistungsfähigen Menschen vertreten werden.

M2 Staatsausgaben[1] nach Aufgabenbereichen pro Kopf der Bevölkerung (in Preisen von 1900; 1913 = 100)

Aufgabenbereiche	1913 Mark	Index	1925 RM	Index	1929 RM	Index	1932 RM	Index	1936 RM	Index	1950 DM	Index
Krieg und Kriegsfolgen	25,1	100	21,9	87	27,7	110	14,2	57	55,9	223	51,0	203
Wirtschaftsförderung	17,0	100	15,8	93	22,1	130	18,2	107			35,9	211
Sozialer Bereich	20,5	100	64,7	316	101,6	496	106,3	519			166,4	812
davon: Sozialversicherung	12,2	100	23,2	190	49,2	403	50,0	410			86,1	706
Gesundheitswesen u. Sozialhilfe	7,9	100	31,4	388	39,2	496	51,8	656			64,7	819
Öff. Wohnungsbau	0,4	100	10,1	2525	13,2	3300	4,5	1125			15,6	3900
Erziehung	17,5	100	20,5	117	27,8	159	24,4	139			23,4	134
Öffentliche Sicherheit	7,7	100	12,1	157	13,7	178	14,6	190			10,1	131
Dienstleistungen	9,6	100	13,7	143	14,9	155	15,5	162			26,1	272
Schuldendienst	5,8	100	0,9	16	4,1	71	6,7	116	8,5	147	6,1	105
Zusammen	103,2	100	150,2	146	211,9	205	199,9	194	247,0	239	319,0	309

1 *Staatsausgaben aller Ebenen (Reich/Bund, Länder, Gemeinden).*

Dietmar Petzina, Werner Abelshauser, Anselm Faust, Sozialgeschichtliches Arbeitsbuch. Band III: Materialien zur Statistik des Deutschen Reiches 1914–1945, München (C. H. Beck) 1978, S. 147.

M3 1929 zog das Reichsarbeitsministerium eine Bilanz nach zehn Jahren Weimarer Sozialpolitik

Im Gegensatz zu der Sozialpolitik vor dem Kriege ist die Sozialpolitik des letzten Jahrzehnts zum Kern der sozialen Frage vorgedrungen.

Gewiss war auch die Fürsorge für die arbeitenden und nicht mehr arbeitsfähigen Proletarier eine wichtige Aufgabe der Sozialpolitik. Was aber eigentlich den Proletarier ausmachte, war wirtschaftlich gesehen doch die Unsicherheit seiner Existenz und politisch gesehen seine mindere Rechtsstellung in Staat und Gesellschaft, sowohl als Einzelperson wie als Stand, ein Zustand, der sich im Arbeitsverhältnis, in der ganzen Lebenshaltung der Arbeiter, im gesellschaftlichen Leben und in der Staatsordnung und Staatsverwaltung tagtäglich übel bemerkbar machte und nach den furchtbaren Erlebnissen des Weltkrieges den proletarischen Massen den Schrei auf die Lippen drängte: „Wir wollen nicht nur Arbeitswerkzeuge sein, wir wollen als Menschen geachtet und dementsprechend behandelt werden!" […]

Bessere Rechtsverhältnisse für die Arbeitnehmer war der eine, Sicherung ihrer Existenz der andere Leitgedanke der neuen Sozialreform. Er musste sich auswirken für die Allgemeinheit der Arbeitnehmer und insonderheit für diejenigen Kreise, deren wirtschaftliche Lage außerordentlich erschwert ist. Darunter befinden sich nicht bloß Arbeitnehmer, sondern auch weite Schichten der übrigen Bevölkerung. […]

Die Arbeitslosenversicherung im Zusammenhang mit den oben beschriebenen Maßnahmen zur Arbeitsvermittlung und Arbeitsbeschaffung bedeutet mehr als irgendeine soziale Hilfeleistung. Man darf in diesen Maßnahmen zur Sicherung der Existenz des Arbeitnehmers mit Fug und Recht ein gut Stück „Lösung" der sozialen Frage auf dem Boden der gegenwärtigen Wirtschaftsordnung sehen.

Werner Abelshauser, Anselm Faust, Dietmar Petzina (Hg.), Deutsche Sozialgeschichte 1914–1945. Ein historisches Lesebuch, München (C. H. Beck) 1985, S. 261–265.

M4 Kundgebung der Reichsregierung von Papen vom 4. 6. 1932

In einer der schwersten Stunden der vaterländischen Geschichte übernimmt die neue Regierung ihr Amt. Das deutsche Volk steht in einer seelischen und materiellen Krise ohne Vorgang. Die Opfer, die von ihr verlangt werden, wenn der dornige Weg zur inneren und äußeren Freiheit mit Aussicht auf Erfolg begangen werden soll, sind ungeheuer. Sie können nur ertragen werden, wenn es gelingt, die seelischen Voraussetzungen durch eine Zusammenfassung aller aufbauwilligen und staatserhaltenden, kurzum aller nationalen Kräfte zu finden. […]

Die Sozialversicherungen stehen vor dem Bankerott. Die ständig gewachsene Arbeitslosigkeit zehrt trotz allem Arbeitswillen der besten Kräfte am Mark des deutschen Volkes.

Die Nachkriegsregierungen haben geglaubt, durch einen sich ständig steigernden Staatssozialismus die materiellen Sorgen dem Arbeitnehmer wie dem Arbeitgeber in weitem Maße abnehmen zu können. Sie haben den Staat zu einer Art Wohlfahrtsstaat zu machen versucht und damit die moralischen Kräfte der Nation geschwächt. Sie haben ihm Aufgaben zuerteilt, die er seinem Wesen nach niemals erfüllen kann. Gerade hierdurch ist die Arbeitslosigkeit noch gesteigert worden.

Der hieraus zwangsläufig folgenden moralischen Zermürbung des deutschen Volkes, verschärft durch den unseligen gemeinschaftsfeindlichen Klassenkampf und vergrößert durch den Kulturbolschewismus [...], muss in letzter Stunde Einhalt geboten werden.

Ernst Rudolf Huber (Hg.), Dokumente zur deutschen Verfassungsgeschichte. Band 4: Deutsche Verfassungsdokumente 1919–1933. 3., neu bearbeitete Auflage, Stuttgart u. a. (Kohlhammer) 1992, S. 539 f.

1 Setzen Sie M2 zeichnerisch oder mit Hilfe eines geeigneten Computerprogramms in eine Grafik um und diskutieren Sie Vor- und Nachteile der jeweiligen Darstellungsart.

2 Vergleichen Sie die Ausgabenentwicklung in den verschiedenen Aufgabenbereichen des Staates miteinander und erklären Sie die Unterschiede.

3 Arbeiten Sie die grundlegenden Zielsetzungen der Weimarer Sozialpolitiker heraus (M3). Berücksichtigen Sie dabei auch den Zeitpunkt der Entstehung dieses Berichts. Stellen Sie den Ort des Autors in der parteipolitischen Landschaft der Weimarer Republik fest und begründen Sie Ihr Urteil.

4 Mit welchen Argumenten und aus welcher politischen Richtung wird der Wohlfahrtsstaat massiv kritisiert (M4)? Diskutieren Sie die Berechtigung dieser Kritik.

M5 Darf „lebensunwertes Leben" vernichtet werden? – Eine Diskussion

5 a) Auszug aus der Schrift „Die Freigabe der Vernichtung lebensunwerten Lebens" des Juristen Karl Binding und des Mediziners Alfred E. Hoche (1920):

Die Frage, ob der für […] Ballastexistenzen notwendige Aufwand nach allen Richtungen hin gerechtfertigt sei, war in den verflossenen Zeiten des Wohlstands nicht dringend; jetzt aber ist es anders geworden und wir müssen uns ernstlich mit ihr beschäftigen. Unsere Lage ist wie die der Teilnehmer an einer schwierigen Expedition, bei welcher die größtmögliche Leistungsfähigkeit aller die unerlässliche Voraussetzung für das Gelingen der Unternehmung bedeutet und bei der kein Platz ist für halbe, Viertels- und Achtelskräfte. Unsere deutsche Aufgabe wird für lange Zeit sein: eine bis zum Höchsten gesteigerte Zusammenfassung aller Möglichkeiten, ein Freimachen jeder verfügbaren Leistungsfähigkeit für fördernde Zwecke.

Hans-Walter Schmuhl, Rassenhygiene, Nationalsozialismus, Euthanasie. Von der Verhütung zur Vernichtung „lebensunwerten Lebens", 1890–1945, Göttingen (Vandenhoeck & Ruprecht) 1982, S. 117.

5 b) In der „Deutsche(n) Zeitschrift für Wohlfahrtspflege" schrieb Wilhelm Steinhilber zum Thema „Armenpflege und asoziale Familien" u. a. (1927/28):

Wer gemäß den Anforderungen des Gemeinschaftslebens der Menschen mitarbeitet, ist sozial, wer nicht mitarbeitet, ist asozial! – […] Wir rechnen zu diesen Menschen deshalb die Triebhaften, die Affektmenschen (Messerstecher, Sexualverbrecher), die Alkoholiker, die Bewusstgesetzesübertreter, die sexuell Ausschweifenden, Landstreicher und Arbeitscheuen sowie selbstverständlich die sozial Unbrauchbaren durch Geburt oder Krankheit, die Geistesschwachen, die Idioten und Geisteskranken. […]

Es ergibt sich daraus, dass die Asozialität in fortwährenden Neubildungen begriffen ist.

Wer trägt die Schuld an dieser Entwicklung? Die Beantwortung dieser Frage ist nicht leicht, denn es spielt hier in gewissem Maß unsere gesamte Entwicklung während des vergangenen Jahrhunderts herein, die Industrialisierung, die in vorher unbekanntem Ausmaß große Volksmassen in zweifelhafte Lohnkämpfe verwickelte und damit den Grund zu der heutigen Massenarmut legte. Auch der Krieg, den man sonst als Stahlbad der Völker zu bezeichnen pflegt, trug erheblich dazu bei, denn die Gesunden und Brauchbaren blieben zu Millionen draußen, die Schwachen und Defekten wurden verschont. Dazu kommt, und darin liegt eine gewisse Tragik, dass unsere modernen Fürsorgemaßnahmen die natürliche Auslese in ausgesprochener Weise verhindern und durchkreuzen, denn indem die Fürsorge alle die sozial Unbrauchbaren, Blöden und Irren sorgfältig erhält, verlängert sie nicht nur die Lebensdauer des einzelnen Defekten gegen früher ganz beträchtlich, sondern sie gibt ihnen durch die Erhaltung auch die Möglichkeit, sich zu vermehren und damit ihre schlechten Anlagen und Krankheiten auf eine häufig zahlreiche Nachkommenschaft zu vererben. […]

Die Beschränkung der Eheschließungsmöglichkeit wird aber Halbheit bleiben, wenn man sich nicht zu einer gesetzlichen Verhinderung der Fortpflanzung der Asozialen, Dirnen, Verbrecher, Geisteskranken und -schwachen entschließt. Der Streit darum tobt in den Fachkreisen schon längere Zeit, die Stimmen für und wider halten sich die Waage; unbestritten allein bleibt, dass die Asozialität die furchtbarste Gefahr ist, die uns droht und die unserer gesamten öffentlichen Wirtschaft mit der Zeit untragbare Lasten auflädt. […]

Darüber hinaus darf kein Zweifel bestehen, dass ohne Maßnahmen einschneidender und für das momentan lebende Individuum vielleicht harter und willkürlich dünkender Natur unser Weg als Volk immer tiefer abwärts führen wird, bis schließlich zum völligen Verfall und Untergang, wenn wir nicht lernen, das Gesamtwohl über das des Einzelnen zu stellen. Wir haben deshalb die Wahl.

Peter Longerich (Hg.), Die Erste Republik. Dokumente zur Geschichte des Weimarer Staates, München (Piper) 1992, S. 295–301.

M 6 Stellungnahmen eines liberalen Arbeitsrechtlers und eines evangelischen Anstaltspfarrers zur „Vernichtung lebensunwerten Lebens" (1926)

6 a) Heinz Potthoff:

Wir müssen die Frage rein volkswirtschaftlich so stellen: ob wir die Mittel dazu haben, uns die Verschwendung zu leisten, dass wir auch lebensunwertes Leben mit großen Kosten und Mühen erhalten? und sittlich, ob wir das Recht haben, sie zu erhalten, wenn dafür die doppelte Zahl von wertvollem Leben zu Grunde geht? [...] Jeder Krüppel, den wir mühsam hochpäppeln, kostet zwei gesunden Kindern das Leben! Zum mindesten: mit den Mitteln, die wir nutzlos an einen Lebensunwerten wenden, können wir zwei Lebenswerte, Lebenshungrige, Lebensfrohe erhalten, die uns die aufgewandten Kosten mit Wucherzinsen wieder einbringen werden. Wenn wir die Blöden, Lebensunfähigen ihrem Schicksale überlassen und alle öffentliche Fürsorge auf Lebensfähige, Gesunde konzentrieren, so schaffen wir nicht nur zehnfachen Nutzen, sondern auch hundertfache Freude. Das aber scheint mir richtige Wirtschafts- und Sozialpolitik.

Die christliche Sozialpolitik, die vom Mitleid mit den Armen und Kranken ausgeht, hat uns auf Abwege geführt. Wir müssen den Menschen unter den Gesichtspunkt des wirtschaftlichen Imperialismus bringen, müssen Menschenökonomie treiben und das bisschen Geld und Arbeit, das wir als Gemeinschaft auf Menschen wenden, dort verwenden, wo es hohen Ertrag bringen kann. Die große Aufgabe also ist: die halbe Million gesund geborener Kinder jährlich vor dem Verderben zu bewahren; dahinter muss der Aufwand für Lebensunfähige ganz zurückstehen.

Jens Flemming, Klaus Saul, Peter Christian Witt (Hg.), Familienleben im Schatten der Krise. Dokumente und Analysen zur Sozialgeschichte der Weimarer Republik, Düsseldorf (Droste) 1988, S. 32.

6 b) Pfarrer Voigt:

Es ist [...] zu bedenken, dass die Idioten nur einen Bruchteil des lebensunwerten Lebens innerhalb unseres Volkes bilden, und die Kosten zur Erhaltung der Idioten sind in der Praxis nicht so groß. Die für die „Vernichtung" in Betracht kommenden Idioten werden wohl zumeist in Heil- und Pflegeanstalten mit versorgt, ohne dass dadurch besondere Aufwendungen erwachsen. Neben diesen Idioten gibt es aber in den Heil- und Pflegeanstalten eine ganze Anzahl Kranker, die nicht für die „Vernichtung" in Betracht kommen, von denen aber jeder für sich bedeutend mehr Mühe und Nervenkraft der Pflegenden erfordert als soundso viel Blöde: ja, im Vergleich mit solchen schwierigen Kranken ist die Pflege der Blöden eine Freude.

Aber es soll hier nur auf die sonstigen „lebensunwerten Leben" hingewiesen werden, wie wir sie in den Korrektionsanstalten und dergleichen finden. Wenn man da an Menschen denkt, die, um nur etwas Äußeres anzuführen, schon 50 bis 60 Haft- und Gefängnisstrafen zu verbüßen hatten: was bereiten diese „Leben" für schwere Mühe und Verdruss Jahrzehnte hindurch, wie werden durch sie die Mitmenschen beständig geschädigt! Diese Bände von Akten wegen eines solchen Menschen! Was ist im Vergleich mit derartigen Parasiten der menschlichen Gesellschaft ein Blöder für ein harmloses und anspruchsloses Menschenkind, ja, er breitet mitunter noch einen Schein von Freude um sich aus. Machen wir uns klar, dass es viel schwerere und ernstere volkswirtschaftliche Belastungen gibt, neben denen die Belastung der Gesamtheit durch die Idioten gering ist, und die Befreiung von diesen Lasten stellt an uns viel gewichtigere Anforderungen als die Vernichtung des lebensunwerten Lebens der Blöden.

Ebd., S. 33.

M 7 Der Historiker Detlev J. K. Peukert schrieb 1987

Kurz gesagt: Der Erfolgsgeschichte wachsender öffentlich garantierter Wohlfahrt stand auch eine durchaus problematische Bilanzseite gegenüber; denn mit der Bürokratisierung der sozialen Versorgung und ihrer Normierung erhöhte sich der Druck sozialer Disziplinierung und entpersonalisierte sich die soziale Hilfe. Außerdem trat in der Weltwirtschaftskrise die Grenze sozialer Staatstätigkeit ans Licht, die sich fatalerweise prozyklisch entwickelte: In wirtschaftlichen Boomjahren besaß man die Mittel zum Ausbau der Leistungen, obwohl ihre Beanspruchung relativ gering war. Wenn dagegen in Krisenzeiten die sozialpolitische Intervention besonders dringlich benötigt wurde, drängte der Staat auf Einsparungen und Leistungsabbau. […]

Parallel dazu führten die Professionalisierung der sozialen Arbeit und die Ausdehnung der öffentlichen Dienste dazu, dass Juristen und Mediziner, Pädagogen und Ingenieure ihre berufsspezifischen, auf Machbarkeit ausgerichteten Denk- und Arbeitsweisen in die neuen sozialen Dienste einführten. Problemwahrnehmung wie Problemlösung erfolgten in utilitaristisch-technizistischen Schemata. Dies alles führte zur Definition des sozialen Feldes nach Kriterien der Nützlichkeit und Machbarkeit im sozialtechnischen Sinne. […] Zudem vermischten sich in der anscheinend nüchternen und sachbezogenen Planung einzelner sozialer Leistungen wissenschaftliche Diagnose und bürgerliches Ressentiment, besonders im Umgang mit den Unterschichten. Ebenso war das Problem der Einzellösungen untrennbar mit weitgespannten utopischen Projektionen verknüpft. In den Leitbildern der modernen Sozialingenieure, gleich, ob sie als Jugendfürsorger, als Sozialhygieniker oder als Städtebauer arbeiteten, schwang der Traum von einer endgültigen Lösung der sozialen Frage mit. So wie der Fortschritt der Medizin den Bakterien den Garaus gemacht hatte, könnte die Vereinigung von Wissenschaften und Sozialtechnikern in öffentlichen Interventionen alle noch ausstehenden sozialen Probleme beseitigen: die Architekten würden die Wohnungsfrage ebenso lösen wie die anderen Gebrechen der Urbanisierung; die Juristen würden durch Erziehung mit Hilfe der Pädagogen die Straffälligen bessern; die naturwissenschaftliche Medizin würde im Verein mit der Sozialhygiene die Krankheit, die Psychologen im Verein mit der Sozialarbeit die Asozialität beseitigen; schließlich würden die Eugeniker die biologisch-genetischen Wurzeln von Abweichungen „ausmerzen".

Detlev J. K. Peukert, Die Weimarer Republik. Krisenjahre der Klassischen Moderne, Frankfurt am Main (Suhrkamp) 1987, S. 132 f., 138 f. R

5 Skizzieren Sie, wie die Verfasser die sozialen Probleme der Weimarer Gesellschaft erklären, und bewerten Sie ihren Lösungsansatz (M5a und 5b).

6 Vergleichen Sie die Argumente von Potthoff und Voigt und das dahinter stehende Menschen- und Gesellschaftsbild (M6a und 6b).

7 Informieren Sie sich über die Maßnahmen des NS-Staates auf dem Gebiet der Eugenik und Euthanasie und diskutieren Sie vor diesem Hintergrund die Bedeutung der Debatte vor 1933.

8 Nehmen Sie Stellung zu der These Peukerts, die Professionalisierung und Bürokratisierung der sozialen Dienste stelle eine Kehrseite des Ausbaues des Sozialstaates dar. Führen Sie im Kurs hierzu eine Pro-und-Kontra-Diskussion (M7). Laden Sie hierzu ggf. einen Vertreter eines Sozialverbandes ein.

9 Diskutieren Sie, ob die Politiker, vor allem in der Zeit der Wirtschaftskrise seit 1929, Handlungsalternativen zur drastischen Einschränkung sozialer Leistungen gehabt haben (siehe auch Kapitel 9).

10 Vergleichen Sie die oben (S. 64) erwähnten Bestimmungen der Weimarer Reichsverfassung und die entsprechenden des Bonner Grundgesetzes miteinander, ermitteln Sie Gemeinsamkeiten und Unterschiede und erklären Sie sie.

11 Informieren Sie sich aus den letzten Wahlprogrammen der Parteien über die Bedeutung, die diese dem Sozialstaat zumessen. Organisieren Sie eine Podiumsdiskussion mit örtlichen Vertretern der Parteien, der Gewerkschaften und der Unternehmer zum Thema.

Weiterführende Arbeitsanregungen

Die Krise des Sozialstaats

Das Gesundheitssystem unfinanzierbar, eine zu zaghafte Rentenreform, die Arbeitslosenzahlen stagnieren oder steigen sogar, die Pflegeversicherung kann mit der steigenden Überalterung unserer Gesellschaft nicht mithalten, die Sozialversicherungsbeiträge belasten die Wirtschaft und binden Kaufkraft – die Krise des bundesdeutschen Sozialsystems scheint allgegenwärtig, wenn man die Nachrichten in Fernsehen und Rundfunk verfolgt oder die Schlagzeilen der Presse liest. Dabei gehen ökonomische, sozialpolitische, finanzpolitische oder gesellschaftspolitische Argumente häufig derart durcheinander, dass eine nüchterne Analyse nur schwer möglich ist.

Arbeitsvorschläge

1 Recherchieren Sie im Internet bzw. in einem Bibliothekskatalog (man findet sie auch im Internet; vgl. etwa www.ubka.uni-karlsruhe.de/kvk.html) einschlägige Buchtitel zur Krise des Sozialstaats, die in den letzten Jahren erschienen sind (einige Titel finden Sie in der Auflistung unten). Verwenden Sie hierzu Stichworte bzw. Schlagworte wie „Sozialstaat" und „Wohlfahrtsstaat".

Besorgen Sie sich jeweils eines der Bücher und untersuchen Sie es im Hinblick auf seine Argumentation: Womit begründen die Autoren ihre Kritik? Beziehen sie die Leistungen des Sozialstaats seit dem Ende des 19. Jahrhunderts in ihre Analyse mit ein? Welche Vorschläge werden für eine Reform entwickelt? Auf welcher (geistigen bzw. ideologischen) Grundlage geschieht dies?

Stellen Sie Kritikpunkte und Reformvorschläge jeweils in einer Kurzrezension vor. Anschließend sollten die verschiedenen Bücher miteinander verglichen und die Ergebnisse diskutiert werden.

Literaturtipps

Joachim Becker, Der erschöpfte Sozialstaat. Neue Wege zur sozialen Gerechtigkeit, Frankfurt am Main (Eichborn) 1994.

Meinolf Dierkes, Klaus Zimmermann (Hg.), Sozialstaat in der Krise. Hat die soziale Marktwirtschaft noch eine Chance? Wiesbaden (Gabler) 1996.

Werner Schönig, Raphael L'Hoest (Hg.), Sozialstaat wohin? Umbau, Abbau oder Ausbau der sozialen Sicherung, Darmstadt (Wissenschaftliche Buchgesellschaft) 1996.

Heinrich Fisch, Ist der Sozialstaat noch zu retten? Wenn Markt, Staat und Ethik versagen, Freiburg (Herder) 1996.

Rolf Dietrich Schwartz, Kapitalismus ohne Netz. Was hält die Gesellschaft noch zusammen? Berlin (Aufbau Taschenbuch Verlag) 1996.

Roland Baader, Fauler Zauber. Schein und Wirklichkeit des Sozialstaats, Gräfelfing (Resch) 1997.

Gerd Habermann, Der Wohlfahrtsstaat. Die Geschichte eines Irrwegs, Berlin (Ullstein Taschenbuch Verlag) 1997.

Franz Xaver Kaufmann, Herausforderungen des Sozialstaats, Frankfurt am Main (Suhrkamp) 1998.

Bernd Ulrich, Deutsch, aber glücklich. Eine neue Politik im Zeitalter der Knappheit, Frankfurt am Main (Fischer Taschenbuch Verlag) 1999.

2 Recherchieren Sie auf den Internetseiten der bundesdeutschen Parteien, ob dort Konzepte für eine Reform bzw. Weiterentwicklung des Sozialstaats vorhanden sind. Falls nicht, wenden Sie sich an die örtlichen Parteibüros und bitten Sie um entsprechende Materialien.
Vergleichen Sie diese Konzepte mit den Ergebnissen Ihrer Buchanalysen. Laden Sie anschließend Vertreter der Parteien zu einer Diskussion ein.

3 Führen Sie unter Mitschülern oder auf der Straße eine Umfrage durch zur Frage: „Wozu brauchen wir noch den Sozialstaat?"
Vergleichen Sie Ihre Ergebnisse mit denen einer neueren sozialwissenschaftlichen Studie:
Hans-Jürgen Andreß u.a., Wozu brauchen wir noch den Sozialstaat? Der deutsche Sozialstaat im Urteil seiner Bürger, Opladen (Westdeutscher Verlag) 2001.

6 Innovation und Politisierung: Die Kulturen der Weimarer Republik

Kaum irgendwo wird der Übergangscharakter der Weimarer Republik zwischen der traditionalen und der modernen Gesellschaft so deutlich wie auf kulturellem Gebiet, kaum irgendwo waren daher auch die Konflikte so scharf wie hier. Die „goldenen Zwanzigerjahre" sind bis heute das Synonym für den modernen Charakter der Weimarer Zeit – und häufig auch das einzige positive Urteil über die Republik. Die kulturelle Vielfalt und Innovationsfähigkeit vor allem in den Großstädten – allen voran in Berlin – prägte dieses Urteil. Allerdings hatte die Verbrennung von Büchern angeblich „undeutscher" Autoren am 10. Mai 1933 durch die Nationalsozialisten eine lange Vorgeschichte, die zeigt, dass die moderne pluralistische Kultur und Lebensweise keineswegs von allen begrüßt wurde, sondern teilweise auf scharfe Gegnerschaft stieß.

Der „moderne" Charakter der Weimarer Kultur trat am deutlichsten im Bereich der bildenden Kunst, vor allem der Malerei, zu Tage. Zahlreiche neue Stile entstanden insbesondere in den ersten Jahren bzw. wurden jetzt verstärkt verwendet, wobei die Erfahrung des Krieges und vor allem der Revolution von vielen Künstlern als Befreiung empfunden wurde. Unterstützt wurde der kulturelle Aufbruch von einer nun deutlich offeneren staatlichen Kulturpolitik. Wichtige künstlerische Strömungen waren der Expressionismus, der Dadaismus, der Kubismus, die abstrakte Malerei, der Futurismus und die Neue Sachlichkeit; Letztere setzte sich im Pluralismus der Stile vor allem nach dem Ende der krisenhaften Anfangsjahre als dominierende Stilrichtung durch, nicht zuletzt, weil sie die gravierenden gesellschaftlichen Veränderungen (Technisierung, Ausbildung der Massenmedien) als Herausforderung begriff und pragmatisch umsetzte.

Allerdings handelte es sich bei den Vertretern moderner Kunst immer um eine quantitativ relativ kleine Avantgarde, die nur in Teilen der Bevölkerung auf Resonanz stieß – die Massen erreichten sie nicht, obwohl manche Künstler dies anstrebten. Der Geschmack des breiten Publikums orientierte sich eher an traditionellen Stilarten, und auch Volksmusik und Heimatkunst erfreuten sich nach wie vor in bürgerlichen und kleinbürgerlichen Kreisen großer Beliebtheit, ja erhielten sogar wegen der Flucht in Vergangenheit und Innerlichkeit angesichts der krisenhaften Gegenwart weiteren Zuspruch. Agrarromantik wurde so zum Pendant einer verbreiteten Feindschaft gegenüber der Großstadt, die mit den vielfach verunsichernden modernen Strömungen in Kultur und Gesellschaft identifiziert wurde. Und auch im Kunstbetrieb selbst waren die Avantgardisten in der Minderheit – auf der großen „Allgemeinen Kunstausstellung" 1930 in München zum Beispiel stammten nur etwa fünf Prozent aller Exponate von ihnen.

Offenen Widerstand ernteten die modernen Künstler vor allem aus konservativen und völkisch-nationalsozialistischen Kreisen, die jegliche moderne Kunst undifferenziert als „Kunst-", „Musik-" oder „Kulturbolschewismus" – häufig mit offen antisemitischen Anklängen – diffamierten. Die Konflikte fanden nicht nur in den Feuilletons einschlägiger Zeitungen und Zeitschriften statt, sondern wurden auch in öffentlichkeitswirksamen Kampagnen ausgetragen; ein besonders prägnantes Beispiel war der Streit um den Antikriegsfilm „Im Westen nichts Neues" nach dem Roman von Erich Maria Remarque, der 1930 nach gezielten nationalsozialistischen Tumulten in und vor den Kinos verboten wurde, während offen nationalistische und militaristische Filme weiter gezeigt werden durften. Dies zeigt auch die politische Schlagseite der Filmzensur, die in ähnlicher Weise auch in der Justiz vorhanden war, weshalb immer wieder linke Künstler vor Gericht gezogen und dort auch verurteilt wurden. Ein Beispiel hierfür ist der Prozess gegen das KPD-Mitglied George Grosz, der zwischen 1928 und 1931 mehrere Gerichte bis zum Reichsgericht beschäftigte und mit dem Verbot seiner berühmten Zeichnung „Christus mit der Gasmaske" wegen angeblicher „Gotteslästerung" endete.

Doch die Weimarer Republik war kulturell nicht nur geprägt durch einen tiefen Graben zwischen „linkem“ und „rechtem“ Kulturverständnis, sondern auch durch die allmähliche Entstehung einer Massenkultur. Die neuen Leitmedien dieser Massenkultur waren der Rundfunk und der Film. In den Städten wuchs die Zahl der Kinos weiter an (1930 über 5000 mit rund 2 Millionen Plätzen) und die Zahl der Rundfunkteilnehmer stieg bis Anfang 1932 auf 4 Millionen. Damit wurden ohne Zweifel neue Bevölkerungsgruppen von kulturellen Angeboten erreicht, wobei diese Entwicklung auch dadurch begünstigt wurde, dass die Freizeit durch die Einführung des Achtstundentages zugenommen und manche durch Reallohnsteigerungen auch mehr Geld zur Verfügung hatten. Während der Rundfunk sich um die Vermittlung von bildungsbürgerlichem Kulturgut und Seriosität bemühte, gab es in den Kinos zwar auch künstlerisch wertvolle Filme wie „Das Kabinett des Dr. Caligari“, „Metropolis“ oder „Dr. Mabuse“ zu sehen, doch die großen Besucherzahlen verzeichneten vor allem die Produkte der amerikanischen und deutschen Unterhaltungsindustrie wie die zahlreichen Westernfilme, „Die Drei von der Tankstelle“ oder „Der Kongress tanzt“.

Doch auch die Massenkultur war nicht unumstritten, im Gegenteil: Von kulturkritischen Intellektuellen wurden die – von anderen begrüßten – amerikanischen Vorbilder und Einflüsse in Film, Musik (Jazz, Charleston), Sport etc. als „neuer Weltmilitarismus“ scharf kritisiert und die politischen Lager warfen sich gegenseitig politische Indoktrination durch die Massenmedien vor. Und dies war auch nicht unberechtigt, denn auf der einen Seite entstanden riesige Konzerne wie die UFA, die seit 1927 ein Teil des Presseimperiums des Deutschnationalen Alfred Hugenberg war, auf der anderen Seite versuchten auch die Kommunisten, z. B. mit dem politischen Massentheater Erwin Piscators und dem Pressekonzern Willi Münzenbergs, eine eigene Agitationskultur aufzubauen. Die kulturelle Szene war in allen ihren Ausformungen, ob Eliten- oder Massenkultur, in den Jahren der Weimarer Republik eben nicht nur durch einen enormen Innovationsschub, sondern auch durch eine erhebliche Politisierung und Radikalisierung geprägt.

M 1 George Grosz (1893–1959), „Maul halten und weiter dienen“, Blatt 10 der Mappe „Hintergrund. 17 Zeichnungen von George Grosz zur Aufführung des Schwejk in der Piscatorbühne“, 1928

Hinweise zur Arbeit mit den Materialien

Die Materialien dieses Kapitels versuchen die Fülle des kulturellen Lebens in der Weimarer Republik unter dem Leitmotiv „Innovation und Politisierung" in fünf Schwerpunkten zu erarbeiten:
- dem Engagement von Künstlern in der Revolution 1918/19,
- dem Selbstverständnis von Künstlern,
- einer exemplarischen Bildanalyse,
- der Kritik von rechts an der modernen Kunst sowie
- der Bedeutung der Massenkultur in den Zwanzigerjahren.

Es ist möglich, diese Schwerpunkte jeweils getrennt zu erarbeiten oder den Kurs in Gruppen zu teilen und sich jeweils einem Schwerpunkt zu widmen. Wichtig ist, bei der Bearbeitung des Themas jeweils das grundsätzliche Problem des Verhältnisses von Kunst und Gesellschaft im Auge zu behalten. Der Gegenwartsbezug ist in allen Schwerpunkten deutlich und soll vor allem bei der Behandlung der „Massenkultur", die ja heute ein wesentliches Merkmal unserer Gesellschaft ist, direkt einbezogen werden (vgl. Aufgaben 16 bis 20).

Erweiterungen der Arbeit sind in zweierlei Hinsicht möglich: Zum einen durch eine Analyse von Spielfilmen der Zwanzigerjahre, zum anderen durch die Beschäftigung mit Theaterstücken jener Zeit.

M2 Manifest der Novembristen, einer Vereinigung von Künstlern

(Entwurf) 1918

Wir stehen auf dem fruchtbaren Boden der Revolution. Unser Wahlspruch heißt: Freiheit, Gleichheit, Brüderlichkeit!

Unser Zusammenschluss erfolgte aus der Gleichheit menschlicher und künstlerischer Gesinnung.

Wir betrachten es als unsere vornehmste Pflicht, dem sittlichen Aufbau des jungen freien Deutschland unsere besten Kräfte zu widmen.

Wir plädieren für Tüchtigkeit in jeder Weise und stützen wir solche Gesinnung mit allen uns zur Verfügung stehenden Mitteln.

Wir fordern die uneingeschränkte Äußerung der Anschauung und die öffentliche Stellungnahme zu ihr.

Wir halten es für unsere spezielle Pflicht, alle wertvollen Begabungen auf künstlerischem Gebiet zu sammeln und zum öffentlichen Wohle der Gesamtheit zuzuführen.

Wir sind keine Partei noch Klasse für sich, sondern Menschen, Menschen, die auf ihrem ihnen von der Natur zugewiesenen Platze unermüdlich schwere Arbeit leisten, die wie jede andere Arbeit, wenn sie dem ganzen Volke zugute kommen soll, dem allgemeinen öffentlichen Interesse begegnen muss und der Würdigung und Anerkennung der großen Gesamtheit bedarf.

Wir haben Achtung vor der Leistung, die wir auf jedem Gebiete und in jeder Form respektieren, und sind der Ansicht, dass dem Tüchtigsten die schwersten Aufgaben zukommen, deren Lösung er sich zum Nutz und Frommen des ganzen Volkes zu unterziehen hat.

Jeden auf seinem Platze in gemeinschaftlicher harter und nie ermüdender Arbeit aufzubauen ist unser Ziel.

Unser Kampf gilt allen zerstörenden – unsere Liebe allen aufbauenden Kräften.

Wir fühlen jung und frei und rein.

Unsere fleckenlose Liebe gehört dem jungen freien Deutschland, aus der heraus wir mutig und ohne Scheu mit allen uns zur Verfügung stehenden Kräften Rückstand und Reaktion bekämpfen wollen.

Wir richten an alle berufenen und verantwortlich Fühlenden kubistischen, futuristischen und expressionistischen Künstler unseren brüderlichen Gruß mit dem Wunsche, sich uns anzuschließen.

Dieter Schmidt (Hg.), Manifeste Manifeste 1905–1933, Dresden (Verlag der Kunst) 1964, S. 156 f.

M 3 Künstler für und gegen die Wahlen zur Nationalversammlung (1919)

3 a) Titelholzschnitt der Zeitschrift „Die Aktion“ (16. 11. 1918): „Der Kapitalismus, der das werktätige Volk zur Schlachtbank hetzte und entrechtete, schreit, um weiter entrechten und ausplündern zu können, nach der ‚Nationalversammlung‘“

3 b) Plakat von Max Pechstein (1919)

Kulturen der Weimarer Republik

M4 Der Dadaismus – eine neue Kunstrichtung übt Kritik an der Gesellschaft

4a) Die Dadaisten George Grosz und Wieland Herzfelde äußern sich im Rückblick zu den Anfängen der Bewegung (1925):

Der Dadaismus war die einzige wesentliche künstlerische Bewegung in Deutschland seit Jahrzehnten. Lächeln Sie nicht – an dieser Bewegung sind alle „Ismen" in der Kunst zu kleinen Atelierangelegenheiten von vorgestern geworden. Der Dadaismus war keine „gemachte" Bewegung, sondern ein organisches Produkt, entstanden als Reaktion auf die Wolkenwanderertendenzen der so genannten heiligen Kunst, deren Anhänger über Kuben und Gotik nachsannen, während die Feldherren mit Blut malten. Der Dadaismus zwang die Kunstbeflissenen, Farbe zu bekennen.

Was taten die Dadaisten? Sie sagten, es ist egal, ob man irgendein Gepuste von sich gibt – oder ein Sonett von Petrarca, Shakespeare oder Rilke, ob man Stiefelabsätze vergoldet oder Madonnen schnitzt: Geschossen wird doch, gewuchert wird doch, gehungert wird doch, gelogen wird doch; wozu die ganze Kunst? War es nicht der Gipfel des Betruges, wenn man vorgab, sie schaffe geistige Werte; war sie nicht unglaublich lächerlich, da sie sich ernst nahm, aber niemand sie? [...]

Heute weiß ich und mit mir alle anderen Begründer des deutschen Dadaismus, dass unser einziger Fehler war, uns mit der so genannten Kunst überhaupt ernsthaft beschäftigt zu haben. Der Dadaismus war der mit Grölen und höhnischem Gelächter vollzogene Durchbruch aus einem engen, überheblichen und überschätzten Milieu, das, zwischen den Klassen in der Luft schwebend, keinerlei Mitverantwortlichkeit dem Leben der Allgemeinheit gegenüber kannte. Wir sahen damals die irrsinnigen Endprodukte der herrschenden Gesellschaftsordnung und brachen in Gelächter aus. Noch nicht sahen wir, dass diesem Irrsinn ein System zu Grunde lag.

Die nahende Revolution brachte allmählich Erkenntnis in dieses System. Zum Lachen war kein Anlass mehr, es gab wichtigere Probleme als die der Kunst; wenn sie noch irgendwelchen Sinn haben sollte, musste sie sich diesen Problemen unterordnen. In dem Nichts, wo wir uns nach Überwindung der Phrase von der Kunst befanden, verlor sich ein Teil von uns Dadaisten, hauptsächlich jene in der Schweiz und in Frankreich, die die sozialen Erschütterungen des letzten Jahrzehnts mehr aus der Zeitungsperspektive miterlebt hatten. Wir andern aber sahen die neue große Aufgabe: Tendenzkunst im Dienste der revolutionären Sache.

B. Schrader, J. Schebera, Kunstmetropole Berlin 1918–1933, Berlin-Weimar (Aufbau-Verlag) 1987, S. 105f.

4b) Foto von der Eröffnung der ersten großen Dada-Ausstellung am 5.6.1920:

4c) Bericht im Berliner Lokal-Anzeiger am 21. April 1921 über den Prozess gegen dadaistische Künstler:

R. C.

Der „Oberdada" vor Gericht

Wegen Beleidigung der Reichswehr

Auf Veranlassung des Reichswehrministers war Anklage wegen Beleidigung erhoben worden wegen einer im Kunstsalon Burchard stattgehabten Dadaistenausstellung, bei der auch die Figur eines Offiziers, die vom Maler Schlichter entworfen war, gezeigt wurde. Sie hing von der Decke herab, war mit einem Schweinekopf ausgestattet und mit einer entsprechenden Inschrift und mit dem Eisernen Kreuz versehen. Dies war nur eine der geschmacklosen Verunglimpfungen des Heeres. Auch sonst sind auf der Ausstellung noch viele andere Dinge beanstandet worden, die durchaus geeignet sind, die Empfindungen eines normalen Menschen auf das Tiefste zu verletzen. […]

Die Verhandlung vor der 1. Strafkammer des Landgerichts II endete mit der Verurteilung zweier Angeklagter, des Schriftstellers Wieland Herzfelde zu 600 und des Kunstmalers George Grosz zu 300 M Geldstrafe. Die übrigen Angeklagten einschließlich des „Oberdadas" wurden freigesprochen. Der Staatsanwalt führte aus, dass es sich nicht um eine Art studentischen Bierulks, sondern um eine in niederträchtiger Weise erfolgte grobe Verunglimpfung des Reichsheeres handele. Die Verteidigung machte geltend, dass Satire vorliege, die nur die Auswüchse des Militarismus treffen wollte. Das Gericht erkannte ferner auf Einziehung oder Vernichtung der Platten und Formen. Dem Reichswehrministerium wurde Publikationsbefugnis zugesprochen.

Berliner Lokal-Anzeiger, 21. April 1921, Morgenausgabe

Ebd., S. 104.

4 d) Kurt Tucholsky im Berliner Tageblatt vom 20. Juli 1920 über die Dada-Ausstellung:

Dada

Am Lützowufer 13 ist jetzt eine Dada-Ausstellung zu sehen. Weil wir sonst keine Sorgen haben.

Wenn man abzieht, was an diesem Verein Bluff ist, so bleibt nicht so furchtbar viel. Ich weiß sehr genau, was die Leute wollen: die Welt ist bunt, sinnlos, prätentiös und intellektuell aufgeplustert. Das wollen sie verhöhnen, aufzeigen, verneinen, zerstören. Darüber ist durchaus zu reden. (Wie überhaupt Kulturbolschewismus, Anzweiflung der Berechtigung des Wertes der Kunst eine Angelegenheit ist, die man nicht einfach abtun kann. Unglaube steckt an.) Aber die Formate da gefallen mir nicht. […]

Kleinere Literaten bemühen sich ein wenig krampfhaft, den Bürger zu schrecken und in anderer Leute Heiligtümer zu spucken. Das ist das Wort: Krampf. Man ist von neun bis sieben Uhr ununterbrochen zersetzend lustig und satirisch aufgelegt. Ein Dadaismus gegen drei Mark und dreißig Pfennig Entree. „Nur hier echt. Vor Nachahmung wird gewarnt." […]

Es ist ziemlich still in der kleinen Ausstellung und entrüsten tut sich eigentlich auch niemand mehr. Dada – na ja.

Aber einer ist dabei, der wirft den ganzen Laden um. Dieser eine, um den sich der Besuch lohnt, ist George Grosz, ein ganzer Kerl und ein Bursche voll unendlicher Bissigkeit. Wenn Zeichnungen töten könnten: das preußische Militär wäre sicherlich tot. […] Die anderen ritzen. Der tötet. Die anderen machen Witzchen. Dieser Ernst. Ist das ungeheuer mutig, über irgendeinem Bild von Giorgione, sagen wir mal, „Scheibenkleister" zu schreiben und es mit zwei dicken weißen Pinselstrichen abzulehnen? Theaterdonner.

Das Boxmatch zwischen Grosz und dem Jahrhundert des Soldaten aber sollten Sie nicht versäumen zu betrachten.

Ebd., S. 101 f.

1 Analysieren Sie die zustimmenden und die ablehnenden Stellungnahmen von Künstlern zur Revolution im Hinblick auf ihre Ziele und verwendeten künstlerischen Mittel (M1–M4d).

2 Informieren Sie sich aus Kunstlexika und -handbüchern über die Kunstrichtung des „Dadaismus" und erörtern Sie, wie die Dadaisten auf die gesellschaftliche Entwicklung reagierten (M4a und 4b).

3 Wägen Sie die Kritik der Justiz (M4c) und Tucholskys (M4d) am Dadaismus gegeneinander ab und bewerten Sie sie.

M 5 Drei Definitionen der Kunst

5 a) George Grosz (1920/21):

Die heutige Kunst ist abhängig von der bürgerlichen Klasse und stirbt mit ihr. – Der Maler, ohne dass er es vielleicht will, eine Banknotenfabrik und Aktienmaschine, deren sich der reiche Ausbeuter und ästhetische Fatzke bedient, um sein Geld mehr oder weniger lukrativ anzulegen und vor sich und der Gesellschaft als Förderer der Kultur, die auch danach ist, dazustehen. Vielen ist die Kunst auch eine Art Flucht aus dieser „pöbelhaften" Welt auf einen besseren Stern, in das Mondland ihrer Fantasie, in ein reineres, partei- und bürgerkriegsloses Paradies. Der

Individualitäts- und Persönlichkeitskult, der mit den Malern und Dichtern getrieben wird und den sie selbst je nach Begabung noch scharlatanhaft steigern, ist eine Kunstmarktangelegenheit. Je „genie"hafter die Persönlichkeit, umso größer der Profit […]

[…] Die Künstler selbst, aufgeblasen oder zerwühlt, ihre begnadete Stellung herleitend vom Nicht-fertig-Werden mit der Welt, dem Leben sind sie meistenteils verdummt und im Schlepptau des großen reaktionären Geistschwindels. Sie glauben „Schöpfer" zu sein und zum mindesten turmhoch über dem Durchschnittsbanausen zu stehen, dem es etwa einfällt, über den tiefen Inhalt eines der Bilder von Picasso und Konsorten zu lachen. Ihre Darstellungen entsprechen ganz der Struktur des so genannten Kulturgeistes: sie sind gedankenlos, tatsachenfeindlich und kampffeindlich. Geht in die Ausstellungen und seht die Inhalte, die von den Wänden strahlen!! Diese Zeit ist ja auch idyllisch, so geigenhaft, so geschaffen für gotischen Heiligenkult, für Negerdorfschöne oder kosmische Eingebungen – „die Wirklichkeit" –, ach, sie ist so hässlich, ihr Getöse stört den zarten Organismus unsrer harmonischen Seelen.

[…]

Eure Pinsel und Federn, die Waffen sein sollten, sind leere Strohhalme. Geht aus euren Stuben heraus, wenn es euch auch schwer wird, hebt eure individuelle Absperrung auf, lasst euch von den Ideen der arbeitenden Menschen erfassen und helft ihnen im Kampf gegen die verrottete Gesellschaft.

[…]

Das Getue um das eigene Ich ist vollkommen belanglos.

Wem gehört die Welt – Kunst und Gesellschaft in der Weimarer Republik, 4., überarb. Aufl. Berlin (Neue Gesellschaft für bildende Kunst) 1977, S. 307 f.

5 b) Der Schriftsteller Hans Reiser (1888–1946) über die Bedingungen der Kunst im technischen Zeitalter (1925):

Wenn aber die Form, d. h. alle Formen, die wir wissen und kennen, heute Lüge sind, weil die Zeit als Kulturepoche keine Form hat und keine hervorbringt, außer der Eisenkonstruktion, der Fabrik, der Maschine und allen technischen Errungenschaften? Wenn sie, wie in der materialen Außenseite, auch seelisch, kulturell, künstlerisch die Formlosigkeit, die Zerrissenheit, das Mischmasch, die gottverlassenste Aussichtslosigkeit ist, die es je gegeben hat? Ich habe ein Bändchen Sonette geschrieben. […]

Dass ein Verwundeter unserer Zeit da seine verzweifelten Schreie ausstößt, wer will das leugnen. Wem das nicht gefällt, der kann ja Mörike lesen. Er wird, da er in der Stinnes-, Kino- und Radiozeit lebt, sich etwas vormachen müssen, um ihn restlos schön zu finden: heute. Er wird das Schnellzugstempo seines Lebens in das Postkutschentempo umlügen müssen, den Benzingestank dieser Zeit in den Rosenduft der anderen; und das Börsenhirn in ein märchenhaftes Menschenherz. Wenn denen, die diese glorreiche Zeit gemacht und herbeigeführt haben, die Dichter dieser Zeit nicht gefallen, so sollen sie sich selbst an Herz und Hirn greifen. Sie sollten sich einmal prüfen bis auf die Nieren – was dabei herauskäme, darüber ist sich kein Einsichtiger im Unklaren.

Anton Kaes (Hg.), Weimarer Republik. Manifeste und Dokumente zur deutschen Literatur 1918–1933, Stuttgart (Metzler) 1983, S. 166 f.

5 c) Aus einem Leitartikel mit der Überschrift „Kulturbolschewismus" in der Zeitschrift „Der Tag" (19. 11. 1930):

Kunst […] ist eine Lebensäußerung der biologischen Gemeinschaften innerhalb der Menschheit, die wir *Völker* nennen. *Mit dem Bestand dieser Gemeinschaften steht und fällt jede Kunst.* […] Der Einspruch wider ein zuchtloses Bühnenstück kommt nicht von blöden politischen, moralischen oder sonstigen Reaktionären, sondern aus dem Gesundheitswillen im Volke heraus gegen das, was diese Gesundheit anfrisst. Allerdings ist diese Tat eine Reaktion, aber *biologische Reaktion* einer Lebensgemeinschaft, Volk genannt, ein Vorgang, so notwendig und sinnvoll wie die Tätigkeit der weißen Blutkörperchen bei einer Wundinfektion.

Eckhard John, Musikbolschewismus. Die Politisierung der Musik in Deutschland 1918–1938, Stuttgart-Weimar (Metzler) 1994, S. 233

4 Vergleichen Sie die drei Kunstverständnisse (M5a–c) und diskutieren Sie sie.

M 6 George Grosz: Der graue Tag (1921) – *Ölbild: 150 x 80 cm, Nationalgalerie Berlin*

5 Analysieren Sie in Gruppen M6 mit folgenden Aufgaben:
– Bestimmen Sie die Berufe und sozialen Schichten der Personen.
– Beschreiben Sie Aussehen und Haltung.
– Wie verhalten sich die Männer zueinander?
– Welche Bedeutung hat die Mauer?
– Welche formalen Mittel verwendet der Maler, um seine Aussagen deutlich zu machen?

6 Ordnen Sie das Bild in die zeitgenössischen Stilrichtungen ein und diskutieren Sie über seine Aussage. Beziehen Sie dabei auch den Entstehungszeitpunkt und Grosz' politische Haltung mit ein.

7 1926 wurde das Bild in einer Ausstellung unter dem Titel „Magistratsbeamter für Kriegsbeschädigtenfürsorge" gezeigt. Diskutieren Sie, was die unterschiedlichen Titel für das Verständnis des Bildes bedeuten.

M 7 Kritik an der modernen Musik

7 a) Der Berliner Musikkritiker Bruno Schrader in der „Neuen Zeitschrift für Musik" 1919:
Zum Lohne dafür, dass die französisch-belgische Canaille vertrags- und rechtswidrig am deutschen Rheine wütet, […] führen wir die faden Werke ihrer musikalischen Strohköpfe mit einer Liebe auf, die drüben anstatt Gegenliebe eher Verachtung erwecken dürfte. […] Auf der andern Seite bricht das polackische Lumpengesindel in unser wehrlos gemachtes Land ein. […] Vielleicht beruft man auch noch Ignaz Paderewski, der sich ehedem als pianistisches Salongigerl in Berlin nicht genug geehrt fühlte und jetzt als Politiker wie ein kompletter Affe dasteht. Aber da finden sich in unsern ‚deutschen' geschweige denn in unsern jüdisch-internationalen Zeitungen kaum Gegenstimmen. Ja, sie preisen diese französisch-belgisch-polackische Kunstinvasion noch als herrliches Mittel zur Völkerversöhnung! […]

Eckhard John, Musikbolschewismus. Die Politisierung der Musik in Deutschland 1918–1938, Stuttgart-Weimar (Metzler) 1994, S. 83.

7 b) Der Komponist Hans Pfitzner in seinem Buch „Die neue Aesthetik der musikalischen Impotenz. Ein Verwesungssymptom?" (1920):
Der Sprung auf die Politik ist nur ein scheinbarer; ich rede von demselben Dinge: *vom nationalen Leben,* was für manche Menschen das Leben überhaupt bedeutet. Die künstlerische Verwesung ist das Symptom der nationalen. Die nationale Kunst ist im Organismus des Volkskörpers der edelste Teil. Sage mir, welche Kunst im Volke gedeiht, und ich will dir sagen, wie der Gesundheitszustand des Volkes ist.

Ebd., S. 62.

7 c) Der Musikkritiker Max Chop in der Zeitschrift „Signale für die musikalische Welt" (1923):
[…] Der Radikalismus unserer Neutöner möchte nach bolschewistischer Art das Erbe, die überkommene Kultur aus der Welt schaffen und an die Stelle der alten Götter seine Götzen setzen. Er weiß genau, dass das Angestammte mit der Liebe des Zugehörigkeitsbewusstseins sein grimmigster Feind ist.
So kommt es ihm vor allem darauf an, das Bodenständigkeitsgefühl auszurotten, […] [und] die Pietät gegen eine große Vergangenheit zu beseitigen.

Ebd., S. 57.

7 d) Der Professor H. W. von Waltershausen in der „Österreichischen Rundschau" (1920):
In den Tingeltangel-Animierkneipen und Zuhältervierteln der europäischen und amerikanischen Hafenstädte begannen sich Farbige breit zu machen; der Emanzipation der Neger auf amerikanischem Boden musste Tribut entrichtet werden. So erhielten wir die mit spanischen und portugiesischen Elementen durchsetzten Niggertänze und Chansons mit ihrer außereuropäischen Rhythmik, deren Ursprung aus den laszivsten Quellen, vor allem aus der schmutzigsten Sexualität der westamerikanischen Küste, feststeht. Wie die höchste Kunst über den nationalen Typus zum rein Menschlichen herauszuwachsen vermag, ergab sich hier ein neuer weltbürgerlicher Typus, der Gemeinsamkeit der niedrigsten Instinkte, der als schmutziger Kloakenboden, einmal entdeckt, zu einer Verbrüderung führte, die eine erschreckende Illustration zu den Schlagworten „Liberté, Egalité, Fraternité" geworden ist.

Ebd., S. 287 f.

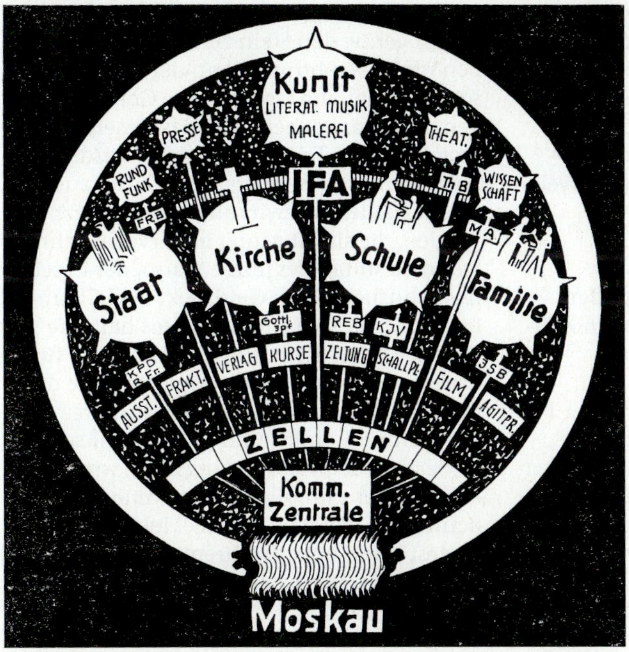

M8 Schaubild des Berliner Pfarrers Karl Foertsch zum „Kulturbolschewismus" (1931)

Erklärungen zu den Abkürzungen:
R. Fr. = Roter Frontkämpferbund
FRB = Freier Radio-Bund
Ipf = Internationale proletarische Freidenker
IFA = Interessengemeinschaft für Arbeiterkultur
REB = Rote Elternbeiräteliste „Proletarischer Schulkampf"
KJV = Kommunistischer Jugend-Verband
Th. B. = Arbeiter-Theater-Bund Deutschlands
MA = Marxistische Arbeiterschule
JSB = Jung-Spartakus-Bund

8 Untersuchen Sie die kritischen Stellungnahmen zur modernen Musik (M7a–d): Warum lehnen die Autoren sie ab? Nehmen Sie Stellung zu ihren Argumenten.
9 1930 spottete Kurt Tucholsky: „Wegen ungünstiger Witterung fand die deutsche Revolution in der Musik statt." Nehmen Sie Stellung zu dieser Aussage.
10 Analysieren Sie das Schaubild (M8): Was will der Pfarrer seinen Lesern suggerieren?

M9 Aus einer Rede des Reichstagsabgeordneten Schreiber (Zentrum) zur Frage der Bekämpfung der „Schmutz- und Schundliteratur" (1925)

Sind wir doch in der eigenartigen Lage, dass hier diese Metropole in vielem internationalisiert ist, dass sie in vielem kosmopolitisch steht, und jenes andere ist ebenso gewiss: wenn wir in den letzten Jahrzehnten in Deutschland eine wundervolle Heimatkunst, eine Heimatkultur entwickelt haben, wenn wir die Dichtungen von Theodor Storm, von Fritz Reuter, Klaus Groth und anderen Heimatkünstlern schätzen, so ist es nicht bloß wegen der dichterischen Schönheit und Kraft. Darüber hinaus haben wir das Empfinden: Dort strömt in diesen Landschaften Niedersachsens, ebenso aber auch in anderen deutschen Landschaften köstlicher Jungbrunnen deutscher Kultur, dort liegt noch viel Urkräftiges, vieles an ungebrochener gesunder Volkskraft. Und wenn es darauf ankommt, diese deutsche Volkskraft in ihrer landschaftlichen Eigenart zu erhalten und zu fördern, dann werden wir nicht bloß auf Berlin und auf die Entscheidungen der Filmoberprüfstelle hier achten, sondern werden unsere Maßstäbe für die Beurteilung auch finden in dem kernigen Volke des Schwarzwaldes, in den sittlichen Maßstäben, die man auf der westfälischen Heide anlegt, und in den Wäldern Schlesiens, ebenso im bayerischen Gebirge. Wir brauchen dringender denn je diesen Rückblick auf die seelische Feinnervigkeit der deutschen Landschaft, um uns Kultureinflüssen hier in Berlin zu erwehren, die unser Volk nicht weiterbringen, sondern in der Volkspflege und in der Volkskultur zurückwerfen.

Peter Longerich (Hg.), Die Erste Republik, München (Piper) 1992, S. 377.

11 Informieren Sie sich aus Kunstlexika und -handbüchern über die Bedeutung der Heimatkunst. Welcher künstlerische Wert wird ihr heute noch beigemessen? Warum wurde sie in den 1920er-Jahren besonders propagiert (M9)?
12 Diskutieren Sie anhand von M9 das Verhältnis von Großstadt und Provinz in der Weimarer Republik.

M10 Kommentar zum Programm der Kinos in einer sozialdemokratischen Zeitschrift (1919/20)

Eine alte Erfahrung lehrt, dass, wer den Charakter eines Volkes erkennen will, auf die Straßen, die Plätze und in die Theater gehen soll. Wer dazu die Kinotheater nimmt – und man muss es, da das Kino das Theater der breiten Volksschichten ist –, den wird oft ein Grauen vor dieser Zeit erfassen; und wer heute von den unzähligen Filmzeitschriften auch nur eine durchsieht und dort die Titel der angebotenen Filme verfolgt, wird sich mit Kopfschütteln fragen, ob unsere Welt denn ein Tollhaus geworden ist. Ich erinnere nur an die Titel der berüchtigten Aufklärungs- oder vielmehr Animierfilme, von denen ich mehrere ohne weiteren Kommentar hier folgen lassen will: „Moral und Sinnlichkeit", „Anders als die andern, § 175", „Die Kupplerin, aus den verschwiegenen Häusern Berlins W", „Heddas Rache (Die Tochter der Prostituierten)", „Die nur für Geld lieben" – und als Höhepunkt: „Der Leibeigene! (Ein Kriminalproblem! Sensationell! Erotisch! Sadistisch!)" Auch der Blindeste sieht, dass das moralische Niveau unserer heutigen Generation in erschreckender Weise gesunken ist und dass diejenigen, denen die Möglichkeit in die Hand gegeben war, zur Erhöhung dieses Niveaus sich des Films zu bedienen, sich nicht die genügende Mühe gegeben haben, dieses Ziel zu erreichen.

[…] Wer in einem Kino derartigen Aufführungen beiwohnt und mit Aufmerksamkeit das herumsitzende Publikum betrachtet, wird bestätigen können, wie verheerend die Wirkung ist. Mit flackernden Augen, fiebernd und zitternd erhalten hier Mädchen und Jungen, die noch im „Frühlingserwachen" stehen, eine Sehnsucht eingeimpft, die oft genug den Stein zum Fall und Verderben ins Rollen bringt; denn der Film hat, wie schon gesagt, die Eigenart, die Gefühlsnerven derart zu erregen, dass das Gesehene zu einem großen Teil „Seelenleben" wird. Die Folge ist, dass besonders junge Zuschauer hier sexuellen Reizwirkungen ausgesetzt werden, die sie oft genug in perverse Bahnen leiten. Resultat: der junge Mann, der in seiner Sehnsucht nach Geld, Sekt und Chambres Séparées sich ein Verhältnis hält, die Portokasse bestiehlt und den Ehebruch für das Normale hält; auf der anderen Seite das junge Mädchen, das für Lebemänner schwärmt, Monokel und Sekt himmlisch findet und beim Aufklärungsfilm, wie es kürzlich der „Simplicissimus" veranschaulichte, sich denkt: „Jotte nee! Ick werde ooch Protestierte!" oder die ihrem Maxe ins Ohr flüstert: „Au Maxe, jetzt weeß ick, wie man's macht!"

Werner Abelshauser, Anselm Faust, Dietmar Petzina (Hg.), Deutsche Sozialgeschichte 1914–1945. Ein historisches Lesebuch, München (Beck) 1985, S. 162 f.

M11 Ergebnisse einer sozialwissenschaftlichen Untersuchung zu der Frage: Lieben Sie Jazzmusik? (1929)

Ähnlich wie bei anderen Fragen, so waren auch die Reaktionen auf Jazzmusik nicht ausschließlich vom persönlichen Geschmack oder von ästhetischen Maßstäben bestimmt; sie reflektierten ideologische Faktoren zumindest ebenso sehr wie die Einstellung zu musikalischen Werten. Die weit gestreute Kritik am Jazz umfasste […] Kommentare wie „seelenlos", „undiszipliniert", „unmoralisch", „fremdartig", „Negermusik", „dekadent" und „undeutsch". Bei den Vertretern einer strengen Sexualmoral mussten vor allem auch die erotisch-stimulierenden Elemente der Jazzmusik auf scharfe Ablehnung stoßen; die Ablehnung wurde zum Teil noch dadurch gesteigert, dass sich viele trotz ihres offenkundigen Abscheus unbewusst vom Jazz angezogen fühlten. Liebhaber einer sentimentalen und romantischen Musik attackierten den Jazz wegen seines fremdartigen Charakters und seiner scharfen Synkopen, welche ihre musikalische Empfindung verletzten.

Die Befürworter der Jazzmusik entstammten meist jenen Kreisen der unteren Mittelklasse, die mit der Mode gingen und „auf dem Laufenden“ sein wollten oder sich selbst als exklusiv begriffen. Der Jazz wurde durch das Werk von Komponisten wie Kurt Weill und Hanns Eisler in Arbeiterkreisen populär und ist auf politische Lieder angewandt worden. Die scharfe Verurteilung der Jazzmusik durch reaktionäre Kreise führte zu einer wachsenden Zahl von Anhängern in den linken Arbeitergruppen, aber sie wurde auch von denjenigen unterstützt, die im Jazz eine neue Dimension der musikalischen Ausdrucksmöglichkeit erblickten. […]

40 % der Befragten bejahten den Jazz, 50 % äußerten sich ablehnend und 10 % antworteten nicht. Eine positive Korrelation ergab sich vor allem bei einer Analyse der Antworten in Abhängigkeit vom Alter: Die über 30-Jährigen gaben signifikant häufiger negative und signifikant seltener affirmative Antworten. Der Hauptgrund scheint darin zu liegen, dass eine Generation, die mit den konventionellen Walzerklängen und sentimentalen Operettenliedern aufgewachsen ist, den neuen Stil kaum mehr begreifen kann.

Die Verteilung der Antworten nach den politischen Typen zeigte, dass Kommunisten im Vergleich zu Sozialdemokraten und Bürgerlichen signifikant öfter positiv und signifikant seltener negativ antworteten.

Peter Longerich (Hg.), Die Erste Republik, München (Piper) 1992, S. 365 f.

13 Beschreiben Sie die Bedeutung des Kinos in der Weimarer Republik und nehmen Sie Stellung zu der Kritik am Programm (M10).

14 Erörtern Sie den Zusammenhang von Schichtzugehörigkeit und politischer Einstellung einerseits und musikalischen Vorlieben andererseits (M11).

M 12 Kritik am Amerikanismus

12 a) Der Dichter Gottfried Benn (1886–1956) zum Amerikanismus:

Es gibt eine Gruppe von Dichtern, die glauben, sie hätten ein Gedicht verfaßt, indem sie ‚manhattan‘ schreiben […]. Die ganze deutsche Literatur seit 1918 arbeitet mit dem Schlagwort Tempo, Jazz, Kino, Übersee, technische Aktivität, bei betonter Ablehnung aller seelischen Probleme. […] Ich persönlich bin gegen Amerikanismus. Ich bin der Meinung, daß die Philosophie des rein utilitaristischen Denkens, des Optimismus à tout prix, des ‚keep smiling‘, […] dem abendländischen Menschen und seiner Geschichte nicht gemäß ist.

Detlef J. K. Peukert, Die Weimarer Republik, Frankfurt am Main (Suhrkamp) 1987, S. 186 R

12 b) Illustration zu Amerikas steigendem Anteil am deutschen Filmmarkt. Aus einer Werbebroschüre der „Spitzenorganisation der Deutschen Filmindustrie“ 1925 (karikiert sind „Der letzte Mann“ und „Siegfried“):

15 Worauf gründet sich die Kritik am Amerikanismus (M12a und 12b)?
16 Informieren Sie sich über den Anteil amerikanischer Filme am deutschen Filmmarkt heute und diskutieren Sie die Einflüsse Amerikas auf die deutsche und europäische Kultur.

M13 Auszug aus dem Rundfunk-Jahrbuch 1930, herausgegeben von der Reichs-Rundfunk-Gesellschaft

Das Interesse des Staates am Rundfunk ist trotz der nicht unerheblichen Beträge, die er seinen Kassen zuführt, ein vorwiegend ideelles. Zwar gehört er zu den „circenses", derer das Volk bedarf, das nach Zerstreuung, Freude und Erhebung verlangt, aber wichtiger noch ist er dem Staat als ein verhältnismäßig billiges und bis in die entlegensten Behausungen dringendes Mittel der Volksbildung, und das stärkste Interesse nimmt der Staat an ihm wegen seiner Eignung zur Beeinflussung der öffentlichen Meinung. Der Grad dieser Eignung erhellt daraus, dass gegenwärtig im Reich rund drei Millionen Rundfunkanschlüsse vorhanden sind, die – wenn auch nur gelegentlich – von sechs bis zehn Millionen Deutschen benutzt werden. Damit ist der Rundfunk zu einer Großmacht geworden, die an Bedeutung die Großmacht Presse vielleicht noch übertrifft.

Der Staat und mit ihm alle Rundfunkleiter wollen, dass diese Großmacht im aufbauenden, nicht im zersetzenden Sinne wirksam ist. Sie soll die inneren Kämpfe, unter denen unser Volk leidet, mildern, nicht aber sie verschärfen. Sie soll die Deutschen dazu erzie-

M14 „Circulus vitiosus". Hugenberg: „Den Republikanern nehme ich das Geld ab, das ich brauche, um in meinen Zeitungen gegen die Republik zu hetzen!" – *Karikatur im „Ulk", Nr. 46, 1927.*

M 15 „Film ist Propaganda!" – *Koje des Volksfilmverbandes in der Ausstellung der „Ifa" 1930.*

hen, die Meinung anders Denkender zu verstehen und zu achten. Sie soll dem sozialen Ausgleich dienen und die Klüfte zwischen den Gesellschaftsschichten überbrücken helfen. Sie soll endlich zur staatsbürgerlichen Erziehung und zur Versöhnung der Völker beitragen. Alles dies vermag der Rundfunk leichter als die Presse, die – sofern sie Bedeutung hat – parteipolitisch gebunden oder wirtschaftlich von bestimmten Interessentengruppen abhängig zu sein pflegt. Zu einer Entgiftung der inneren und äußeren Atmosphäre ist der Rundfunk aber nur geeignet, wenn er behutsam und in jeder Weise überparteilich gehandhabt wird. Um dies zu erreichen und zu verhindern, dass mit einem so wichtigen Instrument Missbrauch getrieben wird, musste der Staat entscheidenden Einfluss auf den Rundfunk nehmen.

Peter Longerich (Hg.), Die Erste Republik. Dokumente zur Geschichte des Weimarer Staates, München (Piper) 1992, S. 357 f.

17 Nehmen Sie Stellung zur Rolle des Staates bei der Aufsicht über den Rundfunk (M13) und vergleichen Sie diese mit den Aufgaben des Rundfunks nach 1933.

18 Wie verhält es sich heute mit der Staatsaufsicht über Rundfunk und Fernsehen? Laden Sie, wenn möglich, Vertreter eines öffentlich-rechtlichen und eines privaten Rundfunk- oder Fernsehsenders ein und diskutieren Sie mit ihnen darüber.

19 Welche Rolle spielte der Film in der politischen Propaganda der Weimarer Republik (M14 und M15)?
Sind die von der UFA vornehmlich produzierten unpolitischen Unterhaltungsfilme tatsächlich als „unpolitisch" einzustufen?

20 Wählen Sie aus dem heutigen Kino- oder Fernsehprogramm in Gruppen jeweils einen Unterhaltungsfilm aus und untersuchen Sie, inwiefern durch ihn bestimmte Gesellschaftsbilder, Mentalitäten oder politische Einstellungen geprägt werden.

Der Zeitgeist Weimars im Theater: Theaterstücke als historische Quelle

Theaterstücke, gleich, welchen Inhalts, sind immer Kinder ihrer jeweiligen Zeit. Zwar ist die Dichtung selbst fiktiv und subjektiv; sie hat nicht die Absicht, die Realität so darzustellen, wie eine wissenschaftliche Studie dies anstreben würde, sondern besitzt wie jede Kunst ihren Sinn in sich. Aber jegliche Dichtung ist wie jede Theateraufführung eingebunden in die Bedingungen ihrer Gegenwart, ganz gleich, ob es sich um ein ausgesprochenes Zeitstück handelt oder um die Wiederaufführung eines Klassikers, bei der nicht der Stoff selbst, wohl aber dessen Inszenierung vom „Zeitgeist" geprägt ist. Autoren, Regisseure, Bühnenbildner, Schauspieler sind beeinflusst von ihrer Epoche, und auch die Rahmenbedingungen des Theaters – z. B. seine finanzielle, räumliche, technische etc. Ausstattung, rechtliche Einschränkungen usw. – sind etwa im 19. Jahrhundert völlig anders als im Dritten Reich oder heute. So sind denn sowohl Theaterstücke als auch Theateraufführungen historische Quellen, die mit den gleichen Methoden der Quellenkritik und Quelleninterpretation untersucht werden können wie andere Textquellen.

Aus der Weimarer Zeit ist uns vor allem zweierlei überliefert: die Theaterstücke selbst (in veröffentlichter Form) und die Berichte über Theateraufführungen. Für die Aufführungen selbst gilt dies vor dem Zeitalter des Fernsehens noch nicht; sie können wir uns immer nur indirekt, nämlich aus der Rezeption durch Zuschauer, Kritiker etc. und aus den Entwürfen und Beschreibungen der Beteiligten erschließen.

Die Weimarer Theaterentwicklung ist wie die Kultur insgesamt außerordentlich vielfältig und lässt sich nicht einfach auf einen bestimmten Begriff bringen. Wichtig ist zum einen die Vielfalt selbst, zum Zweiten die Tatsache, dass das Theater nach 1918 einen erheblichen Aufschwung erlebte, weil die meisten Theater durch die öffentliche Hand übernommen und staatlich subventioniert wurden. Künstlerisch erlebte es ebenfalls einen Boom, besonders in Berlin, das sich mit herausragenden Regisseuren und Schauspielern und einem theaterhungrigen Publikum zu einer „Weltmetropole des Theaters" entwickelte. Große Theaterereignisse waren damals etwas, was die Nation – oder zumindest ihren bildungsbürgerlichen Teil – bewegte. Theaterkritiken von Premieren von berühmten Kritikern wie Alfred Kerr, Herbert Ihering u. a. wurden von den Lesern der Feuilletons verschlungen. Dabei dominierte wie in der Kunst insgesamt in den ersten Jahren der Expressionismus, der seit etwa 1923 durch die „Neue Sachlichkeit" abgelöst wurde. Wichtige Formen der Theaterarbeit waren darüber hinaus das „Zeitstück", in dem wichtige gesellschaftliche Probleme der Gegenwart thematisiert wurden (wie z. B. die Krise der Fürsorgeerziehung Jugendlicher in Peter Martin Lampels „Revolte im Erziehungshaus" von 1928), und das politische Massentheater Erwin Piscators, das der kommunistischen Agitation diente. Daneben waren aber auch die leichte Komödie und das derb-realistische Volksstück beim nicht ganz so anspruchsvollen Publikum außerordentlich beliebt. Allerdings hatte das Theater immer mehr mit der neuen Konkurrenz von Kino und Radio und der sonstigen Freizeitindustrie (z. B. Sportveranstaltungen) zu kämpfen.

Vorschläge für die unterrichtliche Arbeit

Aus der einschlägigen Literatur (s. S. 88) können die wichtigsten Bühnenautoren und Theaterstücke der Weimarer Zeit ermittelt werden. Eine Analyse heutiger Spielpläne zeigt, welche Autoren und Stücke heute noch gespielt werden. Die Recherche kann im Internet erfolgen. Wichtige Einstiegsseiten sind hier für den Kulturbetrieb insgesamt:

- http://www.kulturbox.de/ und
- http://www.kulturnet.de/.

Speziell für das Theater enthalten folgende Seiten Übersichten über die gespielten Stücke zahlreicher Bühnen in Deutschland, Links zu den Bühnen, zu Institutionen, Theater-Zeitschriften etc., Kritiken sowie aktuelle Nachrichten aus dem Theaterleben:

- http://www.theater.de,
- http://www.hfph.mwn.de/~chwolf/Theaterparadies_Deutschland.html,
- http://www.theaterportal.de

Anschließend kann man zusammenstellen, welche Stücke bzw. Autoren offenbar in Vergessenheit geraten sind, und die Gründe hierfür zu ermitteln suchen. Wenn möglich, kann hierzu auch ein Gespräch mit dem Intendanten oder einem Regisseur eines örtlichen Theaters organisiert werden.

Wenn ein in der Weimarer Zeit entstandenes Theaterstück an einer Bühne in der Nähe gespielt wird, sollte eine Vorstellung besucht und, wenn möglich, anschließend eine Diskussion mit dem Regisseur und den Schauspielern veranstaltet werden (siehe Checkliste).

Mehrere Theaterstücke aus den Zwanzigerjahren können in Gruppen analysiert werden. Dabei sollten Stücke verschiedener künstlerischer Richtungen und unterschiedlicher Gattungen ausgesucht werden. Im Mittelpunkt sollte die Frage stehen, welche Auskünfte uns das jeweilige Stück über den „Zeitgeist" der Weimarer Republik liefert (siehe auch Checkliste). Hierzu sollten möglichst viele Informationen über den Autor, über seine Beweggründe bei der Abfassung, über die Entstehung des Stückes, über die Uraufführung etc. gesucht werden. Bei dieser Form der Arbeit bietet sich die Zusammenarbeit mit dem Deutschunterricht an.

Sollte an der Schule eine Theater-AG bestehen, so sollte die eigene Inszenierung eines Stückes angestrebt werden. Es könnte sich dabei gerade um ein Stück handeln, das heute von den deutschen Bühnen verschwunden ist, z. B. eines der Zeitstücke, die ja gerade auf die spezifische Situation hin geschrieben waren, in der sie entstanden. In der Neuinszenierung müsste zunächst diskutiert werden, ob das Stück in der damaligen Form inszeniert werden kann (sagt es uns dann noch etwas?) oder ob es heutigen Problemen und Bedürfnissen angepasst werden müsste.

Checkliste für einen Theaterbesuch

- **Rechtzeitig** Spielpläne nahe gelegener Theater besorgen (direkt bei den Theatern oder über das Internet; Adressen s. S. 86)
- Ein Stück, das zwischen 1918 und 1933 entstand und uraufgeführt wurde, auswählen und Karten für den Kurs reservieren lassen
- Ggf. einen Bus für die Hin- und Rückfahrt buchen
- Das Stück lesen und im Kurs besprechen
- Hintergrundinformationen über das Stück aus Lexika, Schauspielführern und Theaterliteratur besorgen (s. Literaturliste)
- Hintergrundinformationen über den Autor besorgen
- Berichte und Kritiken über einzelne Aufführungen in der Weimarer Zeit, vor allem die Uraufführung, besorgen und zu ermitteln versuchen, wie oft das Stück in jener Zeit an deutschen Bühnen gespielt wurde
- Das Stück auf den „Zeitgeist" hin befragen (Welche Themen werden angesprochen? Wie geschieht das? Welche Personen kommen vor? Stellen sie bestimmte soziale Typen dar? Welche Position in gesellschaftlichen oder politischen Auseinandersetzungen bezieht der Autor? Wie geschieht das? usw.)
- Leitfragen und Beobachtungsaufgaben für den Theaterbesuch entwickeln und im Kurs verteilen (möglichst jede Aufgabe mit mehreren Personen besetzen, weil der Vergleich verschiedener Eindrücke aufschlussreich sein kann und das Festhalten der Beobachtungen während der Vorstellung nicht möglich ist, sodass durch den Vergleich Gedächtnislücken ausgeglichen werden können)

- Ggf. Leitfragen für die anschließende Diskussion mit Regisseur bzw. Schauspielern entwerfen
- Beim Theaterbesuch einen kleinen Notizblock und Schreibutensilien dabeihaben und in der Pause bzw. direkt nach der Aufführung Notizen zu den Beobachtungsaufgaben machen
- Beim Gespräch mit Regisseur/Schauspielern Rekorder mitlaufen lassen, wenn die Beteiligten damit einverstanden sind
- Anschließend im Kurs zunächst individuelle Eindrücke wiedergeben, dann Aufführung und Gespräch unter Berücksichtigung der Leitfragen auswerten
- Ggf. aus der Kritik an der Aufführung eigene Vorschläge für eine Inszenierung entwickeln
- Falls Theater-AG vorhanden: Vorschläge in eigene Inszenierung umsetzen

Einführende Literatur zum Theater in der Weimarer Republik

Manfred Brauneck, Theater im 20. Jahrhundert. Programmschriften, Stilperioden, Reformmodelle, Reinbek bei Hamburg (Rowohlt) 1986.

Ruth Freydank, Theater in Berlin. Von den Anfängen bis 1945, Berlin (Argon) 1988.

Peter Gay, Die Republik der Außenseiter. Geist und Kultur in der Weimarer Zeit 1918–1933, Frankfurt am Main (Fischer-Taschenbuch-Verlag) 1987.

Jost Hermand, Frank Trommler, Die Kultur der Weimarer Republik, München (Nymphenburger Verlagshandlung) 1978, S. 193–260.

Otto C. A. zur Nedden, Karl H. Ruppel (Hg.), Reclams Schauspielführer, 9. Aufl. Stuttgart (Reclam) 1960.

Günther Rühle, Zeit und Theater. Bd. 1: Vom Kaiserreich zur Republik. 1913–1925, Bd. 2: Von der Republik zur Diktatur. 1925–1933, Berlin (Propyläen Verlag) 1973/74.

Lothar Schöne, Neuigkeiten vom Mittelpunkt der Welt. Der Kampf ums Theater in der Weimarer Republik, Darmstadt (Wiss. Buchgesellschaft) 1994.

Die Kritiken wichtiger Theaterstücke liegen nicht nur in den damaligen Zeitungen, sondern meist auch in leicht zugänglichen Sammelbänden vor, z. B.:

Brecht in der Kritik. Rezensionen aller Brecht-Uraufführungen. Eine Dokumentation von *Monika Wyss,* München (Kindler) 1977.

Alfred Döblin, Ein Kerl muss eine Meinung haben. Berichte und Kritiken 1921–1924, München (dtv) 1981.

Herbert Ihering, Theater in Aktion. Kritiken aus drei Jahrzehnten 1913–1933, hg. von *Edith Krull* und *Hugo Fetting,* Berlin (Argon) 1987.

Alfred Kerr, Theaterkritiken, hg. von *Jürgen Behrens,* Stuttgart (Reclam) 1971.

Alfred Kerr, Mit Schleuder und Harfe. Theaterkritiken aus drei Jahrzehnten, hg. von *Hugo Fetting,* Berlin (Severin u. Siedler) 1982.

Weiterführende Arbeitsanregungen

Die Weimarer Republik im Spielfilm

Die Weimarer Republik, dies wurde bereits festgestellt, erlebte den ersten Boom des Kinos; dies galt vor allem für die Zeit seit dem Beginn des Tonfilms 1929. Spielfilme wurden zu einem Massenmedium – ihre Analyse ermöglicht daher einen Einblick in den „Zeitgeist" der Zwanziger- und frühen Dreißigerjahre. Allerdings spiegeln auch sie selbstverständlich damalige gesellschaftliche Realität nicht unmittelbar wider, sondern sie deuten sie. Immerhin kann bei den kommerziell erfolgreichen Filmen mit einigem Recht vermutet werden, dass sie die Befindlichkeiten der Zuschauer besonders gut angesprochen haben; ansonsten wäre ihr Erfolg kaum zu erklären. Produzenten und Regisseure dürften gerade bei den massenwirksamen Revue- und Heimatfilmen einen „Massengeschmack" antizipiert haben, um die Menschen in die Lichtspielhäuser zu ziehen. Aber auch die weniger erfolgreichen Filme sind Quellen für die kulturellen Strömungen der Weimarer Zeit.

Arbeitsvorschläge

1 Einzelne Spielfilme analysieren und miteinander vergleichen (z. B. einen heute noch als künstlerisch wertvoll angesehenen Film mit einem Massenfilm).
2 Ein Motiv, wie z. B. die Rolle der Frau, die Arbeitswelt, den Krieg oder die Darstellung bestimmter sozialer Schichten (s. unten Literaturhinweis *Schettler* 1992) oder Probleme, in verschiedenen Filmen verfolgen.
3 Einen Film ansehen und zunächst ohne eingehende Analyse die – auch emotionale – Wirkung auf heutige Betrachter austauschen. Anschließend in der Literatur (s. u.) möglichst viele Informationen über Auftraggeber, Produzenten, Regisseur, Drehbuchautor, Studio, zeitgenössische Aufnahme (Kritiken, Besucherzahlen) etc. sammeln und in die Analyse des Films einfließen lassen.
4 Einen Film auswählen und in der Schule vorführen. Anschließend Diskussion über die Bedeutung von Filmen damals und heute.

Kurze Checkliste für die Filmbeobachtung/-analyse

Vorher sollte man entscheiden, ob man den Film erst nur ansehen und in einem zweiten Durchgang analysieren oder ob man gleich Beobachtungsaufträge verteilen möchte.
Beobachtet werden sollten neben der Handlung auch die formalen Merkmale:

- die Kameraführung (Großaufnahmen, Perspektiven, Kamerabewegung etc.)
- die Beleuchtung (Licht und Schatten)
- Schnitt und Ton (Geräusche, Musik, Kommentare, Dialoge etc.)

Literaturtipps zum Umgang mit Filmen im Geschichtsunterricht

Geschichte lernen, Heft 42 (1994): Geschichte im Film.
Praxis Geschichte, Heft 6/1992: Film – Geschichte – Unterricht.
Volker Bauer u. a. (Hg.), Methodenarbeit im Geschichtsunterricht, Berlin (Cornelsen) 1998, S. 96–100.
Lernbox Geschichte. Das Methodenbuch, Seelze (Friedrich Verlag) 2000.

Literaturtipps zum Film in der Weimarer Republik:

Thomas Elsaesser, Das Weimarer Kino – aufgeklärt und doppelbödig, Berlin (Vorwerk 8) 1999.
Helmut Korte, Der Spielfilm und das Ende der Weimarer Republik: ein rezeptionshistorischer Versuch, Göttingen (Vandenhoeck & Ruprecht) 1998.
Holger Schettler, Arbeiter und Angestellte im Film. Die Darstellung der sozialen Lage von Arbeitern und Angestellten im deutschen Spielfilm 1918–1939, Bielefeld (Verlag für Regionalgeschichte) 1992.
Gero Gandert (Hg.), Der Film der Weimarer Republik. Ein Handbuch der zeitgenössischen Kritik. Bd. 1: 1929, Berlin u. a. (de Gruyter) 1993.

7 „Macht Platz, ihr Alten!" Jugend zwischen Mythos, Organisation und Alltag

Bereits im Kaiserreich hatte sich das Verhältnis der Generationen deutlich verändert. „Jugend" wurde nunmehr zunehmend als eigene Lebensphase mit einem besonderen Lebensstil anerkannt – von den Erwachsenen, aber auch von den Jugendlichen selbst, wie die Entstehung einer eigenständigen „Jugendbewegung" zur Jahrhundertwende mit ihrer Abwendung von der Welt der Erwachsenen und der Hinwendung zur Natur eindrucksvoll zeigte. Bei dieser Entwicklung spielten mehrere Prozesse zusammen: Der Geburtenrückgang führte dazu, dass der kleiner werdenden Gruppe der Kinder und Jugendlichen größere Aufmerksamkeit zuteil wurde; die Verlängerung der Ausbildungszeiten verlängerte auch die Jugendphase (zumindest in bürgerlichen Kreisen); ein zunehmendes Krisenbewusstsein in weiten Teilen der Gesellschaft beflügelte die Suche nach Alternativen. So konnten sich auf der einen Seite große Hoffnungen auf „die Jugend" richten, die die Gesellschaft aus ihrer Krise, aus Verkrustung, Erstarrung und Traditionsfixiertheit herausführen könne, auf der anderen Seite entstanden aber auch Ängste, dass die Rebellion gegen die Erwachsenenwelt unkontrollierbar würde.

Nach 1918 setzte sich diese Entwicklung fort, verschärfte sich aber durch die Erfahrungen von Krieg, Niederlage und Revolution erheblich: In dem als notwendig empfundenen Neuaufbau setzten unterschiedliche politische und kulturelle Gruppen große Hoffnungen auf die Erneuerung von Volk und Staat durch die Jugend – es entstand geradezu ein Jugendmythos. Besonders stark geprägt wurde er durch die in „Bünden" organisierte bürgerliche Jugendbewegung, obwohl diese immer nur einen kleinen Teil der Jugendlichen erfasste, und durch die sozialistische Jugendbewegung. Die Anerkennung einer wachsenden Bedeutung der Jugend führte aber auch zu immer deutlicheren Versuchen zur Bevormundung der Jugendlichen und ihres Erziehungsprozesses. Die schon im Kaiserreich von vielen Erwachsenen beschworene „Kontrolllücke zwischen Schulbank und Kasernentor" sollte durch verstärkte jugendpflegerische und jugendpolitische Bemühungen geschlossen werden. Zahlreiche Organisationen versuchten möglichst große Gruppen von Jugendlichen zu erfassen: Parteien, Kirchen und Gewerkschaften setzten auf ihre schon im Kaiserreich geschaffenen Jugendverbände oder gründeten neue. Der Staat baute durch gesetzliche und organisatorische Maßnahmen, z. B. die Schaffung bzw. den Ausbau von Jugendämtern, Jugendgerichten, Jugendpflegeausschüssen, Jugendfürsorgeeinrichtungen etc., sein Repertoire zur Betreuung von Jugendlichen aus, vor allem von jenen, die in ihrem Verhalten von den geltenden Normen abwichen.

Der Alltag der Jugend in der Weimarer Republik wurde von diesen Prozessen unterschiedlich stark beeinflusst: Zwar waren ca. 40 % aller Jugendlichen in Organisationen erfasst, doch waren die meisten Mitglieder von Sport- und anderen Freizeitvereinen. Die Versuche zur Bevormundung und Disziplinierung trafen insbesondere diejenigen, die bereits durch abweichendes Verhalten aufgefallen waren bzw. von denen man dies aus bürgerlicher Sicht erwartete – so gehörten die meisten von der Jugendfürsorge Betreuten den Unterschichten an. Daneben existierten in den Weimarer Jahren aber vor allem in den Großstädten auch zahlreiche Freiräume für Jugendliche, die diese eigenverantwortlich nutzen konnten; vielfach fanden sie sich hierbei nicht in festen Organisationen, sondern in informellen Gruppen zusammen, z. B. den so genannten „wilden Cliquen".

Alle Jugendlichen wurden in vieler Hinsicht stärker als durch staatliche und gesellschaftliche Disziplinierungsversuche durch die soziale und wirtschaftliche Lage und die allgemeine politische Entwicklung geprägt. Für viele Jugendliche beiderlei Geschlechts war in den 1920er-Jahren die Lebensplanung äußerst schwierig geworden, denn der enger gewordene Arbeitsmarkt hielt für sie nur wenige Chancen bereit – und seit 1930 verschärfte sich diese Situation noch erheblich. Dies galt nicht nur für Jugendliche aus der Arbeiterschaft, die unter der hohen Arbeitslosigkeit litten, sondern auch für die bürgerliche Jugend, deren berufliche Perspektive angesichts der „Überfüllung der Universitäten“ – so das zeitgenössische Schlagwort – immer unsicherer wurde. Dass das politische System hierfür mit einer stark verringerten Zustimmung bezahlte, wurde auch den Zeitgenossen spätestens seit 1930 immer deutlicher; politische Radikalisierungen nach links und rechts waren die Folge, sodass KPD und NSDAP am Ende der Weimarer Republik als ausgesprochen „junge“ Parteien galten, was neuere Untersuchungen zur Mitglieder- und Anhängerschaft auch bestätigen.

M 1 Aktion des Berliner Jugendamtes: Kinder tauschen Schundhefte gegen „gute“ Literatur, 1922

Hinweise zur Arbeit mit den Materialien

Zum Einstieg in das Thema „Jugend“ bieten sich drei Möglichkeiten an: Durch einen Vergleich der beiden Bilder M2 und M3, die beide fast zum gleichen Zeitpunkt entstanden, kann das Spektrum jugendlicher Perspektiven in der Weimarer Republik zwischen Jugendmythos, Jugendorganisationen und sozialer Lage erarbeitet werden. Die anderen Materialien können dann je nach unterrichtlicher Situation zur Vertiefung eines oder mehrerer dieser Aspekte bearbeitet werden. Eine zweite Variante wäre, die eigenen Berufsperspektiven und -aussichten mit denen von Jugendlichen in den Zwanzigerjahren (M11–M13) zu vergleichen, um dann in die Erarbeitung der anderen Schwerpunkte einzusteigen. Schließlich kann man auch mit der Mythisierung der Jugend (M4) beginnen – evtl. mit der Abfassung eines eigenen Aufrufs unter der Überschrift „Wir Jungen“ (Aufgabe 3) – und anschließend das Verhältnis von Mythos und Realität erarbeiten.

M2 Plakat der „Naturfreundejugend“, die der SPD nahe stand (1929)

M3 Titelblatt einer Jugendzeitschrift um 1930

M4 Mythisierung der Jugend

1919 erschien in der Zeitschrift „Freideutsche Jugend“ ein Beitrag unter der Überschrift „Wir Jungen“:

Wer spricht heute in Deutschland ein erstes und einziges Wort? Wer terrorisiert uns Kämpfer einer neuen Zukunft? Wer zwingt alle produktive, unbändige Kraft unverbrauchter Jugend, wer arbeitsbewußte Massen zur Untätigkeit? Alte, ehrgeizige Generäle, sterile Politiker, eigensüchtige Kapitalisten: Schemen, die sich vor dem Sterben fürchten, obgleich sie lange tot sind. Wenn wir uns fragen, wer ist denn ursprünglich für unser Schicksal, unsere Zukunft verantwortlich und deshalb berechtigt, bestimmend, urteilend auf diese einzuwirken, so wird zur klaren Antwort, daß wir Jungen selbst es sind, die diese Riesenaufgabe, diese gigantische Verantwortung zu tragen haben. Doch nie und nimmer jene Generation, die in ihrem Fortschritt selbst noch in den siebziger, achtziger Jahren des vorigen Jahrhunderts wurzelt [...].

Wie können diese Ideengreise, wie sie die deutsche Nationalversammlung bevölkern, sich erdreisten, für unsre Zukunft, für Deutschlands Werden zu sprechen und zu handeln. Wenn die ‚Gesetze', ‚Reformen', die sie schaffen, ihre Lebensunfähigkeit, ihre Unzulänglichkeit beweisen werden an der heranwachsenden Generation, in uns und in denen nach uns, sind jene Phrasenmumien längst ihrer Verantwortung entronnen durch den Tod [...]. Weg damit, da doch alle Kraft, alles wühlende, brausende Leben, Keimende, Werdende im Frühling durch die Welt pulst, zur Jugendzeit der Erde. [...] Springt auf, ihr, die ihr stolz, jung und mutig seid, zielerfüllt laßt uns vorwärtsschreiten, Finsternis im Nacken, Gewürm unter Tritten. – Auf denn, ihr Zielmenschen – wir werden Sieger, die nach uns Vollender sein.

Winfried Mogge, Wandervogel, Freideutsche Jugend und Bünde. Zum Jugendbild der bürgerlichen Jugendbewegung, in: Thomas Koebner, Rolf-Peter Janz, Frank Trommler (Hg.), „Mit uns zieht die neue Zeit". Der Mythos Jugend, Frankfurt am Main (Suhrkamp) 1985, S. 187 f. R

M 5 Auszüge aus der „Denkschrift des Preußischen Ministeriums für Volkswohlfahrt über die staatliche Förderung der Jugendpflege in Preußen" (1925)

Die Beaufsichtigung zu Hause durch den Vater oder die Mutter fehlte in zahlreichen Familien oder wurde immer schwächer, die Betreuung durch Jugendvereine immer schwieriger. [...] Dazu kam, dass viele im Berufsleben stehende Jugendliche hohe Löhne bezogen, ehe sie gelernt hatten, mit Geld richtig umzugehen. [...] Der Sinn für Einfachheit und Sparsamkeit schwand immer mehr dahin, die allgemeine Moral, besonders auch auf dem sexuellen Gebiete, war schweren Erschütterungen ausgesetzt. [...]

Als der Krieg seinen traurigen Ausgang genommen hatte und die Staatsumwälzung das Land in schwerste Wirren versetzte, als blutige Aufstände, Unruhen und Plünderungen an der Tagesordnung waren und revolutionärer Geist sich allenthalben breit machte, waren Teile der Jugend nur zu gern bereit, jede Autorität abzulehnen und blindlings denen zu folgen, die ihr schrankenloses Sichausleben predigten. [...]

Jede ernst gemeinte Jugendpflege werde ich ohne Ansehen der Religion (Konfession) und der politischen Stellung der Beteiligten gern auf alle mir mögliche Weise, auch durch Beihilfen aus dem meinem Ministerium übertragenen Jugendpflegefonds, zu fördern bemüht sein. Dabei glaube ich im Sinne aller Richtungen und Parteien zu handeln, wenn ich dafür eintrete, dass Parteipolitik von der Jugendpflege fern gehalten wird. Wohl aber kann und soll die Jugendpflege dazu beitragen, dass die deutsche Jugend, einerlei, ob ihre Wiege in der Hütte oder im Schloss stand, dem Vaterland in seinem tiefen Unglück erst recht Liebe und Treue bewahrt und deutsches Wesen hochhält. In ihren Reihen muss brüderlicher Geist walten, der unbeschadet allgemeiner Menschenliebe zunächst in jedem deutschen Volksgenossen den Freund und Bruder zu achten und zu lieben lehrt. Die Jugend soll willig und tüchtig werden, ihre Pflichten gegenüber dem Volksganzen gewissenhaft und in opfermütigem Gemeinsinn zu erfüllen. [...]

Die vorbeugende Arbeit, die in der Jugendpflege mit staatlichen Beihilfen geleistet werden kann, stellt werbendes Kapital dar. Die Aufwendungen, die hierfür gemacht werden, ersparen dem Staate ein Vielfaches an Mitteln, die bereitgestellt werden *müssen,* wenn es sich darum handelt, kranke, verwahrloste oder schon dem Verbrechertum anheim gefallene Jugend in Krankenhäusern, Fürsorgeerziehungsanstalten und Gefängnissen unterzubringen. Gewaltige Summen müssen heute von Staat und Kommunalverwaltungen für diese Einrichtungen mit zweifelhafter Aussicht auf Erfolg aufgebracht werden.

Hermann Giesecke, Vom Wandervogel bis zur Hitlerjugend. Jugendarbeit zwischen Politik und Pädagogik, München (Juventa-Verlag) 1981, S. 146–150.

1 Beschreiben Sie die Stimmung, die die Bilder vermitteln sollen. Berücksichtigen Sie dabei auch den Entstehungszeitpunkt 1929/30 (M2 und M3).
2 M4: Arbeiten Sie heraus, wogegen sich der Autor in besonderer Weise richtet und wofür er eintritt. Erklären Sie dies vor allem unter Berücksichtigung des Entstehungszeitpunktes des Textes.
3 M4: Verfassen Sie in Gruppen einen eigenen Aufruf, der die Interessen und die Befindlichkeiten heutiger Jugendlicher berücksichtigt, vergleichen Sie die entstandenen Texte und diskutieren Sie die Schwierigkeiten bei ihrer Abfassung.
4 Arbeiten Sie heraus, wie der Staat das „Jugendproblem" beurteilt und skizzieren Sie die Zielsetzungen der staatlichen Jugendpflege (M1, M5).

M 6 Motto der Reichstagung des Katholischen Jungmännerverbandes in Trier, 1931

M 7 Stellungnahmen aus katholischen Jugendorganisationen

7 a) Ludwig Wolker (geb. 1887), Generalpräses des Katholischen Jungmännerverbands (1928):
Vor uns steht die deutsche Jugend. Vor uns steht die deutsche Zukunft. Wir, die wir uns Jugendführer heißen, haben eine ebenso große wie schöne Aufgabe in ihr und für sie. Wir sollen deutsche Jugend führen, heraufführen helfen zu einem Menschentum und Volkstum, gesund und lebensstark, frei, edel, deutsch und groß. [...] Alle Jugendführung muss die Totalität des jungen Menschen im Auge haben. [...] Die *Totalität* des jungen Menschen kann ganz nur erfasst werden in einer weltanschaulich orientierten Erziehungsgemeinschaft.

Irmtraud Götz von Olenhusen, Jugendreich, Gottesreich, Deutsches Reich. Junge Generation, Religion und Politik 1928–1933, Köln (Verlag Wissenschaft und Politik) 1987, S. 71.

7 b) Derselbe (1932):
Wie für den ganzen Menschen, seinen Geist und sein Glück das Blut, die Reinheit, Art und Kraft seines Blutes mit entscheidend ist, so ist auch für ein Volk, dessen Geist und Glück eine Lebensgrundlage das Blut seiner Jugend. Das frische junge Blut, das rechte Arbeitskraft gibt und Spannkraft, rechte Wehrkraft und Kampfkraft, rechte Zeugungskraft und Schöpferkraft. Das frische Blut, das Leben heißt, das ein Volk nicht aussterben und das Gute in dem Volk nicht aussterben lässt.

Das frische Blut, das der Baustoff ist für den rechten rauen und reinen, rassigen, riesigen, reckigen deutschen Menschen. Dies deutscher Jugend zu schaffen und zu schenken: durch harte Körperschule und stete Körperübung, durch Nüchternheit, Zucht und saubere Sitte, durch Spiel und Sport und Kampf in Sonne und Wasser und Wiese und Wald – Regen, Wind, wir lachen darüber –, das ist Dienst deutscher Jugendkraft an unserem Volke. Frisches Blut deutscher Jugend.

Irmtraud Götz von Olenhusen, Jugendreich, Gottesreich, Deutsches Reich. Junge Generation, Religion und Politik 1928–1933, Köln (Verlag Wissenschaft und Politik) 1987, S. 118.

*7 c) Johannes Nattermann (*1889), Generalsekretär des Katholischen Gesellenvereins (1929):*
Wenn sich bei uns einer fände, der sich so ganz für seine Nation einsetzte, seine Liebe zum Volk durch Taten bewiese und die Jugend aufriefe zum Dienst der Nation, die Jugend würde ihm begeistert folgen. Nur muss man ihr nicht kommen mit abstrakter staatspolitischer Schläue, mit Regierungskünsten und staatsbürgerlicher Erziehungsweisheit. Das Knochengerüst und Muskelgewebe des Staats zu schaffen muss die Jugend und will auch echte Jugend den Leuten überlassen, die etwas davon verstehen.
Ebd., S. 138 f.

M8 Auszüge aus einer Prinzipienerklärung, die die Arbeiterjugendbewegung auf dem ersten Internationalen Sozialistischen Jugendtag in Bielefeld 1921 verabschiedete

Ziel und Wesen der Arbeiterjugendbewegung
Alle Mitglieder sind im Geiste der sozialistischen Weltanschauung zur Selbsterziehung anzuleiten auf eine ihrem Alter, ihrem Geschlecht und ihrer psychologischen Beschaffenheit entsprechende Weise.

Die Erziehung der Mitglieder soll vor allem gerichtet sein auf das Erwecken und Erhalten einer brüderlichen internationalen Gesinnung, auf Abscheu und Kampf gegen Militarismus und Krieg.

Alles, was das Leben der jungen Arbeiter und Arbeiterinnen herabzieht und zerstört, wie der unheilvolle Einfluss des Alkohols und des Schundes, wird von der proletarischen Jugendbewegung aufs heftigste bekämpft. Unrichtigen Auffassungen und verkehrten Gewohnheiten der Jugendlichen selbst soll in demselben Maße entgegengearbeitet werden wie den verderblichen gesellschaftlichen Missständen, die das Jugendleben entsittlichen und verdüstern. Die Älteren unter ihnen sollen außerdem vorbereitet werden zur aktiven und zielbewussten Teilnahme an den gesellschaftlichen Aufgaben der Arbeiterklasse. [...]

Die Begeisterung und der Idealismus der heranwachsenden Arbeitergeneration sollen auf die ihrer harrende Riesenaufgabe gerichtet werden. Die Lösung dieser Aufgabe erfordert Menschen, die nicht nur intellektuell besser vorgebildet sind als die heutigen, sondern die zugleich in höherem Maße über soziale Gesinnung und Verantwortungsgefühl verfügen.
Harry Pross, Jugend Eros Politik. Die Geschichte der deutschen Jugendverbände, Bern u. a. (Scherz Verlag) 1964, S. 267.

M9 1923 berichtete die Zeitschrift der Neupfadfinder „Der weiße Ritter" über die Tagung des „Deutschen Schutzbundes", einer Organisation für Grenzland- und Auslandsdeutsche

Eine große Tageszeitung berichtete über den zweiten Tag in Flensburg mit der Überschrift ‚Anschluss der Jugendbewegung an die Schutzarbeit'. Das ist natürlich richtig, und es braucht hier nicht noch einmal betont zu werden, dass es in der Frage der Arbeit am großen Deutschland für die Jugend nichts anderes geben kann als ihre selbstverständliche und bescheidene Eingliederung unter die Männer, deren Fähigkeiten und Kenntnisse allein den Erfolg aller solcher Arbeiten sichern. [...]

Und von hier aus noch ein abschließendes Wort zu den Tagen von Flensburg. Es ging auf der Tagung des Deutschen Schutzbundes um deutsche Belange. Es ging um den deutschen Menschen und sein Volk in dem Abwehrkampf in Rhein und Ruhr, in der Warnung gegenüber der Gewalt im Osten, in der Sorge um deutsche Minderheiten unter den fremden Völkern. Aber in diesem politischen Ereignis spürte man das Herz Deutschlands. Und das Herz Deutschlands sprach zu den Völkern der Welt. [...] Wenn es der jungen Generation Deutschlands am Herzen liegt, eine Politik zu betreiben, die ihrer würdig ist, wird sie hier die Schule zu suchen haben, in der sie lernen kann; wenn sie die Einbruchspforte sucht, durch die sie hinausfindet vom Jugendreich aus in das Leben des größeren Deutschland, so wird sie an dieser nicht vorüber können, in der eine Politik um das deutsche Volk zu einem Ausblick in die Politik der Völker wird.
Ebd., S. 353 f.

M 10 Bericht aus der Jungenzeitschrift „Das Lagerfeuer" (1932)

Kriegsspiel! Wir balgen uns nicht untereinander und zerfetzen unsere Kluften. Kriegsspiel! Nur mit den Gegnern. Der erste Anblick des Feindes jagt mir das Blut gegen die Schläfen, und ich stürze mich drauf, mit Gebrüll, während ich das Chaos noch vor den Augen habe und die Feindesstärke nicht kenne. Und nun brechen die Buben durchs Gehölz, balgen sich, und ich rase zähneknirschend auf den ersten los, um den Bann loszukriegen und klar zu sehen. Wie ich seine Muskeln fühle, wie meine dagegenleben, wie ich sie in die Gewalt bekomme, wie ich sie leite. Kraft spüre ich in mir und ich brülle vor Lust an meiner Stärke. ‚Tot!', brülle ich, lasse den Feind fahren, um mich auf einen anderen zu stürzen. Von hinten haut mir einer einen Prügel über den Schädel, dass ich Sterne vor den Augen habe. Ich fahre mit dem Handrücken durch die Haare: Blut! Mein Blut! Und wahnsinnige Wut lebt in mir auf, weil ich erkenne: wir tragen die blaue Kluft, deshalb hauen sie so auf mich, auf uns, und ich rase los und schlage mit einem Prügel um mich und eine Welle der Freude ist in mir, als ich beim Feind das erste Blut sehe. Strömendes Blut, weil wir die blaue Kluft tragen. Sieg!

Wie Springflut ist's in mir, wenn ich den Gleichschritt der Jungen fühle, wenn ich weiß: mit mir marschieren Hunderte, Tausende. Soldaten des gleichen Zieles: Deutsche Jungenschaft. Es ist herrlich, Teil einer Macht zu sein. Noch herrlicher ist es, Führer auch nur eines kleinen Teiles einer Macht zu sein.

Ebd., S. 353 f.

5 🚶 Erkundigen Sie sich bei Jugendämtern und bei den politischen Parteien nach den Zielsetzungen und Methoden heutiger Jugendpolitik und diskutieren Sie diese.

6 M6 bis M10: Arbeiten Sie heraus, welche Ziele die Jugendorganisationen verfolgten, und vergleichen Sie sie im Hinblick auf die Prinzipien der Weimarer Demokratie.

7 M6 bis M10: Skizzieren Sie das jeweilige Verhältnis von Erwachsenen und Jugendlichen und vergleichen Sie es mit den Zielsetzungen der Jugendbewegung zu Beginn der Weimarer Republik (M4).

8 Vergleichen Sie die Umgangsformen innerhalb der Jugendorganisationen miteinander (M8 und M10) und beurteilen Sie die Konsequenzen für das politische Selbstverständnis der Mitglieder.

M 11 Ein arbeitsloser Schulamtsbewerber schrieb 1919 in der Allgemeinen Deutschen Lehrer-Zeitung

Durch verschiedene Artikel, die in letzter Zeit in den Tageszeitungen und in der Fachpresse erschienen sind, ist es in weiteren Kreisen bekannt geworden, wie jammervoll gering die Bezahlung des jungen Lehrers ist und wie schwer es ihm wird, sich wirtschaftlich über Wasser zu halten. Wer weiß aber von der Not der jungen Lehrer und Schulamtsbewerber, die meist schon im November v. J. aus dem Heeresdienst entlassen wurden und noch heute ohne Anstellung sind? Sie schreiben ein Gesuch nach dem andern, reisen von einer Regierung zur andern und stehen demütig bittend vor den Herren Geheimräten: „Gebt uns endlich die erwünschte Anstellung!" […] Überall derselbe abweisende Bescheid, dasselbe Achselzucken: „Es ist alles besetzt; Sie müssen noch warten!" Und so fährt der Schulamtsbewerber umher bei den Regierungen, um überall dieselbe bittere Enttäuschung zu erleben. Darüber vergehen Monate, er bekommt keinen Pfennig Arbeitslosenunterstützung, niemand kümmert sich um seine Not; er lebt von Ersparnissen aus der Militärzeit oder von der Gnade seiner Angehörigen und versinkt in immer tiefere Hoffnungslosigkeit und Erbitterung.

Ja, sind wir denn vollkommen rechtlos? Haben wir darum sechs Jahre an unserer Vorbildung gearbeitet und für sie geopfert, dass wir nun um Anstellung betteln müssen? Haben wir darum vier Jahre allen Schrecken des Krieges standgehalten und zum Schutz des Vaterlandes unsere Berufsinteressen hintenan gesetzt, dass wir nun brotlos dastehen? – Hat man uns nicht immer von dem Dank des Vaterlandes gesprochen? Wo ist er nun? Mit Worten ist uns nicht gedient; wir wollen eine rasche, helfende Tat! Womit haben wir es verdient, dass wir nach unserer Heimkehr alle Stellungen mit Lehrerinnen besetzt fanden, denen man es nicht zumuten will, dass sie ihren Platz dem Krieger räumen, der so lange für ihre Sicherheit gekämpft und entbehrt hat? Es gibt in den Schulstellen noch ungezählte Lehrerinnen, die als Töchter gut gestellter Eltern das Berufsexamen nur ablegten, um einen gewissen Bildungsabschluss zu erreichen, im Kriege aber in den Schuldienst traten; andere sind längst verheiratet und vertreten jetzt ihren verhinderten Gatten. Alle diese sind es, welche unsere Stellen innehaben!

Jens Flemming, Klaus Saul, Peter-Christian Witt (Hg.), Familienleben im Schatten der Krise. Dokumente und Analysen zur Sozialgeschichte der Weimarer Republik, Düsseldorf (Droste Verlag) 1988, S. 277.

M 12 In einer Analyse über die Berufsaussichten württembergischer Studenten aus dem Jahr 1923 heißt es u. a.

4. Mediziner: Im letzten Semester haben wir schon eine stärkere Abnahme. Über den Stellenmarkt ist hier Bestimmtes zu sagen. Die Überfüllung ist noch stark. 1910 kam in Deutschland noch auf 2000 Menschen ein Arzt; heute sollen 1300 Menschen einen Arzt haben, 1925 sogar 1000. […]

Im Januar 1921 waren im Leipziger Ärzteverband 4000 Stellensuchende vorgemerkt. Ich glaube, dass von den 18 000 Medizin Studierenden manche ihren Beruf niemals ausführen werden. Die Nachfrage nach Zahnärzten hat bereits nachgelassen und der Bedarf ist durch Dentisten gedeckt. Dazu sind Stellen im Militär- und Marinedienst weggefallen. Vor dem Krieg hatte Württemberg 460 Medizin Studierende; die Steigerung nach dem Kriege ging bis auf 700. Die Abwanderung ist gering; die Anschaffung des Ärzteinventars teuer.

5. Philologen: Sie teilen mit den Medizinern die schlechtesten Aussichten. Man rechnet hier bald mit einer 10-jährigen Wartezeit. […]

6. Chemie Studierende und Pharmazeuten: werden von den betreffenden Berufsorganisationen längst wegen Überfüllung gewarnt. Wer in beiden Berufen nicht Anstellung in Aussicht hat, tut gut, wegzubleiben.

7. Volkswirte: haben relativ gegenüber der Vorkriegszeit am meisten zugenommen (von 80 auf 220!). Das Wirtschaftsleben, ebenso soziale Organisationen und Gemeindeverwaltungen haben Bedarf. Mit einer Überfüllung ist jedoch bei der gewaltigen Steigerung der Studenten zu rechnen. […]

9. Landwirtschaft: studieren heute 400 Württemberger gegenüber 80 vor dem Krieg. Das Reichsbüro akademisch gebildeter Landwirte verwahrt sich neuestens ganz energisch gegen die Zuweisung von Studenten. Überfüllung sei sicher; gewarnt werden alle diejenigen, die Landwirtschaft als Notbehelf oder Konjunkturstudium ansehen. […]

Die Betrachtung des akademischen Arbeitsmarktes gibt jedenfalls zu großem Pessimismus Anlass.

Werner Abelshauser, Anselm Faust, Dietmar Petzina (Hg.), Deutsche Sozialgeschichte 1914–1945. Ein historisches Lesebuch, München (Beck) 1985, S. 282 f.

M 13 Auszüge aus einer Studie zur ungelernten Großstadtjugend (1933)

Wissen wir, was das heißt, dass nach der Statistik vom Januar 1932 sich unter den Millionen Arbeitslosen 900 000 Jugendliche unter 21 befinden? Wissen wir, dass wir erst nach Jahren dieses nationale Unglück ganz werden ermessen können und erst dann ganz erfahren und erleben werden, was es heißt, dass da ein Heerhaufen steht, in Abhängigkeit und Hilflosigkeit einer gesellschaftlichen Katastrophe gegenüber, die ihn zwingt, kaputtzugehen. Kaputtzugehen nicht nur wirtschaftlich, auch in jeder anderen Beziehung, weil es weit über die seelischen und geistigen Möglichkeiten, jedenfalls der jungen Ungelernten, geht, untätig dazustehen und Herr über die unbegrenzte Freiheit in der Verwendung der freien Zeit zu bleiben.

„Wie schrecklich, nicht zu wissen, wozu man da ist“, sagt ein Mädchen über ihre Arbeitslosigkeit und trifft damit ganz genau, was ungezählte ihrer Kameraden auch meinen. Die ungelernte Arbeit an sich ist auch Schicksal, aber da wusste man doch wenigstens, dass sie zum Geldverdienen da war; aber die Arbeitslosigkeit ist ganz unverstandenes Schicksal, aus der Gesellschaft hereinbrechendes blindes Schicksal, das nur noch zerstört. Es entspricht dem Typus des jungen Ungelernten, dass er nur selten in der Lage ist, Ursachen und Gründe für dieses Schicksal Arbeitslosigkeit angeben zu können. Ein gescheites Mädchen sagte einmal: „Arbeitslosigkeit, das ist für die meisten heute nur ein Schlagwort, das jeder kennt." Da, wo man sich einmal Gedanken macht über Ursachen der Arbeitslosigkeit – und das ist bei den Jungen häufiger der Fall als bei den Mädchen –, kann von einem Versuch, die Materie etwa soziologisch zu durchdenken, gar keine Rede sein. Die häufigsten Gründe, die für wachsende Arbeitslosigkeit angegeben wurden, sind: die brotlos machende Maschine, die Frauenarbeit, der Zuzug von „Fremden", Rationalisierung und Überstunden.

Peter Longerich (Hg.), Die Erste Republik. Dokumente zur Geschichte des Weimarer Staates, München (Piper) 1992, S. 403 f., 406.

M 14 In der „Frankfurter Zeitung" erschien Anfang 1931 eine Rezension, in der es einleitend hieß:

Gibt es in der jungen Generation der Dreißigjährigen neue Gedanken, neue Ideen, neue Wege? Gibt es bei ihr wirklich etwas, was sich in der alten Generation nicht findet, was im öffentlichen Leben noch nicht zerdiskutiert und gewagt und wieder verworfen wurde? Das ist die brennende Frage, von deren Beantwortung viel, vielleicht alles abhängt. Gibt es einen Ausweg, der eine Hoffnung auf einen neuen Aufstieg bietet und den etwa allein die junge Generation zu weisen vermag?

Vielleicht sieht es vermessen aus, auf diese sehr eindeutige Frage aus einiger Kenntnis dieser Generation mit einem ebenso eindeutigen Ja zu antworten, da der Einwand erhoben werden könnte, dass bisher noch keine weithin sichtbaren Taten zu sehen waren und dass jetzt doch die beste Gelegenheit wäre, mit brennender Fackel voranzuschreiten. Was die Taten betrifft, hat Deutschland immerhin den 14. September 1930 erlebt – das Bekenntnis der Jugend galt nicht der Wahl von 107 Nationalsozialisten in den Reichstag, sondern dem Protest gegen das alte Fortwursteln und Kompromisseln. Und ob jetzt tatsächlich schon für die junge Generation die Möglichkeit besteht, in das Rad des Schicksals einzugreifen, das kann von außen her vielleicht überhaupt nicht beurteilt werden. Für uns kann es sich heute nur darum handeln, *festzustellen, was in der jungen Generation an neuem Wollen zu vermerken ist.*

Werner Abelshauser, Anselm Faust, Dietmar Petzina (Hg.), Deutsche Sozialgeschichte 1914–1945. Ein historisches Lesebuch, München (Beck) 1985, S. 134 f.

9 Ermitteln Sie, welche beruflichen Perspektiven Jugendliche verschiedener sozialer Schichten in den Zwanziger- und frühen Dreißigerjahren hatten (M11 bis M13). Werden Gründe für die Probleme angegeben? Wie beurteilen Sie die Gründe?

10 Welche psychologischen und politischen Auswirkungen hatten die fehlenden beruflichen Perspektiven Jugendlicher? Ziehen Sie hierzu neben M13, M14 und M3 auch die Materialien aus Kap. 9 zur Analyse der Wahlergebnisse heran.

11 Verfassen Sie in Gruppen je einen Leserbrief an die Frankfurter Zeitung (M14) aus der Perspektive von Jungwählern, die sich bei der Reichstagswahl 1930 für unterschiedliche politische Parteien entschieden.

Weiterführende Arbeitsanregungen

Die Geschichte von Jugendorganisationen vor Ort recherchieren
Die Geschichte der Jugendorganisationen in der Weimarer Zeit kann durch ein lokales Projekt in die langfristigen Entwicklungen eingeordnet werden. Jugend als eigenständige Lebensphase ist erst eine Entdeckung des 19. Jahrhunderts, auch wenn es schon in den Zeiten zuvor jugendspezifische Gesellungsformen und Jugendkulturen gab, die der Kontrolle von Erwachsenen entzogen waren. Die allmähliche Auflösung der traditionsgeleiteten Gesellschaft und ihre Ablösung durch die moderne Gesellschaft schuf Freiräume für Jugendliche, diese Lebensphase eigenverantwortlich zu gestalten, aber auch Begehrlichkeiten von Erwachsenen, diese Gestaltung zu kontrollieren. Die Zeit des Kaiserreichs vor allem war eine Zeit der Organisation von Jugend; in jener Zeit entstanden zahlreiche Vereine, Verbände, Gruppen und Bünde, teils angebunden an die gesellschaftlichen Großorganisationen wie die Kirchen, die Gewerkschaften und die (vor allem Arbeiter-)Parteien, teils als Bestandteil der beginnenden Freizeitgesellschaft (vor allem Turn- und Sportvereine), teils als autonome jugendliche Vereinigungen, insbesondere in der beginnenden Jugendbewegung. Diese Entwicklung setzte sich in den nächsten Jahrzehnten bis 1945 fort; seit den 1950er-Jahren allerdings dehnte sich zum einen Jugend durch die Verlängerung von Schul- und Ausbildungszeiten zeitlich aus, zum anderen differenzierte sich die Jugendkultur bis heute im Zeitalter der Individualisierung immer stärker in zahlreiche Jugendkulturen und Jugendszenen aus.

Arbeitsvorschläge
1 Einen ersten Eindruck über die Vielfalt an Jugendorganisationen vor Ort können Einblicke in Adress- und Telefonbücher und Kontaktaufnahmen mit dem Jugendamt oder Jugendfreizeiteinrichtungen vermitteln. Allerdings sind hierdurch diejenigen Jugendorganisationen, die mittlerweile wieder verschwunden sind, nicht zu erfassen. Hier ist eine intensive historische Recherche notwendig. Sie beginnt mit der Durchsicht der einschlägigen ortsgeschichtlichen Literatur. Hierbei sollte eine Kartei (oder, wenn Sie mit dem Computer arbeiten, eine Datenbank) erstellt werden, die alle gefundenen Jugendorganisationen enthält. Anschließend muss in den zuständigen Archiven geforscht werden. Dies betrifft in erster Linie das jeweilige Stadtarchiv, die Kirchenarchive (entweder auf Gemeindeebene oder auf der nächsthöheren Organisationsebene, die ein Archiv unterhält), die Archive der Gewerkschaften und Parteien sowie von Vereinen selbst. Eine solche Arbeit ist nur arbeitsteilig möglich. Achten sollten Sie bei Ihrer Recherche vor allem auf
- die Motive und Umstände der Gründung der Organisation,
- die soziale Basis,
- die Aktivitäten,
- die Entwicklung in politisch brisanten Zeiten wie der Weimarer Republik und der NS-Zeit,
- den Zusammenhang von gesellschaftlicher Entwicklung und Organisationsentwicklung (z. B. die Reaktionen auf die zunehmende Individualisierung und Organisationsskepsis unter Jugendlichen in den letzten Jahrzehnten).

2 Stellen Sie Ihre Ergebnisse anschließend in einer Ausstellung der Öffentlichkeit (z. B. in einem Jugendzentrum) vor. Sie können dabei zum einen das Spektrum der Organisationen präsentieren, zum anderen einige ausgewählte Organisationen (besonders gut dokumentierte oder exemplarische) auch ausführlicher vorstellen. Veranstalten Sie zur Eröffnung der Ausstellung eine Podiumsdiskussion zum Thema „Jugendorganisationen im Zeitalter der Individualisierung“, bei der auf dem Podium Vertreter von Jugendorganisationen und nichtorganisierte Jugendliche sitzen sollten.

Literaturtipps
Harry Pross, Jugend Eros Politik. Die Geschichte der deutschen Jugendverbände, Bern u. a. (Scherz) 1964.
John R. Gillis, Geschichte der Jugend, Weinheim-Basel (Beltz) 1980.
Michael Mitterauer, Sozialgeschichte der Jugend, Frankfurt am Main (Suhrkamp) 1986.

8 Frauenleben – Männerleben, Frauenbilder – Männerbilder

Der Dichter Stefan George resümierte 1944 im Rückblick auf die vergangenen Jahrzehnte, es habe sich „vielleicht auf keinem Gebiete des öffentlichen Lebens ... innerhalb eines einzigen Menschenalters eine so totale Verwandlung vollzogen wie in den Beziehungen der Geschlechter zueinander". War dies wirklich so? Die Historikerin Ute Frevert kennzeichnet die Epoche zwischen 1914 und 1933 mit der Überschrift „Die Entdeckung der ‚modernen Frau'" und trifft damit besser die historische Realität, denn die entscheidende Wandlung fand wohl eher in den Köpfen der Menschen statt als in der sozialen Wirklichkeit.

Was z. B. den Arbeitsmarkt angeht, so setzte sich in der Weimarer Republik der Trend zur Erwerbstätigkeit der Frau, der schon lange vor 1914 begonnen hatte, fort. Der Erste Weltkrieg hatte hier sogar zunächst einen deutlichen Schub bewirkt, denn Frauen wurden mit zunehmender Kriegsdauer immer mehr in den Industrien als Ersatz für die eingezogenen Arbeiter benötigt, mussten vielfach aber auch aus sozialer Notlage heraus arbeiten, weil die Unterstützungen für die Familien von Soldaten meist viel geringer ausfielen als der frühere Arbeitsverdienst des Mannes. So stieg der Frauenanteil in manchen Betrieben während des Krieges auf das Vielfache; bei Krupp etwa waren 1918 28 000 Frauen beschäftigt, während es vor dem Krieg lediglich zwei- bis dreitausend gewesen waren. Dies brachte für die Frauen eine erhebliche Mehrbelastung mit sich, weil sie ja nach wie vor in den Familien für die häusliche Arbeit und die Erziehung der Kinder zuständig waren. Gleichzeitig allerdings ernteten sie für ihren Einsatz öffentliche Anerkennung. Nach dem Ende des Krieges wurde diese kriegsbedingte Erwerbstätigkeit von Frauen zum Teil wieder zurückgenommen, weil die Soldaten wieder in das Erwerbsleben integriert werden mussten. Immerhin war die Tatsache, dass Frauen außerhäuslich arbeiteten, nunmehr eher akzeptiert als noch im 19. Jahrhundert. Neben den Fabriken waren es vor allem die Dienstleistungsbranchen, wo Frauen in den Zwanzigerjahren verstärkt eingesetzt wurden – die junge Angestellte in Gestalt der Stenotypistin, der Sekretärin oder der Verkäuferin im Warenhaus stand stellvertretend für neue Formen weiblicher Erwerbstätigkeit.

Schaut man allerdings etwas genauer hin, so stellt man fest, dass das Wachstum der Frauenerwerbsarbeit kein außergewöhnlich großes war und an der dominierenden Geschlechterverteilung in der Arbeitswelt nur wenig änderte. Dies zeigt sich vor allem daran, dass Erwerbsarbeit für Frauen sowohl von den Männern als auch von vielen Frauen selbst als Notbehelf angesehen wurde; sie diente nicht der Selbstverwirklichung in einem als befriedigend empfundenen Beruf, sondern als Strategie zur Bewältigung einer akuten Krisensituation bzw. als Übergangsphase zwischen der Schulentlassung und der Heirat. Verheiratete Frauen arbeiteten nur in der Arbeiterschaft in nennenswertem Umfang und auch hier wurde dies vornehmlich mit der sozialen Lage begründet. Insgesamt blieb es in der Arbeitswelt also bei der prinzipiellen Verteilung der Geschlechtsrollen. Dies gilt selbst für die Arbeiterschaft, wo zwar verbal die Gleichberechtigung von Männern und Frauen propagiert wurde, im Alltag aber z. B. die Hausarbeit auch bei berufstätigen Ehepaaren Sache der Frauen blieb, die damit weiter eine doppelte Last trugen. Die Hausarbeit selbst begann sich allerdings allmählich zu verändern; sie wurde zum Gegenstand von Technisierung und Rationalisierung, was eine erhebliche Erleichterung für die Frauen bedeuten konnte – zumindest für die, die sich die neuen Wohnungen mit Gas-, Wasser- und Stromanschluss und die neuen Arbeitsgeräte wie Staubsauger, Waschmaschine, elektrisches Bügeleisen oder Gasherd finanziell leisten konnten.

Jenseits dieser traditionellen Geschlechtsrollenverteilung in Arbeit und Familie hatten sich allerdings doch manche Einstellungen der Menschen allmählich gewandelt. Zwar wurde an den patriarchalischen Strukturen innerhalb der Ehe, die das Bürgerliche Gesetzbuch festgeschrieben hatte, auch in den Zwanzigerjahren nichts geändert, doch die Weimarer Reichsverfassung erkannte die Gleichberechtigung der Geschlechter als Grundrecht an. Die Anfangsphase der Republik brachte denn auch eine erhebliche Politisierung und Organisierung der Frauen mit sich; an den ersten Wahlen, zu denen Frauen als Wählerinnen und zu Wählende zugelassen waren, den Wahlen zur Nationalversammlung 1919, beteiligten sich 90 % der wahlberechtigten Frauen und zahlreiche Frauen strömten in die Parteien und Gewerkschaften. Auf den Straßen der Großstädte sah man jetzt Frauen, die von Intellektuellen und der Publizistik als „neue Frauen“ bezeichnet und geradezu zum Leitbild der Emanzipation erklärt wurden: Zu ihren Markenzeichen gehörten Bubikopf, eine moderne Mode und die Zigarette, sie bewegten sich selbstbewusst in der früher von Männern dominierten Öffentlichkeit und definierten sich nicht über ihre Männer, sondern über ihre eigenen Leistungen in Beruf und Freizeit. Die „neue Frau“ zeigte, dass sich die Möglichkeiten des Frauseins tatsächlich geändert hatten, die Freiräume in Mode, Sport, Freizeit etc. deutlich größer geworden waren – auch wenn nur wenige Frauen, vor allem in den größeren Städten und in höheren sozialen Schichten, diese nutzen konnten. So existierte neben dem Leitbild der „neuen Frau“ auch noch mindestens ein zweites, völlig gegensätzliches, nämlich das der Mutter, wie es z. B. mit dem neu geschaffenen Muttertag propagiert wurde. Gerade dieses Leitbild war Ausdruck eines nicht nur in konservativen Kreisen nach wie vor weit verbreiteten Verständnisses einer „natürlichen“ Geschlechterdifferenz: Hiernach seien Männer und Frauen zwar prinzipiell gleichberechtigt, hätten aber von Natur aus eben unterschiedliche Interessen, Bedürfnisse und Fähigkeiten, denen auch unterschiedliche gesellschaftliche Aufgaben entsprächen.

Auch bei den Männern gab es durchaus unterschiedliche Leitbilder, wobei das des soldatischen Mannes, besonders durch die Erfahrungen des Krieges, eine enorme Anziehungskraft gewonnen hatte und in „Männerbünden“ wie den straff militärisch organisierten Verbänden, aber auch z. B. in der Jugendbewegung mit ihren „Bünden“ alltäglich umgesetzt wurde. Daneben gab es aber auch noch weitere männliche Leitbilder und Rollenverständnisse, die vor allem in den neuen und alten Massenmedien propagiert wurden, wie z. B. den partnerschaftlichen Ehemann und den treusorgenden Familienvater. Die Geschlechterbeziehungen, so könnte man resümieren, hatten sich zwar in der Weimarer Republik nicht grundlegend verändert (für eine solche durchgreifende Veränderung fest gefügter Strukturen war die Zeit auch zu kurz), doch sie waren vielfältiger geworden und ließen, z. B. in der Jugend, Ansätze erkennen, starre Rollenschranken und -klischees zu durchbrechen. Dass solche emanzipatorischen Ansätze keineswegs dominant waren, sondern eher die traditionell orientierten wie die Leitbilder der Mutter und des soldatischen Mannes, zeigte sich spätestens seit 1933, als die nationalsozialistische Propaganda nahtlos hieran anknüpfen konnte.

Hinweise zur Arbeit mit den Materialien

In diesem Kapitel sollen die unterschiedlichen Leitbilder analysiert und verglichen und mit der sozialen Realität der Zwanzigerjahre konfrontiert werden. Unterrichtlich bietet es sich an, entweder mit einer Analyse der Bilder (M7 und M9a) zu beginnen, die dann durch die Arbeit mit den Textquellen vertieft werden kann, oder bei der Schilderung der Lebensperspektiven von Jungen und Mädchen (M2) einzusetzen. Wichtig ist, konsequent vergleichend zu arbeiten, indem sowohl
- Männer und Frauen als auch
- die verschiedenen Leitbilder von Frauen (Neue Frau – Mutter; Erwerbsarbeit pro und kontra) und
- das Verhältnis von Leitbild und Realität (Büroarbeit als Teil weiblicher Emanzipation oder Ausbeutung?)

kontrastiert werden. Da auch die Arbeit an historischen Problemen durch gegenwärtige verinnerlichte Geschlechtsrollen und geschlechtsspezifische Denk- und Verhaltensmuster geprägt sein kann, sollte dies bewusst in die Analyse einbezogen werden, z. B. durch den Wechsel von geschlechtshomogener und -heterogener Gruppenarbeit.

M1 Frauenerwerbstätigkeit und Frauenlöhne

1 a) Erwerbsquoten von Frauen und Männern in %:

Jahr	Erwerbspersonen			Erwerbsquote		
	gesamt	davon Frauen		gesamt	Frauen	Männer
	in 1000	in 1000	%	%	%	%
1907	28092	9493	33,8	45,5	30,4	61,1
1925	32009	11478	35,8	51,3	35,6	68,0
1933	32296	11479	35,5	49,5	34,2	65,7
1939	35781	12823	35,8	51,6	36,2	67,7

1 b) Frauenlöhne in % der Männerlöhne (tarifliche Stundenlöhne):

Jahr	Hilfsarbeiterinnen	Facharbeiterinnen
1913/14	71	58
1924	62	65
1928	66	63
1930	64	63
1933	70	66
1938	70	65
1943	70	65

Dietmar Petzina, Werner Abelshauser, Anselm Faust, Sozialgeschichtliches Arbeitsbuch. Band III: Materialien zur Statistik des Deutschen Reiches 1914–1945, München (C. H. Beck) 1978, S. 54, 99.

M2 1927 schrieb Grete Dittmann in der liberalen Zeitschrift für Politik, Literatur und Kunst „Die Hilfe“

Einem unserer Freunde wurde das zweite Mädchen geboren. Er konnte aber keinen Funken Freude aufbringen in seiner großen Enttäuschung darüber, dass es kein Junge war. Das war traurig. […] Aber es half alles nichts, kein freundschaftliches Zureden und kein Ärgerlichwerden über den verstockten Vater. Es war eben ein Mädchen. Und doch war unser Freund kein altmodischer „Herr der Schöpfung“, der nur sein eigenes Geschlecht voll anerkannte. Nein, diesem scharf beobachtenden Manne war der Zwiespalt im Schicksal der heutigen Frau so stark aufgegangen, dass er keine Freude mehr an der Zeugung von Menschen hatte, denen ein klarer Lebensweg versagt bleibt oder, wie mancher meint, denen die Zivilisation besonders große Steine und Kreuzwege in die einstige Naturbestimmung geschmuggelt hat. [...]

Wenn es auch gerade kein Elend ist, so hatte er doch damit Recht, dass hier große Schwierigkeiten liegen. Die sind aber immer dort, wo Wandlungen vor sich gehen. Und dass es eine *Frauen*frage gibt, bestätigt das Dasein von Wandlungen auf diesem Gebiet. Hoffen wir, dass einst die Antwort auf diese Frage für unsere Enkelinnen eine erklommene Stufe bedeutet, von der aus dem Blick wieder ein Stück Lebensweite mehr sich öffnet, ohne dass die Nachzucht hochwertiger Rassen leidet.

Denn der Zwiespalt ist unleugbar vorhanden gegenüber dem Leben unserer Großmütter und dem des Mannes. Vom Zwiespalt wird gewiss kein Mensch verschont, aber hier und heute ist er das Schicksal fast des ganzen weiblichen Geschlechts. Mindestens ist er uns bewusster geworden als in früheren Zeiten. Denn wie viele Frauen und Mädchen, die das geistige Erbteil ihres Vaters einst in sich trugen, innerlich seufzten unter dem aufgezwungenen Hausfrauendasein und selbst kaum wussten, was ihnen fehlte, wer will das jetzt wissen!

Heute jedenfalls hat jedes Mädchen schon allein aus wirtschaftlichen Gründen einen Beruf zu ergreifen. Sie wird ihn meist ihrer Veranlagung gemäß wählen, und doch muss sie ihn, wenn er ihr auch noch so lieb geworden ist, fast immer aufgeben, wenn sie heiratet. Das ist ein schweres Problem, dessen Einzelheiten wir hier nicht aufrollen können. Aber viele arbeiten an seiner Lösung, und wir ahnen noch nicht, ob sie immer dem Weibtum oder der geistigen Anlage der Frau zugute kommen wird, oder ob sie gar eine vollständige sein kann.

Werner Abelshauser, Anselm Faust, Dietmar Petzina (Hg.), Deutsche Sozialgeschichte 1914–1945. Ein historisches Lesebuch, München (C. H. Beck) 1985, S. 111 f.

M3 In der Zeitschrift „Freie Wohlfahrtspflege“ wurde 1927 über eine Entscheidung des Reichsgerichts berichtet

Eine auf Grund eines Privatdienstvertrages von einer Stadt beschäftigte Angestellte war infolge ihrer Eheschließung gemäß § 626 BGB fristlos gekündigt worden. Das Reichsgericht hat in der Entscheidung vom 17. 3. 1925 [...] die Kündigung gebilligt. Für den Arbeitgeber bedeutete die ununterbrochene Tätigkeit seiner Angestellten und die Bewältigung der den Einzelnen zugewiesenen Aufgaben ein lebenswichtiges Moment für die Aufrechterhaltung eines ordnungsgemäßen Betriebes. Ein Abgehen von diesem Grundsatz hätte unvermeidliche Störungen der Geschäftsführung, aber auch eine Mehrbelastung der übrigen Angestellten und finanzielle Nachteile im Gefolge, die auf sich zu nehmen dem Arbeitgeber nicht zugemutet werden könne. Im Interesse einer reibungslosen Abwicklung der Geschäfte liege es aber auch, dass er den Eintritt von Störungen nicht erst abwarte, sondern rechtzeitig die erforderlichen Maßnahmen treffe, um sie, worin sie in erheblichem Umfange und nach dem gewöhnlichen Lauf der Dinge zu erwarten sind, zu vermeiden. Durch die Verheiratung habe die Angestellte sich in eine Lage versetzt, die sie nach dem sittlichen Zweck der Ehe und dem gewöhnlichen Verlaufe der Natur bei Schwangerschaft und nach der Geburt ganz oder teilweise an der Wahrnehmung ihrer Tätigkeit hindern werde. Auch ohnedies werde ihre Arbeitskraft für die täglich 8–10 Stunden dauernde berufliche Tätigkeit durch die hinzutretende Inanspruchnahme als Ehefrau beeinträchtigt. Die Stadt müsse auf eine Erzielung gewisser Durchschnittsleistungen ihrer Angestellten halten, eine Herabsetzung aus Entgegenkommen gegen einzelne Angestellte stelle die notwendige Gesamtleistung in Frage. Dazu träten bevölkerungs- und sozialpolitische Erwägungen. Die 8- bis 10-stündige Arbeitszeit müsse bei etwaiger Schwangerschaft den Gesundheitszustand von Mutter und Kind ungünstig beeinflussen. Bei der herrschenden Arbeitslosigkeit sei es aber auch angebracht, verheiratete Frauen, die ihre Männer nicht zu unterhalten brauchten, zu entlassen, um für Arbeitslose Platz zu schaffen.

Jens Flemming, Klaus Saul, Peter-Christian Witt (Hg.), Familienleben im Schatten der Krise. Dokumente und Analysen zur Sozialgeschichte der Weimarer Republik, Düsseldorf (Droste Verlag) 1988, S. 158.

M4 Die Diskussion um die Erwerbsarbeit der Frauen

4a) In einem Aufsatz von Anna Geyer über „die Bedeutung der Erwerbsarbeit verheirateter Frauen für die wirtschaftliche Lage und den Zusammenhalt der Familie" heißt es u. a. (1930):

Die neben der Berufsarbeit zu leistende Arbeit im Haushalt und die Pflege und Erziehung der Kinder stellt jede außerhäuslich erwerbstätige Frau und ihre Familie vor ganz besondere Schwierigkeiten. Die Hausarbeit muss notgedrungen flüchtiger gemacht werden, was für die Familie oft ein Minus an Reinlichkeit und fast immer ein Minus an Ernährung bedeutet. Die Pflege und Beaufsichtigung der Kinder muss zu einem guten Teil anderen überlassen werden. [...]

Die Abwesenheit der Frau während des Tages, die hastige Erledigung der Hausarbeit in den Abendstunden und die in der Regel bestehende Überanstrengung der Frau bedeutet für die Familie immer eine Einbuße an „Gemütlichkeit". [...]

Zu dem Umstand, dass die außerhalb des Hauses erwerbstätige Frau während ihrer Berufsarbeit oft andere Ansichten hört als die ihres Mannes und darin ihm gegenüber kritischer wird, tritt die Tatsache, dass mit dem eigenen Einkommen meistens eine Steigerung des Selbstgefühls für die Frau verknüpft ist. Die berühmte weibliche Anpassungsfähigkeit wird bei einer solchen Entwicklung meistens etwas zurückgehen. Und es wird umgekehrt seitens des Mannes der nicht immer ganz bequeme Weg der Anpassung beschritten werden müssen. In alledem liegt eine gewisse Belastungsprobe für die Ehe und den Familienzusammenhalt. [...]

Das alles zeigt eine gewisse, mit der Erwerbsarbeit der verheirateten Frau verbundene Tendenz zur leichteren Auflösung der Ehe und des Familienlebens. Man muss das aber in richtiger Beleuchtung sehen. Zerstörender als alle diese Umstände wirkt die Not auf das Familienleben. Ein Teil der Not kann gelindert werden und wird gelindert durch die Berufsarbeit der Ehefrauen. Viel mehr Familienleben wird aller Wahrscheinlichkeit nach durch das Einkommen der Frau zusammengehalten als durch ihre Erwerbsarbeit zerstört.

Nur wird sich mit zunehmender Erwerbsarbeit der Ehefrauen eine gewisse Wandlung im Frauenleben in der Richtung vollziehen, dass sich das Maß an äußerer Versorgung durch die Familie oder durch die Frau verringert und dass sich in der Stellung zur Familie, die heute bei Mann und Frau noch sehr verschieden ist, ein gewisser Ausgleich vollzieht.

Ebd., S. 138f.

4b) In einem Vortrag zum Thema „Die Fabrikarbeit der verheirateten Frau. Wirkungen auf die Familie", herausgegeben vom Zentralverband christlicher Textilarbeiter, führt Theodor Brauer u. a. aus:

Wohl keine Arbeit setzt eine solche vollkommene Hingabe voraus wie die Hausfrauenarbeit. Es ist geradezu ihr Sinn, den unendlich mannigfaltigen Kräften der Frauennatur in dem unaufhörlichen Auf und Ab von großen und kleinen Anforderungen Raum und Reiz zur Betätigung zu geben. Kann das nicht mit Hingabe geschehen, so geht auch der Sinn verloren. Eine sinnlos gewordene Tätigkeit aber fordert den Widerwillen heraus. Nochmals: es gibt sicher Tausende von Frauen, die nach der Heimkehr von der Fabrik mit Eifer Hausfrau sind und Lust und Liebe dabei entwickeln. Unsere Auffassung wird dadurch doch nicht aus den Angeln gehoben. Die Natur lässt ihrer nicht spotten. Es kann gar nicht ausbleiben, dass auf die Dauer – man getraut sich kaum, das Furchtbare auszusprechen – der Zwang zur Fabriktätigkeit in der verheirateten Frau und Mutter den Instinkt zur Mutterschaft und zum Hausfrauentum lähmt, wenn nicht ertötet. [...] Wo der Instinkt dazu schwindet, entsteht Widernatur. Da muss es, im weiteren Verlauf, natürlicherweise zur Umwertung aller Werte kommen; da wird die Welt in ihren Grundfesten erschüttert.

Man muss sich denn auch darüber klar sein, dass den Problemen, die damit aufgerissen werden, nicht beizukommen ist mit irgendwelchen Fürsorgeeinrichtungen oder mit Maßnahmen zur Rationalisierung der Hausfrauentätigkeit, mit Gemeinschaftsküchen und wie die Maßnahmen alle heißen mögen. Was kommt schließlich dabei heraus, wenn die Kinder fremder Obhut anvertraut werden oder wenn sie in Orts- oder Fabrikheimen während der Arbeitsdauer untergebracht sind! Fremd ist fremd! Muttersorge kann nicht durch die Summierung selbst von einem Dutzend Pflegetätigkeiten ersetzt werden. [...]

Ebd., S. 141 f.

M 5 Zeitgenössische Karikatur. – *Die „Norag" sendet täglich morgens für die Dauer von 5 Minuten den „Funk der Hausfrau", der „für die Hausfrau und Mutter Belehrung und Anregung" bringen sollte. – Aus: Arbeiter-Illustrierte-Zeitung*

1 Erarbeiten Sie die Entwicklung der Erwerbstätigkeit von Frauen und der Frauenlöhne (M1a und 1b).

2 Was meint Grete Dittmann mit dem „Zwiespalt in der Frauenfrage" (M2)?

3 Vergleichen Sie die Begründungen für die unterschiedlichen Lebensperspektiven von Mädchen und Jungen, die die Autorin und ihr Freund geben, und bewerten Sie sie (M2). Setzen Sie sich in geschlechtshomogenen Gruppen zusammen, schreiben Sie in jeder Gruppe je eine Schilderung von Lebensperspektiven von Mädchen und Jungen heute und vergleichen Sie diese anschließend miteinander.

4 Diskutieren Sie die Entscheidung des Reichsgerichts vor dem Hintergrund der verfassungsmäßig garantierten Gleichberechtigung der Geschlechter (M3).

5 Analysieren Sie die Argumente, die für und gegen eine Erwerbsarbeit verheirateter Frauen sprechen (M4a und 4b) und bewerten Sie sie.

6 Analysieren Sie die Karikatur (M5) im Hinblick auf die Frage nach der Erleichterung der Hausarbeit für die Frauen.
Zusatzinformation: Ein Staubsauger der Marke „Protos" kostete Mitte der Zwanzigerjahre zwischen 80 und 255 Mark, ein gelernter Arbeiter verdiente z. B. in Hamburg durchschnittlich etwa 250 Mark monatlich.

M 6 Erfahrungsbericht einer Büroangestellten (1930)

Früher habe ich Bewegung gehabt im Büro. Ich musste bald hier, bald dort sein. Meine Arbeit war auch nicht eintönig. Jetzt hocke ich viele Stunden täglich wie festgeschraubt hinter der Schreibmaschine, mit krummem Rücken und eingefallener Brust.

Stubenblass und abgespannt sehen wir alle aus. Die eine klagt über Müdigkeit, die andere über Kopfschmerzen, die dritte hat keinen Appetit. Im Grunde genommen sind alle diese Klagen nichts weiter als der Ausdruck für die unablässig quälende Sehnsucht nach Licht, Luft, Bewegung, nach freier körperlicher Entfaltung und Erlösung von dem verhassten Sklavenjoch des Erwerbs. Im Stillen hofft eine jede, früher oder später durch Heirat befreit zu werden. Ich überlege mir zuweilen, was für Mütter aus diesen vorzeitig verbrauchten, entnervten und erschlafften Geschöpfen werden sollen? Was vermögen sie dem kommenden Geschlecht an Kraft und Lebensenergie mitzugeben? Traurig für die Mütter, schlimmer für die Kinder, gefahrvoll für die Zukunft unseres Volkes, wenn nicht entscheidende Abhilfe geschaffen wird!

Abends, wenn ich meine hundertfünfzig Frachtbriefe ausgefüllt habe, bin ich so trägen, abgeleierten Geistes, dass ich nicht einmal mehr lesen mag.

Jens Flemming, Klaus Saul, Peter-Christian Witt (Hg.), Familienleben im Schatten der Krise. Dokumente und Analysen zur Sozialgeschichte der Weimarer Republik, Düsseldorf (Droste Verlag) 1988, S. 137 f.

M 7 Sylvia von Harden, Journalistin, von Otto Dix (1926)

M 8 Frauenbilder

8 a) Denkschrift zur Einführung eines deutschen Muttertages (1926):

Wenn wir aus der Statistik der Bevölkerungsbewegung heute erfahren, dass die Zahl der Abtreibungen in der Reichshauptstadt die der Geburten übertrifft, so mag uns bewusst werden, dass unser Volk vor dem Abgrund der inneren Selbstauflösung steht. Der ethische Gedanke der Mutterschaft, der die Erhaltung des lebendigen Lebens aller Völker verbürgt und von allen Weltanschauungen geheiligt ist, scheint in der Auflösung begriffen. Zwei Kräfte wirken heute am Zerfall der Familie, die der einzige gesunde Boden der Mutterschaft ist. Die eine – von Westen aus Amerika kommend – ist eine Folge der zunehmenden Rationalisierung und Industrialisierung. Die andere – vom Osten ausgehend – der schrankenlose Individualismus mit seiner Zerschlagung der Familie und der Auflösung jeder Sexualmoral, wie wir es heute in Sowjetrussland erleben.

Hat unser Volk, haben wir noch den Willen, diesen Kräften der Zerstörung und Auflösung andere entgegenzustellen? Gegenüber der rührigen Arbeit der feindlichen Mächte fehlt es aber bisher an einem geeigneten Ansatzpunkt, um dem Gedanken der Familie und der Mutterschaft in breitesten Kreisen unseres Volkes wieder Geltung zu verschaffen.

Ein solcher Ansatzpunkt soll der *deutsche Muttertag* werden, der an jedem zweiten Maisonntag gefeiert wird.

[...] Der Muttertag hat *nicht* die Aufgabe, mit Mitteln der sozialen Fürsorge hier und da etwas Wohltätigkeit zu üben. Er ist vielmehr der wirksamste Ansatzpunkt im Kampfe um die Seele gegen die zersetzenden Mächte in unserm Volkstum, die vor allem auch in einem bestimmten Teil unserer Presse heute ihren Ausdruck finden und die bewusst und konsequent durch Romane, Feuilletons und Witze das deutsche Familienleben vergiften und zerstören. Es gilt, die noch tief im Volk ruhenden Kräfte des deutschen Gemütslebens zu wecken und ihnen einen Kristallisationspunkt zu geben. [...] Hier gilt es hohe Werte wieder zu wecken [...], die in der Zeit des Zusammenbruchs 1918 gänzlich verschüttet wurden. [...] Unlösbar ist mit dem Kampf um eine gesunde Mutterschaft eine zielbewusste Rassenhygiene und sexuelle Hygiene verbunden, die der einzige wirkliche Ausgangspunkt einer wirksamen Bekämpfung der herrschenden Sexualmoral und der Geschlechtskrankheiten sein kann. Die Erziehung der Jugend, die früher wesentlich durch Familie und Kirche geschah, ist heute in weitem Maße an die Schule übergegangen. Der Muttertag sollte hier der besondere Anlass sein, dass von den Geistlichen und Lehrern die Bedeutung der Mutter und Familie zum Ausgangspunkt für die Weckung des persönlichen Verantwortungsbewusstseins genommen wird.

Jochen-Christoph Kaiser, Frauen in der Kirche. Evangelische Frauenverbände im Spannungsfeld von Kirche und Gesellschaft 1890–1945. Quellen und Materialien, Düsseldorf (Schwann) 1985, S. 132 f.

8 b) Aus der Artikelserie „Was soll die Frau dem Manne sein?", die 1920 in der sozialdemokratischen Zeitschrift „Die Gleichheit" erschien:

Als Mutter, als Gattin, als Geliebte, als Schwester, in jedem Verhältnis, das ihm sein eigenstes Naturrecht – mit Hingabe lieben zu dürfen – erschloss, hat das Weib dem schaffenden, suchenden, kämpfenden Mann Leib und Seele erquickt, gestärkt und gehalten, gepflegt und getröstet und so die allergrößte Bedeutung für ihn und sein Werk gewonnen. [...] Ein Heim zu sein ist das Weib seiner körperlichen, geistigen und gemütlichen Veranlagung nach berufen. Ein Heim für alles, was zum Werden und Wachsen stillen hegenden Schutz nötig hat. [...]

Überall ist das richtige Verhältnis der Geschlechter zueinander von der Schöpferkraft des Mannes, von der Empfänglichkeit des Weibes abhängig und für das Glück des Einzelnen wie für das Gedeihen der Menschheit ist beides gleich wichtig. Der Mann erarbeitet, das Weib verarbeitet. Der Mann baut auf, das Weib baut aus. Der Mann schafft neue Werte, das Weib verbreitet sie. – Überall ergänzt es den Mann.

Karen Hagemann, Frauenalltag und Männerpolitik. Alltagsleben und gesellschaftliches Handeln von Arbeiterfrauen in der Weimarer Republik, Bonn (J. H. W. Dietz Nachf.) 1990, S. 308 f.

7 Die junge Angestellte galt als „heiß diskutierter Prototyp weiblicher Emanzipation“ (Ute Frevert). Nehmen Sie unter Bezugnahme auf M6 Stellung zu dieser Behauptung.

8 Benennen Sie die Elemente, die die dargestellte Journalistin als „neue Frau“ charakterisieren (M7). Informieren Sie sich über Otto Dix. Diskutieren Sie, was er mit seiner Art der Darstellung beim Betrachter erreichen wollte.

9 Analysieren Sie die Zielsetzungen, die mit der Einführung eines deutschen Muttertages erreicht werden sollten, und bewerten Sie sie (M8a).

10 Vergleichen Sie die Denkschrift mit der Darstellung der Geschlechter aus sozialdemokratischer Perspektive (M8b). Stellen Sie Gemeinsamkeiten fest? Woher rühren diese?

M9 Das Leitbild des soldatischen Mannes

9 a) „Helft uns siegen!“ 1917 von Fritz Erler entworfenes Plakat für die deutsche Kriegsanleihe.

9b) Der Historiker George L. Mosse 1996 über das Leitbild des soldatischen Mannes nach dem Ersten Weltkrieg:

Wie auch immer die Realität jenseits des Kriegsmythos ausgesehen haben mochte, es herrschte allgemein das Gefühl vor, dass eine neue Art Mann aus den Schützengräben auferstanden sei. Jünger gab den Ton an mit seiner neuen Männerrasse, die der Krieg hervorgebracht habe: Männer aus Stahl, voller Energie, bereit zur Schlacht. Bezeichnend schon ihr äußeres Erscheinungsbild: geschmeidige, magere, muskulöse Körper, eindrucksvolle Gesichter mit Augen, die Tausende von Toten gesehen hatten.

Der Maler Fritz Erler bannte 1917 einen solchen Mann auf ein Kriegsanleihenplakat (M9a). Wir sehen einen Soldaten im Kampfanzug, hinter ihm Stacheldraht; eine Gasmaske hängt vor seiner Brust und zwei Granaten stecken in seiner Munitionstasche; er macht sich bereit für den Sturmangriff. Der Fokus des Bildes liegt auf seinem Gesicht. Dieses Gesicht ist geschwärzt vom Dreck der Schlacht, aber die Augen leuchten: Sie sprechen von Erfahrungen, die hart gemacht haben. So sah – für Erler – ein „wahrhaft deutsches Gesicht aus". [...] Die vielleicht eindrücklichste Inkarnation jenes „neuen Mannes" fand sich nicht auf dem Boden, sondern am Himmel: Es war der Jagdflieger, den man vor dem Ersten Weltkrieg noch nicht gekannt hatte. Er wurde zum Objekt romantischer Sehnsucht, in ihm bündelte sich der Abenteuergeist. [...]

George L. Mosse, Das Bild des Mannes. Zur Konstruktion der modernen Männlichkeit, übers. von Tatjana Kruse, Frankfurt am Main (S. Fischer Verlag) 1997, S. 153 f.

M 10 Männerbünde aus NS-Perspektive: Auszug aus einem Grundwerk der NS-Pädagogik (1933)

Die Männerbünde des Heeres und der SA, der SS und des Arbeitsdienstes sind allesamt Verlängerungen der HJ in das Mannesalter hinein. Ihre erzieherische Kernaufgabe ist ein und dieselbe. In ihren Ordnungen und durch sie soll der politische deutsche Mensch geformt werden, und zwar vor allem auf dem Wege der Übung und Gewöhnung, mit Hilfe planvoller Anstrengungen, die den häufig wiederholten Einsatz der leiblichen und charakterlichen Kräfte fordern, und unter Betonung der Erziehung zur Wehrhaftigkeit. Gemeinsam ist ihnen allen auch die Vorherrschaft der leiblichen und Willenserziehung. Geistige Schulung und insbesondere Bildung stehen zurück.

Jürgen Reulecke, Das Jahr 1902 und die Ursprünge der Männerbund-Ideologie in Deutschland, in: Gisela Völger, Karin v. Welck (Hg.), Männerbande – Männerbünde. Zur Rolle des Mannes im Kulturvergleich. Bd. 1, Köln (Rautenstrauch-Joest-Museum) 1990, S. 9 f.

11 Charakterisieren Sie das Leitbild des soldatischen Mannes (M9a und M10). Ermitteln Sie, in welchen Organisationen sich dieses Leitbild in den Zwanzigerjahren besonders manifestierte, und beurteilen Sie die politischen Konsequenzen.

12 Ernst Jünger spielte mit seinen Schriften eine wichtige Rolle bei der Propagierung dieses Leitbildes. Informieren Sie sich in einschlägigen historischen und literaturwissenschaftlichen Lexika und Handbüchern über Jünger und analysieren Sie, warum Jünger bis in die jüngste Zeit hinein in der deutschen Öffentlichkeit sehr kontrovers beurteilt wird.

13 Suchen Sie in alten (Familien-)Fotoalben Bilder von Männern und Frauen aus den Zwanziger- und Dreißigerjahren. Erstellen Sie hieraus eine Collage und analysieren Sie die Bilder unter folgenden Gesichtspunkten:

- In welchen Situationen werden die Personen abgebildet?
- (Körper-)Haltung der Personen
- Kleidung der Personen
- Verhältnis von Frauen und Männern zueinander

Arbeit mit autobiografischen Quellen

Memoiren, Autobiografien und ähnliche Werke der Erinnerungsliteratur verfolgen in der Regel – jedenfalls dann, wenn sie veröffentlicht vorliegen – die Absicht, der Mit- und vor allem der Nachwelt ein bestimmtes Bild des Autors bzw. der Autorin zu vermitteln. Die Verfasser konstruieren also ihre eigene Lebensgeschichte. Notwendigerweise ist diese Konstruktion subjektiv, sie ist aus einer bestimmten Perspektive geschehen und die Person hat meist auch nicht den Überblick über die Geschehnisse, die sie beschreibt, sondern nur einen beschränkten Blickwinkel. Zwar geschieht das Aufschreiben in einer größeren zeitlichen Distanz zum Geschehen, dennoch besitzen die Verfasser keinen inneren Abstand. Ob die Erinnerung des betreffenden Menschen zuverlässig ist, hängt nicht nur vom zeitlichen Abstand zwischen Geschehen und Schreiben ab, sondern auch von der Qualität des Erinnerungsvermögens und der Bedeutung, die der Einzelne dem damals Erlebten heute zuschreibt. Und schließlich sind die Erinnerungen möglicherweise auch durch spätere Erfahrungen verändert: Ein Anhänger der Nationalsozialisten aus den Zwanzigerjahren wird sich z. B. 1970 möglicherweise anders zu seiner früheren politischen Einstellung äußern als noch 1940.

Alle diese Charakteristika bestimmen den Aussagewert von Erinnerungsliteratur für die historische Arbeit und müssen bei der eigenen Arbeit mit solchen Quellen berücksichtigt werden. Die üblichen Verfahren der Quellenkritik und Quelleninterpretation gelten auch für Autobiografien. So ist es beispielsweise von Bedeutung, ob der autobiografische Text vom Autor selbst stammt und auch von ihm genau so formuliert wurde, wie er uns vorliegt; wenn, wie es heute häufig der Fall ist, ein Ghostwriter weite Teile des Textes nach den inhaltlichen Vorgaben der jeweiligen Person schreibt, können gerade auf den ersten Blick unwichtige Aspekte verändert werden.

Bei der Quelleninterpretation steht immer die eigene Fragestellung am Anfang. In unserem Fall geht es um die geschlechtsspezifischen Erfahrungen von Frauen und Männern in den Zwanzigerjahren. Die bei der Arbeit mit autobiografischen Texten häufig als Nachteil empfundene Subjektivität und Perspektivität ist für dieses Thema eher ein Vorteil, zumal die Erfahrung des eigenen Frau- oder Mannseins bzw. des Umgangs mit dem jeweils anderen Geschlecht häufig von den Verfasserinnen und Verfassern nur nebenbei erwähnt und nicht als so wichtig empfunden wird wie die eigentlichen „großen" politischen Ereignisse oder künstlerischen Handlungen. Für die Quellenarbeit bedeutet dies allerdings auch, dass häufig zwischen den Zeilen gelesen werden muss und scheinbar unbedeutende Bemerkungen ernst genommen werden müssen.

Folgende Aspekte sind bei der Arbeit u. a. zu berücksichtigen:

- Fragen an die Texte stellen
- Sich genau aus Handbüchern, Lexika etc. über den Autor bzw. die Autorin informieren (wann und wo geboren? wo aufgewachsen? welche soziale Schicht? Beruf? Politische Einstellung? Wichtige Ereignisse in seinem/ihrem Leben? usw.)
- Vor allem folgende Themen im Hinblick auf die geschlechtsspezifischen Erfahrungen auswerten:
  - Kindheit
  - Erziehung (sowohl die eigene, erfahrene Erziehung als auch die der Kinder)
  - Berufswahl
  - Verhältnis zum anderen Geschlecht
  - Zustandekommen der Ehe, Rollenverteilung innerhalb der Ehe etc.
  - Erfahrungen in der Berufstätigkeit
  - Worüber äußert sich die Verfasserin bzw. der Verfasser in diesen Zusammenhängen nicht?

Angesichts der Subjektivität der geschilderten Erfahrungen und der quellenkritischen Probleme ist gerade bei dieser Quellenart der verallgemeinernde Schluss vom Einzelfall auf allgemeine Erkenntnisse besonders schwierig. Gerade hier ist also der Vergleich verschiedener Quellen zum gleichen Thema von besonderer Bedeutung. Außerdem muss bei der Interpretation die eigene geschlechtsspezifische Subjektivität mit bedacht werden, weshalb es sich anbietet, die gleichen Quellen einmal getrennt von geschlechtshomogenen Gruppen des Kurses auszuwerten.

Fundorte von Erinnerungsliteratur

Zahlreiche Memoiren und andere Selbstzeugnisse von Personen der Weimarer Zeit verzeichnen:

Eberhard Kolb, Die Weimarer Republik, 4., durchges. u. erg. Aufl. München (Oldenbourg) 1998, S. 238–240.

Sylvia Hoffmann-Mosolf, Dirk Hoffmann, Kursplaner: Demokratie und Diktatur. Deutschland von 1918 bis 1945, Berlin (Cornelsen) 1999, S. 163 f.

Auch in der Geschichtswissenschaft, vor allem der anthropologisch beeinflussten Alltags- und Erfahrungsgeschichte, erfreuen sich Formen schriftlicher „Selbstthematisierung" wie Autobiografien, Briefe und Tagebücher wachsender Beliebtheit. Da bei der Auswertung von Autobiografien sowohl geschichtswissenschaftliche als auch literaturwissenschaftliche Methoden und Erkenntnisse wichtig sind, bietet sich hierbei auch ein fachübergreifender Unterricht der Fächer Deutsch und Geschichte an.

Zu alten und neuen geschichtswissenschaftlichen Diskussionen über Autobiografien als Quellen und den methodischen Konsequenzen, erläutert anhand eines Fallbeispiels, vgl. den Essay:

Dagmar Günther, „And now something completely different". Prolegomena zur Autobiografie als Quelle der Geschichtswissenschaft, in: Historische Zeitschrift 272, 2001, H. 1.

Weiterführende Arbeitsanregungen

Geschlechterbilder und Geschlechterbeziehungen heute: Eine Analyse

Während die Weimarer Reichsverfassung lediglich die staatsbürgerliche Gleichheit der Geschlechter vorsah, verlangt das Grundgesetz der Bundesrepublik Deutschland die Gleichberechtigung in allen gesellschaftlichen Bereichen. Dass wir trotz erheblicher Fortschritte seit 1949 diesem Verfassungsgebot nach wie vor nicht Genüge tun, ist offensichtlich. Nach wie vor gibt es rechtliche, soziale und materielle Diskriminierungen von Frauen, werden Handlungsräume geschlechtsspezifisch getrennt, sind männliche Normen in der Gesellschaft dominant. Eine Analyse von Geschlechterbildern und Geschlechterbeziehungen kann die häufig sehr subtile Tradierung und Verinnerlichung von überkommenen Rollenverständnissen und Verhaltensmustern ins Bewusstsein heben.

Arbeitsvorschläge

Für die Ermittlung von Geschlechterbildern und Geschlechterbeziehungen in der gegenwärtigen bundesdeutschen Gesellschaft empfiehlt sich ein arbeitsteiliges Vorgehen. Jeweils eine Person oder eine (geschlechtshomogene) Gruppe sollte sich einem Medium, einer Methode oder einer Fragestellung zuwenden, die Analyse nach vorgegebenen, gemeinsam entwickelten Kriterien (s. u.) durchführen und seine/ihre Ergebnisse anschließend in Form einer Wandzeitung (möglichst anschaulich mit Bildern und Texten) präsentieren. Im Anschluss daran sollen die verschiedenen Arbeitsergebnisse, die nebeneinander an der Wand des Klassenzimmers oder auf dem Schulflur – zur Herstellung einer schulinternen Öffentlichkeit – hängen, miteinander verglichen werden. Seien Sie sich dabei ständig bewusst, dass die eigene geschlechtsspezifische Perspektive auch die Ergebnisse der Analyse beeinflussen kann, und diskutieren Sie über Ihre Erfahrungen.

Mögliche Analysekriterien

– Wie werden Männer und Frauen dargestellt, wie stellen sie sich selbst dar?
– In welchen Situationen, Lebenslagen, Handlungsräumen erscheinen sie vorwiegend, in welchen nicht?
– Welche Interessen, Bedürfnisse, Ängste könnten mit der jeweiligen Darstellung verbunden sein?

Mögliche Analysemethoden

– Gehen Sie durch die Straßen der Stadt oder nehmen Sie einen Stadtplan zur Hand und ermitteln Sie, wie viele Straßen nach Männern und Frauen benannt sind. Recherchieren Sie, um wen es sich dabei jeweils handelt, in welchen Bereichen er/sie „besondere“ Leistungen erbracht hat, die eine Benennung rechtfertigen, und diskutieren Sie Gründe für festgestellte Unterschiede.
– Vereinbaren Sie einen Termin mit der Gleichstellungsstelle/-beauftragten Ihrer Stadt/Gemeinde und führen Sie eine Expert/-innenbefragung über die vorhandenen Probleme vor Ort, ihre Ursachen und mögliche Lösungsansätze durch.
– Sammeln Sie Heiratsanzeigen aus verschiedenen Zeitungen/Zeitschriften (Lokalzeitung, alternative Stadtzeitung, bildungsbürgerliche überregionale Zeitung etc.) und untersuchen Sie sie im Hinblick auf die Eigenschaften, die Männer und Frauen hier von sich selbst herausstellen bzw. an dem gesuchten Partner/der gesuchten Partnerin bevorzugen.
– Wählen Sie Zeitschriften mit unterschiedlichen Zielgruppen (Frauenzeitschriften, Männerzeitschriften, Zeitschriften ohne offensichtliche Geschlechtszielgruppe) aus, sammeln Sie Werbeanzeigen und vergleichen Sie sie miteinander.
– Gehen Sie in ein Altersheim und befragen Sie dort Frauen und Männer nach ihren Kindheitserinnerungen und ihren lebensgeschichtlichen Erfahrungen mit den sich verändernden Geschlechtsrollen.
– Untersuchen Sie Trivialliteratur („Groschenromane“) und selbst ausgewählte Fernsehfilme verschiedener Fernsehsender auf das vermittelte Frauen-/Männerbild.

9 Die Endphase der Weimarer Republik (1929–1933)

Zwei Daten, die ein halbes Jahr auseinander liegen, stehen am Beginn der Auflösungsphase der Weimarer Republik: Der 25. Oktober 1929, der „Schwarze Freitag", an dem die New Yorker Börse zusammenbrach und damit die Weltwirtschaftskrise eingeläutet wurde. Und der 28. März 1930, an dem einen Tag nach dem Rücktritt des sozialdemokratischen Reichskanzlers Hermann Müller eine nicht-parlamentarische Präsidialregierung unter Heinrich Brüning eingesetzt und so der „normale", verfassungsgemäße Weg der Regierungsbildung erstmals – und wie sich dann herausstellte: endgültig – verlassen wurde.

Die deutsche Wirtschaftskrise und ihre Folgen

Beide Daten sind zwar von zentraler Bedeutung für die Geschichte der Weimarer Republik, doch weder die wirtschaftliche noch die politische Krise begann an diesen Tagen. Wie wir bereits in Kap. 4 festgestellt haben, war die Weimarer Wirtschaft auch in den scheinbar „stabilen" mittleren Jahren der Republik von tief greifenden strukturellen Problemen geplagt. Der mäßige Konjunkturaufschwung hatte sich bereits 1928 in einen -abschwung verwandelt, der u. a. durch eine geringe Investitionsneigung geprägt war und zu einer anhaltend hohen Arbeitslosigkeit führte. Für die Landwirtschaft hatte die große Krise zudem bereits 1928 begonnen, denn die Agrarpreise fielen seitdem angesichts weltweiter Überproduktion stark. Da die Betriebe gleichzeitig hohe Kostensteigerungen hinnehmen mussten und sich seit der Inflation verschuldet hatten, gerieten immer mehr Höfe in erhebliche finanzielle Bedrängnis oder mussten sogar zwangsversteigert werden. Eine regional bedeutsame agrarische Protestbewegung war die Folge, die sogar zu Bombenanschlägen auf öffentliche Gebäude wie Finanzämter führte. Gleichzeitig bemühten sich ostelbische Großgrundbesitzer darum, ihren Einfluss auf die Regierungen zu verstärken, um Subventionen („Osthilfen") zu erhalten und den deutschen Markt im Sinne eines Agrarprotektionismus abzuschotten. Der Börsencrash von 1929 traf so auf eine deutsche Wirtschaft, die sich bereits auf dem Weg in eine Krise befand.

Die Weltwirtschaftskrise nahm seit Ende 1929 schier unaufhaltsam ihren Lauf und erreichte 1931/32 ihren Höhepunkt; in ihrem Verlauf brachen das Weltfinanzsystem und das Welthandelssystem zusammen. In Deutschland führte sie zu einem so erheblichen Produktionsrückgang, dass das Volkseinkommen binnen dreier Jahre bis auf weniger als die Hälfte absank. Die Weltwirtschaftskrise traf alle Industriestaaten, wenn auch in unterschiedlichem Ausmaß; am stärksten betroffen waren Deutschland und die USA (vgl. M4 in Kap. 4). Die tieferen Ursachen lagen zum einen in der weltweiten Überproduktion von landwirtschaftlichen Produkten und Konsumgütern, zum anderen aber in den Ergebnissen des Ersten Weltkriegs: Es entstand nach dem Krieg mit einem Kreislauf von deutschen Reparationszahlungen, alliierten Schuldenrückzahlungen an die USA und amerikanischen Krediten ein System von Geldströmen, denen keine Waren oder Dienstleistungen gegenüberstanden. Für Deutschland war dies besonders fatal, weil sogleich mit den amerikanischen Problemen die dortigen Banken ihre kurzfristigen Auslandskredite zurückzogen, die in Deutschland überwiegend langfristig angelegt waren und z. B. in zahlreichen Kommunen die Verbesserung der Infrastruktur (Bau von Straßen, Schulen, Krankenhäusern, Schwimmbädern, Wohnungen etc.) finanziert hatten. Diese Darlehen mussten nun kurzfristig zurückgezahlt werden, obwohl die Gemeinden angesichts der steigenden Arbeitslosigkeit enorme finanzielle Probleme hatten. Da sie daraufhin zu keinerlei Investitionen mehr in der Lage waren, brach die deutsche Bauwirtschaft erheblich ein. Der massive Abzug von ausländischem Kapital, der nach dem nationalsozialistischen Wahlerfolg im September 1930 noch ein zweites Mal zu verzeichnen war, brachte außerdem das deutsche Bankwesen in große Schwierigkeiten, denn die Banken hatten nun kaum noch kurzfristig verfügbares Kapital; Zusammenbrüche von Banken waren 1931 die Folge.

Das wichtigste Merkmal der Wirtschaftskrise aber war die Massenarbeitslosigkeit. Die Arbeitslosenzahlen stiegen rasch an, wobei die offiziellen Statistiken noch nicht das wahre Ausmaß wiedergaben. Heutige Schätzungen gehen davon aus, dass wohl jede zweite deutsche Familie direkt oder indirekt von der Krise betroffen war, und die meisten anderen fürchteten, auch sie könnten noch in den Sog hineingezogen werden. Beides hatte tief greifende psychische und politische Folgen, denn es führte zu einem erheblichen Verlust an Vertrauen in die politischen Institutionen (Staat, Regierung, Parteien, Parlament) und zur Verstärkung der Suche nach Alternativen. Das Sozialsystem Weimars war dieser Situation in keiner Weise gewachsen: Die gerade erst eingerichtete Arbeitslosenversicherung verfügte über eigene Mittel, die für etwa 800000 Arbeitslose, kurzfristig auch 1,4 Millionen Arbeitslose ausreichen sollten, doch die Zahlen stiegen auf bis zu sechs Millionen Menschen, von denen viele mehrere Jahre arbeitslos blieben und eigentlich dauerhaft finanziell unterstützt werden mussten. Da eine Aufstockung der Unterstützung aus staatlichen Mitteln aus finanziellen und politischen Gründen (s. u.) nicht möglich war, wurden die Leistungen in der Krise immer weiter gekürzt und die Voraussetzungen für den Leistungsbezug verschärft: Ende 1932 bekam daher nur gerade mal jeder siebte Arbeitslose Arbeitslosengeld, während zwei Drittel entweder Wohlfahrtsunterstützung in ihren Gemeinden oder überhaupt nichts erhielten. Soziale Verunsicherung und Verelendung bis hin zu Obdachlosigkeit und Hunger gehörten zum Alltag der Deutschen und schienen jede Hoffnung auf ein besseres Leben, jede sinnvolle biografische Perspektive zu zerstören.

Die politische Krise 1929/30 und ihre tieferen Ursachen

Auch das politische System hatte sich nach Überwindung der Gründungskrisen und des Katastrophenjahrs 1923 als nur bedingt stabil und funktionsfähig erwiesen. Nachdem die Parteien der Weimarer Koalition, die den Aufbau der Republik getragen hatten, bereits 1920 endgültig die Fähigkeit zur Mehrheitsbildung im Reichstag verloren, waren in den folgenden Jahren wechselnde Mehrheiten an der Tagesordnung: Meistens waren die Parteien der politischen Mitte, vor allem das katholische Zentrum (mit seinem bayerischen Ableger, der Bayerischen Volkspartei) sowie die DDP und die DVP, an den Regierungen beteiligt, die dann entweder als bürgerliche Minderheitskabinette arbeiteten oder wahlweise durch Öffnung nach links, also zur Sozialdemokratie (wie 1923 unter Stresemann und 1928 bis 1930), oder nach rechts zur DNVP (wie 1925 und 1927/28) mehrheitsfähig wurden. Nicht regierungsfähig und -willig waren die politischen Extreme auf der Linken (KPD) und der Rechten (Völkische bzw. NSDAP). Doch die Mehrheiten der Kabinette waren überaus fragil; zwischen 1924 und 1928 gab es insgesamt sieben Regierungen, die abwechselnd an außen-, innen-, wehr- und schulpolitischen Ursachen scheiterten. Außerdem zeichneten sich gerade in der Mitte des politischen Spektrums erhebliche Erosionen ab: DDP und DVP, die 1919/20 noch zusammen mehr als 22% der abgegebenen Stimmen auf ihrem Konto verbuchen konnten, fielen bis 1928 auf unter 14 und bis 1930 auf unter 9%. Stattdessen entstanden kleinere Gruppierungen und Parteien, die jeweils ausschließlich die Interessen ihrer Klientel vertraten, wie die Wirtschaftspartei und mehrere Landvolk- und Bauernparteien. Und auch die DNVP, die als Repräsentantin konservativer Interessen und Bevölkerungskreise 1924 zur zweitstärksten Partei aufgestiegen war, sackte bis 1930 auf gut ein Drittel ihres Wahlergebnisses ab; da sie mit der Wahl Hugenbergs zum Parteivorsitzenden 1928 außerdem einen stramm antidemokratischen Rechtskurs fuhr, schied sie aus dem Kreis möglicher Koalitionspartner auf der Grundlage der Weimarer Demokratie aus.

Die fehlende Kompromiss- und Kooperationsbereitschaft der Parteien war ein Spiegel der politischen Kultur der Weimarer Republik, die in scharf voneinander geschiedene Teilkulturen gespalten war, die von der Wissenschaft als „Lager“ oder „Milieus“ bezeichnet werden. Solche Milieus bestanden, so definiert es die Forschung, aus einer Anzahl von Menschen, die sich z.B. durch eine gemeinsame soziale Lage, eine gemeinsame Konfession bzw. eine gemeinsame Weltanschauung zusammenfanden und gleichzeitig von anderen abgrenzten. Politische Parteien dienten als Vertreterinnen der politischen Interessen „ihres“ Milieus. Die Milieus waren schon im Kaiserreich entstanden und hatten sich dort durch spezielle Milieuorganisationen und ein eigenes Wertesystem verfestigt und voneinander separiert. Dies zeigte sich auf lokaler Ebene z. B. in der Existenz von getrennten Sport- oder Gesangvereinen für Arbeiter und Nicht-Arbeiter oder Vereinen für Katholiken und Protestanten. Die Forschung ist sich nicht einig über die Zahl der Milieus, die in dieser Art entstanden; meist werden vier Milieus unterschieden, denen sich möglicherweise seit der Jahrhundertwende noch ein neues fünftes, ein rechtsradikal-nationalistisches, zugesellte.

Besonders fest war die Milieubindung im sozialistischen und im katholischen Milieu; allerdings integrierten auch sie nicht alle potenziellen Mitglieder. Das sozialistische Milieu bestand im Kern aus der – vor allem protestantischen – Industriearbeiterschaft, während Landarbeiter, Heimarbeiter, Handwerksgesellen und Arbeiter in Kleinbetrieben nur zum Teil oder gar nicht erfasst werden konnten. Die gemeinsame Lebenssituation in Betrieb, Wohnviertel und Arbeitervereinen, die gemeinsamen sozialen Interessen, die sie in die Gewerkschaften eintreten ließen, die gemeinsame sozialistische Überzeugung – all das schweißte die Milieuangehörigen zusammen. Eine starke Belastung erfuhr das Milieu allerdings durch die politische Spaltung der Arbeiterbewegung in Sozialdemokraten und Kommunisten, die sich zum Teil erbittert bekämpften. Im katholischen Milieu stellte die Kirche einschließlich des ausgedehnten kirchlichen Vereinswesens den organisatorischen und geistigen Kern dar. Doch hier begrenzten vor allem die Entkirchlichungsprozesse und die aufkeimenden inneren Gegensätze sozialer und politischer Art, die angesichts des Wegfalls der Bedrohungssituation, wie sie noch im Kulturkampf bestanden hatte, nun offener ausgetragen wurden, den Zusammenhalt und den Umfang des katholischen Milieus. So wählten in den 1920er-Jahren nur noch etwa 60% bis – gegen Ende der Republik – 50% der Katholiken die Milieuparteien Zentrum und BVP.

Die beiden anderen Milieus, das protestantisch-bürgerliche und das agrarisch-konservative, waren wesentlich weniger fest organisiert und homogen als die anderen beiden, weshalb hier die Parteibindung an liberale und konservative Parteien deutlich rascher verloren ging; der Bedeutungsverlust von DDP, DVP und DNVP war ein Ergebnis dieses Prozesses. Das oben erwähnte fünfte Milieu schließlich, das gewissermaßen aus der Konkursmasse der anderen beiden Milieus heraus entstand, organisierte sich zum einen in elitären Zirkeln, zum anderen in paramilitärischen Verbänden, deren größter der „Stahlhelm“ mit etwa 500000 Mitgliedern war. Gemeinsam war den Milieumitgliedern eine diffuse Ideologie, die sich gegen Liberalismus, Parlamentarismus, Pluralismus, kurz: gegen die Grundprinzipien der Moderne, richtete, von antisemitischen, rassistisch-sozialdarwinistischen Elementen durchsetzt war und von der Schaffung einer homogenen „Volksgemeinschaft“ und eines ihr entsprechenden Staates oder „Reiches“ träumte.

Da die Bildung eines Milieus und seine Stabilität nicht nur von der inneren Homogenität, sondern vor allem auch von der Abgrenzung nach außen abhing, legten die Milieueliten Wert auf die Schaffung scharfer Milieugrenzen bis hin zur Bereitschaft, gegen die Angehörigen anderer Milieus Gewalt auszuüben, wobei diese Bereitschaft vor allem im rechtsradikal-nationalistischen und im kommunistischen Teil des Arbeitermilieus ausgeprägt war.

Das parlamentarische System war angesichts dieser Grundprobleme und Konflikte nur bedingt handlungsfähig. Es verwundert daher nicht, dass der Wunsch nach Veränderung dieses Systems und die Suche nach Alternativen sehr verbreitet waren: „Die heutige Leitfrage der Historiker nach den Chancen der Bewahrung und Rettung der Republik war nicht die Hauptfrage der Zeitgenossen. Sie wollten vielmehr wissen, was *nach* ihr kam.“ (Detlev Peukert). Die Hoffnungen auf Überwindung der als unbefriedigend empfundenen nüchternen Gegenwart drückte sich z. B. in der Wahl Hindenburgs zum Reichspräsidenten 1925 aus, der als nahezu mythische Figur aus Kriegszeiten die Sehnsucht nach dem starken Mann verkörperte. Obwohl eine Mehrheit für den republikanischen Kandidaten Wilhelm Marx vom Zentrum theoretisch möglich gewesen wäre, war es ausgerechnet die bayerische Schwesterpartei BVP, die sich gegen den Katholiken Marx und für den Protestanten Hindenburg aussprach und so dessen Wahl möglich machte. Zwar bemühte sich der überzeugte Monarchist Hindenburg in den ersten Jahren seiner Präsidentschaft in seiner Amtsführung um Loyalität zur geltenden Verfassungsordnung, doch führte seine Wahl auf längere Sicht zu einem „stillen Verfassungswandel" hin zu einer Stärkung des Gewichts des Reichspräsidenten auf Kosten des Parlaments.

Das Ende der Großen Koalition 1930 hing zwar mit dem Streit zwischen SPD und DVP um die Finanzierung der Arbeitslosenversicherung zusammen, der Ausdruck des tiefen Grabens zwischen den Lagern war; die Kraft des Gründungskompromisses der Republik zwischen Sozialdemokratie und Gewerkschaften auf der einen, Bürgertum und Unternehmerschaft auf der anderen Seite war offenbar erschöpft. Doch dahinter standen eindeutige Bestrebungen bestimmter politischer Kräfte, die Zusammenarbeit mit der Sozialdemokratie endgültig zu beenden und an die Stelle des abgelehnten parlamentarischen ein autoritäres System zu setzen, das sich vor allem auf die Autorität des Reichspräsidenten Hindenburg stützen sollte. Vorkämpfer dieses Systemwechsels waren neben Hindenburg selbst und seiner unmittelbaren Umgebung die Reichswehrführung unter dem neuen Chef des Ministeramtes im Reichswehrministerium, Kurt von Schleicher, Teile der bürgerlichen Mittel- und Rechtsparteien, vor allem der DVP und der DNVP, aber auch Kräfte im Zentrum (das ja den neuen Kanzler Brüning stellte) sowie Vertreter von Landwirtschaft und Industrie. Um die Schaffung einer parlamentarischen Mehrheit zur Stützung der neuen Regierung bemühte sich daher niemand, im Gegenteil: Hindenburgs Auftrag an Brüning lautete ausdrücklich, das Kabinett nicht auf der Basis einer Koalition zu bilden. Die neue Regierung sollte sich vor allem auf das Vertrauen Hindenburgs stützen und erhielt von ihm nach Artikel 48 der Weimarer Reichsverfassung die Rechte, Notverordnungen zu erlassen (statt im „normalen" Wege Gesetze zu verabschieden) und den Reichstag aufzulösen. Der Übergang zur Präsidialregierung Brüning wurde und wird in der Forschung kontrovers beurteilt: Die Urteile reichten von dem letzten Versuch zur Rettung der Demokratie (Werner Conze) bis hin zum Beginn der Vorgeschichte des Dritten Reiches (Karl Dietrich Bracher) bzw. zur „Todesstunde" der Weimarer Republik (Arthur Rosenberg).

Der Aufstieg des Nationalsozialismus

Obwohl Reichstagswahlen erst wieder 1932 angestanden hätten, löste Brüning im Juli 1930 nach einer Abstimmungsniederlage das Parlament auf und ließ Neuwahlen für den September ausschreiben. Dass sich durch diese Wahl die politischen Verhältnisse im Land deutlich verändern würden, konnte eigentlich keinen politisch interessierten Bürger überraschen, auch wenn das Ausmaß des nationalsozialistischen Wahlerfolges am 14. September doch nur wenige erwartet hatten. Dass die NSDAP zu einer relevanten politischen Kraft werden würde, hatte sich in den letzten Jahren bereits angedeutet. Seit ihrer Wiedergründung 1925 hatte sie ihre Organisation erheblich ausgebaut und effektiviert sowie die Parteihierarchie strikt auf den „Führer" Hitler aufgebaut. Die Reichstagswahlen 1928 hatten ihr allerdings nur bescheidene 12 Mandate beschert. Ideologisch und propagandistisch lieferte die NSDAP eigentlich nichts grundlegend Neues; sie fasste lediglich das zusammen, was an Versatzstücken bereits im rechtsradikal-nationalistischen Milieu vorhanden war. Was ihre Attraktivität ausmachte, war eine Kombination aus mehreren Elementen: die Dynamik und Entschlossenheit ihres Auftretens bis hin zur Gewaltbereitschaft, vor allem durch die SA; die Kompromisslosigkeit ihrer Gegnerschaft zu Republik, Versailler Vertrag und „Marxismus" (also Sozialdemokratie und Kommunismus); ihre „Jugendlichkeit"; die emotionale Ansprache der Menschen; ihr ideologischer Gemischtwarenladen, der für jeden etwas bereit hielt (antikapitalistisch und antisozialistisch, reaktionär und revolutionär usw.); ihre organisatorische Effizienz im Vergleich zu vielen rechtsradikalen Zirkeln; das „Charisma" Hitlers und die Nutzung unterschiedlichster Propagandamittel von der Mund-zu-Mund-Propaganda über Aufmärsche und Massenversammlungen mit Fahnen, Uniformen und Liedern bis hin zu allen Organen der Publizistik (Flugblätter, Plakate, Zeitungen, Filme usw.).

Auf wen diese Mischung attraktiv wirkte, lässt sich an der Zusammensetzung der Wähler- und Mitgliedschaft der Partei erkennen: Zum einen gelang es ihr, in nahezu allen sozialen Gruppen Anhänger zu gewinnen, weshalb die Partei von der Forschung heute auch als „Volks-" oder „Integrationspartei" bezeichnet wird. Allerdings blieben ihr das katholische und das sozialistische Milieu weitgehend verschlossen. Zum anderen profitierte sie von der Mobilisierung ehemaliger Nichtwähler und vom Niedergang der bürgerlichen Mittel- und Rechtsparteien, die nicht mehr in der Lage waren, die krisenverängstigten Angehörigen von Bürger- und Kleinbürgertum politisch zu integrieren.

Der NSDAP gelang es auch in der Folgezeit, diese Gruppen an sich zu binden. Hierzu trugen auch die Versuche zur Bildung eines eigenen nationalsozialistischen Milieus bei, bei denen auf den oben erwähnten Ansätzen aufgebaut werden konnte: Die Partei schuf zahlreiche Organisationen und Parteigliederungen, die jeweils eine bestimmte Klientel gezielt in ihren Interessen und Problemen ansprach. Bis 1930 sind hier in erster Linie zu nennen der „Nationalsozialistische Deutsche Studentenbund", der „Kampfbund für Deutsche Kultur", der „Bund Nationalsozialistischer Deutscher Juristen", der „Nationalsozialistische Lehrerbund", der „Nationalsozialistische Deutsche Ärztebund" und der „Nationalsozialistische Schülerbund". Hinzu kam die SA, die vor allem arbeitslose Jugendliche und junge Männer ansprach, denen sie konkrete Hilfen, eine feste Ordnung und ein Zusammengehörigkeitsgefühl bot. Daneben unterwanderte die NSDAP gezielt die traditionellen Organisationen und Berufsverbände im lokalen und regionalen Bereich, z. B. in der Landwirtschaft, dem Handwerk, dem Einzelhandel und bei den Angestellten – bereits 1931 und 1932 stellte sie in diesen Organisationen eigene Vorstandsmitglieder bzw. motivierte andere zum Eintritt in die NSDAP. Dieser Gewinnung traditioneller Eliten kam gerade vor Ort große Bedeutung zu, ließ sie die Nationalsozialisten doch gleichsam „salonfähig" und damit wählbar werden. Wie erfolgreich die NSDAP in diesen Prozessen war, zeigten vor allem die Ergebnisse der Land- und Reichstagswahlen. Bis Mitte 1932 eilte die Partei hierbei von Sieg zu Sieg, ohne allerdings auf Reichsebene mehrheitsfähig zu werden.

Etappen der Zerstörung der Weimarer Demokratie

Die Wahlerfolge der Nationalsozialisten waren, ungeachtet der Bedeutung der eigenen organisatorischen und propagandistischen Anstrengungen, nur möglich, weil die Wirtschaftskrise 1931/32 so tief greifende soziale und mentale Konsequenzen hatte. Und dass die Krise so gravierend und die Hoffnungslosigkeit so groß waren, daran hatte möglicherweise – hier gehen die Forschungsmeinungen auseinander – die Politik der Regierung Brüning einen Anteil. Denn sie setzte nicht auf eine aktive Krisenbekämpfungsstrategie, sondern versuchte vielmehr, die Krise zu nutzen, um ihr eigentliches Ziel, die Streichung der Reparationen, zu erreichen. Dem Ausland sollte demonstriert werden, dass Deutschland trotz aller Anstrengungen nicht länger in der Lage sei, die Reparationsverpflichtungen zu erfüllen. Diesem Ziel, dem dann der weitere Kampf gegen die Einschränkungen des Versailler Vertrages folgen sollte, ordnete Brüning alle anderen politischen Ziele unter. Dies führte zur Durchsetzung eines konsequenten Deflationskurses in Form einer rigiden Haushaltssanierung durch Senkung von Staatsausgaben (einschließlich der Besoldung von Beamten und der Leistungen für Arbeitslose) und Erhöhung von Steuern und Abgaben sowie der Senkung von Preisen und Löhnen; neben dem außenpolitischen Ziel steckte allerdings auch die Furcht vor einer erneuten Inflation nach den Erfahrungen von 1923 hinter dieser Politik. In mehreren Notverordnungen setzte Brüning seine Politik durch, ungeachtet aller sozialen und politischen Konsequenzen, die sie nach sich ziehen musste. Möglich war der Brüning-Kurs allerdings nur, weil die SPD im Reichstag die Regierung tolerierte und so eine Mehrheitsbildung gegen Brüning unmöglich machte. Dies geschah nicht nur, um Schlimmeres, nämlich eine weitere Stärkung der republikfeindlichen Kräfte, zu verhüten, sondern auch, weil Brüning immer wieder unverhohlen damit drohte, anderenfalls die nach wie vor funktionierende „Weimarer Koalition" in Preußen durch den Rückzug des Zentrums zu sprengen.

Dass Brüning letztlich dennoch scheiterte und im Mai 1932 zurücktrat – nach eigener Auffassung kurz bevor er seine Ziele erreichte (und tatsächlich wurden die Reparationen auf der Lausanner Konferenz im Juli 1932 praktisch gestrichen) –, hatte vor allem eine zentrale Ursache: Das Präsidialsystem, wie es sich seit 1930 herausgebildet hatte, funktionierte im Gegensatz zum „normalen" parlamentarischen Verfahren nur, wenn der Kanzler die uneingeschränkte Unterstützung des Reichspräsidenten hatte. Dieses Vertrauen allerdings hatte Brüning allmählich verloren, weil ihm die von Hindenburg angestrebte Erweiterung seines Kabinetts nach rechts nicht gelungen war, ja dessen eigene Wiederwahl im Frühjahr 1932 sogar nur durch die „falschen" Parteien, vor allem die Sozialdemokratie, und nicht durch Hindenburgs politische Freunde ermöglicht worden war. Vor allem aber waren es wie 1930 wiederum einflussreiche Kreise, insbesondere Schleicher, aber auch Vertreter der ostelbischen Großgrundbesitzer, die im Einklang mit der neuen politischen Kraft, der NSDAP, auf eine Ablösung Brünings drängten und Hindenburg entsprechend beeinflussten.

Das neue Kabinett unter von Papen hatte nichts Eiligeres zu tun, als das im April 1932 erlassene SA-Verbot aufzuheben und den Reichstag aufzulösen. Der einsetzende Wahlkampf ähnelte in manchen Teilen des Reiches einem Bürgerkrieg; allein in Preußen gab es fast hundert Tote und mehr als tausend Verletzte. Die Neuwahlen – wiederum vorzeitig und ohne Not – sahen im Juli 1932 die NSDAP nunmehr als stärkste Partei, die denn auch die Übernahme der Regierung und damit das Reichskanzleramt für sich forderte. Dies allerdings war Hindenburg nicht bereit zuzugestehen, und da die NSDAP andererseits nicht willens war, in eine „nationale" Regierung unter einem anderen Kanzler – sprich: von Papen – einzutreten, änderte sich an der politischen Konstellation im Sommer 1932 vorerst gar nichts. In den Reihen der NSDAP – vor allem bei der zur Macht drängenden SA – wuchs die Unzufriedenheit, dass es trotz der großen Wahlerfolge immer noch nicht gelungen war, die Regierung zu übernehmen. Dass auch für die NSDAP die Bäume nicht in den Himmel wuchsen, zeigten die nach einer drastischen Niederlage Papens im Reichstag anberaumten erneuten Reichstagswahlen im November 1932, bei denen immerhin zwei Millionen weniger Wähler als ein Vierteljahr zuvor den Nationalsozialisten ihre Stimme gaben.

Dennoch war die politische Lage nach wie vor verfahren, denn Papen regierte gegen eine riesige Mehrheit im Reichstag, die jederzeit ihm das Misstrauen aussprechen und seine Notverordnungen aufheben konnte. Ständige Reichstagsauflösungen und Neuwahlen konnten keine Lösung sein, weshalb Papen das Ziel verfolgte, den Reichstag dauerhaft auszuschalten und – notfalls mit Gewalt – ein neues autoritäres politisches System, den „Neuen Staat", zu installieren. Mit der staatsstreichartigen Absetzung der geschäftsführenden preußischen Regierung unter dem sozialdemokratischen Ministerpräsidenten Otto Braun am 20. Juli 1932 hatte Papen bereits bewiesen, dass er gewillt war, die letzten Stützen der Republik zu beseitigen. Da Schleicher allerdings vor der Verhängung des Ausnahmezustandes warnte, weil die Reichswehr sich ansonsten in einer Bürgerkriegssituation befinden könnte, der sie nicht gewachsen sei, entließ Hindenburg am 3. Dezember – schweren Herzens – Papen und ernannte Schleicher zum neuen Reichskanzler. Dessen Vorstellungen, für seine Politik die Papen fehlende Massenbasis durch eine „Querfront" von den Gewerkschaften bis hin zu Teilen der NSDAP um Gregor Strasser zu erreichen, scheiterte schon nach wenigen Tagen an der Weigerung Strassers, der seine Parteiämter wegen des Widerstandes Hitlers gegen diese Pläne niederlegte. Das Intrigenspiel, das Schleicher sowohl bei der Ernennung Brünings 1930 als auch bei dessen Sturz 1932 und schließlich auch beim Sturz Papens so meisterhaft gespielt hatte, wandte sich nun gegen ihn. Papen arbeitete, unterstützt von einflussreichen Kreisen aus ostelbischer Landwirtschaft und Industrie, auf die Heranziehung der NSDAP hin. Da er erkannte, dass diese nur bei einer Übertragung der Kanzlerschaft an Hitler hierzu bereit war, wurde der sich nach wie vor sträubende Hindenburg in den letzten Tagen des Januars 1933 hiervon überzeugt, nicht zuletzt, weil neben Papen als Vizekanzler auch die Führer von DNVP und Stahlhelm, Hugenberg und Seldte, ins Kabinett eintreten und damit Hitler „einrahmen" sollten. Der Weg zur Kanzlerschaft Hitlers und zur Machtübernahme der Nationalsozialisten war damit frei – das „Einrahmungs-" oder „Zähmungskonzept" sollte katastrophal scheitern.

Diese Machtübernahme kam, dies muss noch einmal betont werden, nicht durch eine parlamentarische Mehrheitsbildung zu Stande; die Regierung Hitler war – trotz ihrer stärkeren Verankerung im Reichstag – genau wie ihre Vorgänger eine Präsidialregierung. Hitler kam also nicht durch Wahlen zur Macht (auch wenn diese natürlich eine wichtige Rolle spielten), sondern durch die Kooperation mit konservativen Eliten in Landwirtschaft, Industrie, Reichswehr, Bürokratie und rechtsgerichteten Parteien. Erstmals hatten sich diese Partner bei der Vorbereitung des Volksbegehrens gegen den Young-Plan 1929 zusammengefunden, ein zweites Mal im Rahmen der „Harzburger Front" 1931 und dann wieder im Januar 1933. Immer aber hatten die Nationalsozialisten deutlich gemacht, dass sie die uneingeschränkte Führung innerhalb dieser Koalition gegen die Weimarer Demokratie für sich beanspruchten – beim dritten Mal mit Erfolg. Das Ende der Weimarer Republik, das man auf den 30. Januar 1933, spätestens aber mit der Verabschiedung des Ermächtigungsgesetzes auf den 23. März 1933 datieren kann, hatte eben eine lange Vorgeschichte.

M1 **Karikatur von E. Schilling, Februar 1931.** – *Die Zeichnung trägt die Unterschrift: Nach den Erfahrungen der letzten Wochen ist verfügt worden, dass jeder Demonstrationszug seinen eigenen Leichenwagen mitzuführen hat.*

Hinweise zur Arbeit mit den Materialien

Dieses Kapitel bietet Materialien zu mindestens acht inhaltlichen Schwerpunkten:
- zu der Wirtschaftskrise, ihren Auswirkungen und ihren unterschiedlichen zeitgenössischen Deutungen (M2–M10)
- zu der Historikerkontroverse über den Übergang von der parlamentarischen zur Präsidialregierung 1930 (M11 – M12)
- zu den ideologischen Grundlagen des Nationalsozialismus (M13–M17)
- zur organisatorischen Entwicklung der NSDAP (M18–M19)
- zu Unterstützern und Verbündeten des nationalsozialistischen Aufstiegs (M20–M25)
- zu der Mitglied- und Wählerschaft der NSDAP (M26–M27)
- zu den Erscheinungsformen der nationalsozialistischen Propaganda (M28–M31)
- zu der politischen Krise 1930–1933 (M32–M36)

Außerdem enthält es Materialien zu einer lokalen Fallstudie (M38) und Erklärungen von Historikern für das Scheitern der Weimarer Republik (M37).

Für das unterrichtliche Vorgehen gibt es verschiedene Möglichkeiten:
- Man kann mit den Historikerdeutungen beginnen, um diese dann anhand der Materialien zu überprüfen.
- Man kann mit der lokalen Fallstudie beginnen, sie mit einer Fallstudie zum eigenen Wohn- und Schulort kontrastieren und dann von der lokalen zur Reichsebene vorstoßen.
- Man kann einzelne Themenkomplexe (s. o.) gesondert bearbeiten.
- Man kann chronologisch vorgehen.

Integriert sind außerdem mehrere Gegenwartsbezüge (Aufgabe 4 zur Lage der Arbeitslosen damals und heute; Aufgabe 7 zur aktuellen Kontroverse zwischen angebots- und nachfrageorientierter Wirtschaftspolitik; Aufgabe 11 zu der Rolle von Einzelpersönlichkeiten in der Demokratie; Aufgabe 15 zu heutigen Medienkonzernen). Die Aufgaben 10 (Kriegerdenkmäler) und 25 (lokale Fallstudie) schlagen Recherchen vor Ort vor. Die Erweiterung bietet zudem Anregungen für einen langfristigen historischen Vergleich des Aufstiegs der Nationalsozialisten vor 1933 mit dem heutigen Rechtsradikalismus in Deutschland.

M2 Verlauf der Weltwirtschaftkrise (1928 = 100)

	1929	1930	1931	1932	1933	1934
Produktion und Beschäftigung						
Produktionsgüter	103	86	61	46	54	77
Investitionsgüter	103	84	54	35	45	75
Verbrauchsgüter des elastischen Bedarfs[1]	97	91	87	74	80	90
Verbrauchsgüter des unelastischen Bedarfs[2]	101	101	95	85	88	98
Beschäftigte	99	92	80	71	74	85
Preise und Löhne						
Produktionsgüter	102	101	96	86	83	83
Konsumgüter	98	91	80	67	64	67
Lebenshaltung	102	98	90	80	78	80
Reallohn	101	97	93	87	91	95

1 Einkommensschwankungen beeinflussen Nachfrage überproportional (Luxusgüter).
2 Einkommensschwankungen beeinflussen Nachfrage unterproportional (Güter des täglichen Bedarfs).

Dietmar Petzina, Werner Abelshauser, Anselm Faust, Sozialgeschichtliches Arbeitsbuch Bd. III: Materialien zur Statistik des Deutschen Reiches 1914–1945, München (C.H.Beck) 1978, S.84.

M 3 Aus den 1936 erschienenen Memoiren des früheren SPD-Reichstagsabgeordneten und Leiters des „Vorwärts" Friedrich Stampfer

Es gab in Deutschland keine Klasse und keinen Stand, die nicht von der Krise in Mitleidenschaft gezogen waren. Die Kapitalisten hatten ungeheure Verluste und sie zitterten vor weiteren wirtschaftlichen oder politischen Ereignissen, die sie vor das Nichts stellen würden. Die Großgrundbesitzer waren in Bedrängnis und schrien nach Staatshilfe. Die mittleren und kleinen Landwirte waren bis über die Ohren verschuldet und wussten nicht mehr aus und ein. Die kleinen Ladenbesitzer, müßig hinter dem Verkaufstisch stehend, bildeten einen statistisch nicht erfassbaren und sozial vernachlässigten Teil der ungeheuren Arbeitslosenarmee. Die Beamten mussten eine Gehaltsreduktion nach der anderen über sich ergehen lassen. Die Masse der tätigen Arbeiterschaft sah von ihren sozialen Errungenschaften, die sie sich bei Konjunktur mit Hilfe ihres politischen Einflusses erkämpft hatte, ein Stück nach dem anderen dahinschwinden. Hinter all dem stand die ungeheure Armee der Arbeitslosen, deren Unterstützung immer geringer und immer unsicherer wurde. Es war ein hoffnungsloses Absinken in drei Etappen: von der Arbeitslosenversicherung, die auf erworbenen Ansprüchen beruhte, in die öffentlich subventionierte Krisenfürsorge, von da in die gemeindliche Wohlfahrtsfürsorge und schließlich in das Nichts.

Hatten in guten Zeiten alle erwachsenen Mitglieder einer Arbeiterfamilie verdient und es zu einem respektablen Gesamteinkommen gebracht, so war jetzt der Fall nicht mehr selten, dass neben einem erwerbslosen Vater die Söhne und Töchter in eine anscheinend lebenslängliche Arbeitslosigkeit hineinwuchsen. Millionen junger Menschen sahen keine Möglichkeit mehr vor sich, in geordnete Erwerbsverhältnisse zu kommen und einen eigenen Hausstand aufzubauen.

Walter Steitz (Hg.), Quellen zur deutschen Wirtschafts- und Sozialgeschichte vom Ersten Weltkrieg bis zum Ende der Weimarer Republik, Darmstadt (Wiss. Buchgesellschaft) 1993, S. 528.

M 4 Bericht über die Haushaltsrechnung einer Arbeitslosenfamilie (1932)

Als wir zu Maxens Behausung kamen, blieb er stehen und zeigte uns, wo sie an dem Tag, an dem die Schießerei begann, der Polizei zum Trotz eine große rote Fahne herausgesteckt hatten. Aus seiner sauber gefegten und nett gehaltenen Küche schob seine Frau das Wägelchen mit dem jüngsten Familienmitglied in den Flur hinaus und bemühte sich, uns zu erklären, wie sie es zu Wege brachte, ihren Mann, fünf Kinder – ein vier Monate altes, ein vier-, ein sechs-, ein neun- und ein elfjähriges – und sich selbst von der Arbeitslosenunterstützung ihres Mannes von 15 RM 85 Pf in der Woche, zu erhalten. Während des Sprechens kochte sie in einem Topf ein Getränk, das Kaffee sein sollte.

„Zuallererst, bevor ich ans Essen denke, muss ich 85 Pfennig vorne wegnehmen, die Max in der Woche für Tabak kriegt. Für die Miete müssen wir 3 Mark wöchentlich zahlen; Gas 70 Pfennig; 50 Pfennig in der Woche Ratenzahlung für den Sweater von Max und 30 Pfennig in der Woche Handtuchmiete; 1 Mark 30 für Zeitungen und 1 Mark Parteibeitrag. Das macht 6 Mark 80, übrig bleiben 8 Mark 20, und davon müssen sieben Menschen essen."

„Aber warum", rief ich aus, „warum denn 1 Mark 30, fast 10 Prozent von Ihrem Einkommen, für Zeitungen?"

„Wir haben die ‚Rote Fahne', die ‚Rote Post' und die ‚Arbeiter-Illustrierte'. Als gute Kommunisten müssen wir die Parteiorgane lesen."

Das schien mir schon an sich höchst bemerkenswert zu sein. Noch bemerkenswerter aber war die absolute Selbstverständlichkeit, mit der sie davon sprach, dass 2 Mark 30 von 15 Mark 85, also 15 Prozent des Einkommens, an die Partei gingen.

„Und wie kaufen Sie von 8 Mark 20 in der Woche Essen für sieben Menschen?"

„Brot und Kartoffeln", antwortete sie. „Zum größten Teil Brot. An dem Tag, an dem wir das Geld kriegen, kaufen wir uns Wurst. Einmal in der Woche will doch der Mensch ein bisschen Fleisch haben. Dafür hungern wir aber die beiden letzten Tage von der Woche. Das heißt – vor allem hungert Max."

Es ist sehr wichtig, darauf hinzuweisen, dass Maxens Unterstützung, die rund 63 RM im Monat beträgt, weil er fünf Kinder hat, erheblich über dem Durchschnitt liegt. Nach den Angaben des Arbeitsamtes in Neukölln beträgt der Reichsdurchschnitt der Unterstützung, die ein beschäftigungsloser Arbeiter mit Frau und Kind bezieht, 51 RM im Monat.

Werner Abelshauser, Anselm Faust, Dietmar Petzina (Hg.), Deutsche Sozialgeschichte 1914–1945. Ein historisches Lesebuch, München (C.H. Beck) 1985, S. 334 f.

M 5 Der Publizist Siegried Kracauer schildert in der Frankfurter Zeitung den Besuch in einer Berliner Wärmehalle (18.1.1931)

In der Ackerstraße liegt die große Wärmehalle des Wohlfahrtsamts Mitte, die jedermann ohne Ausweis betreten kann.

Wo einst die Wagen geputzt wurden, wimmelt es jetzt von Menschen, die schon lange nicht mehr geblinkt haben. Trübe und Armut sind bis auf weiteres Geschwister. Wie viele Leute sich hier täglich versammeln? „Ungefähr 1800 bis 2500“, bedeutet mir der Hallenleiter, ein wohlmeinender Mann, der sein Stammpublikum kennt und mit den Besuchern anscheinend auf gute Art fertig wird. Sie stehen – junge Burschen, Männer und Greise – in Gruppen zusammen, sitzen wie in den Arbeitsnachweisen auf Wartesaalbänken und genießen die Wärme, die eine Voraussetzung nackten Lebens ist, als besondere Wohltat. […]

Ausgesteuerte und Leute, die in der Wohlfahrt sind, bilden das Gros. Auch Doktoren seien unter ihnen zu finden, betont der Leiter nicht ohne einen Anflug von Trauer und Stolz. […]

„Wie leben diese Leute?“, erkundige ich mich beim Leiter. „Viele von ihnen“, erwidert er, „verbringen hier die Zeit zwischen 7 und 3; so lange ist die Halle täglich, auch sonntags, geöffnet. Um 5 Uhr suchen sie das Asyl auf, wo sie schlafen können und verköstigt werden. Das Asyl schließt um 6 Uhr in der Frühe und dann kommen sie wieder zu uns.“

Nach einer Pause: „Arbeit zu finden ist schwer. Und wenn sie gefunden wäre, müssten die Leute erst noch eine Zeit lang unterstützt werden, um sich wieder an ein menschenwürdiges Dasein zu gewöhnen.“

Geboten wird den Besuchern ein halber Liter Kaffee für 5 Pfennige und vier Brötchen zu 10 Pfennigen. Eine Kostprobe überzeugt mich davon, dass der Kaffee anständig

M 6 Julius K., 65 Jahre, Arbeitsloser, verhungert und erfroren aufgefunden

schmeckt. Die mehr geistigen Ansprüche werden durch einen Radioapparat und eine Bibliothek zu befriedigen gesucht. […]

Am meisten Gewicht haben die pensionierten Zeitschriftenbände von „Nord und Süd“ und der „Gartenlaube“ aus den Achtzigerjahren. Die Unterhaltung, die sie liefern, ist den Interessen der Gegenwart nicht minder entrückt wie die Halle selber und ihre Besucher.

Ebd., S. 343 f. (© Suhrkamp Verlag, Frankfurt/M.)

M 7 Reichskanzler Brüning erläutert Hitler seine innen- und außenpolitischen Zielvorstellungen (6. 10. 1930)

Nach einigen einleitenden kurzen Gesprächen begann ich mit der Darlegung der Lage und der Absichten der Regierung für die Zukunft. Die Krise würde nach unserer Schätzung etwa vier bis fünf Jahre dauern, frühestens im Sommer 1932 sei die erste Besserung möglich. Wahrscheinlich aber kämen wiederholte Rückschläge, und erst vom Jahre 1935 an könne man mit einem gleichmäßigen Wiederanstieg der Wirtschaft rechnen, falls keine unvorhersehbaren Ereignisse dazwischenträten. Eine Wiedererreichung des Lebensstandards von 1927/28 sei auch nach Streichung der Reparationen in den nächsten Jahren nicht möglich. Diese Streichung der Reparationen herbeizuführen, unter gleichzeitiger Inangriffnahme der Abrüstungsfrage, würde das erste Streben der Außenpolitik der Regierung sein. Mit beiden Fragen hoffe man im Laufe von anderthalb bis zwei Jahren den ganzen Versailler Vertrag, ohne darüber zu reden, ins Wanken zu bringen. […]

Die Regierung sei fest entschlossen, den dargelegten Weg bis zum Äußersten zu gehen. Sie könne darüber vor der Öffentlichkeit keine Erklärung abgeben. Allein die Idee, dass ein halbes Jahr nach Inkrafttreten des Young-Planes die Offensive mit dem Ziel, die gesamten Reparationen zu streichen, beginnen würde, wäre ein Schock für die Welt und würde von ihr mit der sofortigen Herausziehung des kurzfristigen Kapitals beantwortet, was eine Kapitulation Deutschlands zwei Monate später zur Folge haben müsste.

Das sei die erste Phase der Politik, für die eine schärfere außenpolitische Opposition seitens der NSDAP das Zweckmäßigste wäre. Eine Verständigung im Einzelnen über die Formen der Opposition wäre natürlich eine Voraussetzung für ein späteres Zusammengehen. Ich hoffe, in der zweiten Phase zusammen mit der Rechten an die Verfassungsreform herangehen zu können, die nach meinen persönlichen Wünschen in einer monarchischen Restauration enden müsse, […] Unter der Voraussetzung, dass er, Hitler, mir sein Wort gebe, sich mit mir in jeder Phase über die Form der Opposition zu verständigen, würde ich dafür sorgen, dass seiner Presse abseits jeder persönlichen Verunglimpfung volle Freiheit gegeben würde, auch zur schärfsten Kritik an der Außenpolitik und an meiner Person.

Wolfgang Michalka, Gottfried Niedhart (Hg.), Die ungeliebte Republik. Dokumentation zur Innen- und Außenpolitik Weimars 1918–1933, 3. Aufl. München (dtv) 1984, S. 290 f.

1 Beschreiben Sie anhand der Statistik (M2) den Verlauf der Wirtschaftskrise in Deutschland.
2 Erörtern Sie die Auswirkungen der Wirtschaftskrise auf verschiedene Bevölkerungsgruppen (M3–M6).
3 Versuchen Sie, sich in die Lage eines Arbeitslosen zu versetzen (M4–M6), und schreiben Sie aus seiner Perspektive einen Leserbrief an eine Zeitung oder ein Gespräch zwischen dem Arbeitslosen und Reichskanzler Brüning (M7).
4 Vergleichen Sie die Lage der Arbeitslosen damals mit der von heutigen Arbeitslosen: Wo sehen Sie Gemeinsamkeiten, wo Unterschiede? Informieren Sie sich ggf. bei einer örtlichen Arbeitsloseninitiative bzw. bei Gewerkschaften oder Wohlfahrtsverbänden.

M 8 Aus einem Schreiben des Reichsverbands der Deutschen Industrie an Reichskanzler Brüning (4. 5. 1931)

Nur auf der Grundlage eines weit gehenden Vertrauens in eine verantwortliche Regierung, die willens ist, auch unpopuläre Maßnahmen zu ergreifen, wenn sie von ihrer Notwendigkeit überzeugt ist, kann der Weg aus der Krisis gefunden werden. Nur eine Regierung, die auch im Ausland Vertrauen und Anerkennung genießt, wird in der Lage sein, das anlagesuchende ausländische Geld und Kapital nach Deutschland wieder heranzuziehen, die Kapitalflucht zu hindern und darüber das nach dem Ausland geflossene deutsche Geld wieder zurückzuführen. Die seit Herbst vorigen Jahres unternommenen positiven Schritte haben offensichtlich auch dazu geführt, dass sich die Zahl der Zweifler verringert hat. Es darf aber nicht übersehen werden, dass auf der anderen Seite weite Kreise der deutschen Wirtschaft in ihrer Einstellung zu den Maßnahmen der Regierung wieder wankend geworden sind. Die Erklärung hierfür liegt vor allen Dingen darin, dass sich die Wirtschaftslage weiter verschärft hat und dass die Senkung der Gestehungskosten bisher noch nicht in dem Ausmaß und in dem Tempo durchgeführt worden ist, wie es die Wirtschaftslage erfordert hätte. Diese Feststellung bezieht sich nicht nur auf das Ausmaß und die Höhe der bisher erfolgten Lohnsenkungen, sondern auch auf das große Gebiet der öffentlichen Finanzen einschließlich der öffentlichen Betriebe und auf das Gesamtgebiet der Sozialversicherung und der Arbeitslosenversicherung. Tatsächlich sind die bisher durchgeführten Maßnahmen noch sehr unzureichend. [...]

Die deutsche Sozialpolitik muss endlich den seit Jahren von ihr eingehaltenen verhängnisvollen Weg der fortgesetzten Erhöhung der Einnahmen und der Leistungen der Sozialversicherungsträger aufgeben und das Ziel verfolgen, die Ausgaben ohne Zuschüsse aus dem Reichsetat zu decken. Das kann aber nur durch eine Senkung der jetzt weit überhöhten Leistungen geschehen. [...]

Wir halten, wie wir es oben ausgesprochen haben, die bisher durchgeführten Lohnsenkungen in ihren Auswirkungen noch nicht für zureichend. Die Selbstkosten müssen von der Lohnseite eine weitere Entlastung erfahren. Nur auf diesem Wege kann auf die Dauer eine Verringerung der Arbeitslosigkeit [...] erzielt werden.

Jens Flemming u. a. (Hg.), Die Republik von Weimar. Band 2: Das sozialökonomische System, Düsseldorf (Athenäum/Droste) 1979, S. 325–327.

M9 Entschließung des Außerordentlichen Kongresses der Gewerkschaften Deutschlands zur Verminderung der Arbeitslosigkeit, 13.4.1932

Der Kongress richtet an die Reichsregierung die Forderung, unverzüglich Anordnungen zur Inangriffnahme öffentlicher Arbeiten und zur Vergebung öffentlicher Aufträge sowie zur Förderung geeigneter Privataufträge zu treffen in einem Umfange, dass eine fühlbare Entlastung des Arbeitsmarktes eintritt. Zu diesem Zweck müssen solche zusätzlichen Arbeiten in Gang gebracht werden, die wirtschaftlich nützlich sind und von deren Kostenaufwand ein möglichst großer Teil auf die Löhne entfällt. [...]

Bei der Durchführung der Arbeiten müssen die beschäftigten Arbeitskräfte den üblichen Tariflohn erhalten; die Arbeitszeit darf höchstens 40 Stunden in der Woche betragen.

Der Kongress verkennt nicht die Schwierigkeiten, die der Finanzierung der Arbeiten entgegenstehen. Die Lage erfordert jedoch, dass die Anstrengungen zu ihrer Überwindung gesteigert werden. Alle noch auftreibbaren Mittel, auch gewisse Steuermittel, wie die durch die Reichsfluchtsteuer erfassten Beträge und die Hauszinssteuer, sind vorübergehend zur Arbeitsbeschaffung zu verwenden, ferner die beträchtlichen Summen der durch die Wiederbeschäftigung von Arbeitslosen ersparten Unterstützungen sowie der von den Wiederbeschäftigten aufzubringenden Steuern und Beiträge zur Arbeitslosenversicherung.

Darüber hinaus unterstützt der Kongress die Forderung der sozialdemokratischen Reichstagsfraktion nach einer volkstümlichen Arbeitsbeschaffungsanleihe, die so auszugestalten ist, dass sie die von der Bevölkerung gehorteten Gelder anzieht. [...]

Durch scharfe Preisüberwachung in Verbindung mit einer zweckmäßigen Zoll- und Einfuhrpolitik muss jeder spekulativen Preisbildung vorgebeugt werden.

Wolfgang Michalka, Gottfried Niedhart (Hg.), Die ungeliebte Republik. Dokumentation zur Innen- und Außenpolitik Weimars 1918–1933, 3. Aufl. München (dtv) 1984, S. 321–323.

M10 Karikatur aus der kommunistischen Zeitschrift „Eulenspiegel“ (Dez. 1930):

Brüning: Sehen Sie nur immer gut nach oben; dann wird es Ihnen schon leichter werden

Brüning: Sehen Sie nur immer gut nach oben; dann wird es Ihnen schon leichter werden

5 Analysieren Sie in drei Gruppen die Positionen der Regierung (M7), der Industrie (M8) und der Gewerkschaften (M9) zur Wirtschaftskrise und führen Sie ein Streitgespräch über die „richtige“ Politik.
6 Analysieren Sie die Karikatur (M10), indem Sie die Personen identifizieren und ermitteln, wogegen sich die Aussage der Karikatur richtet. Nehmen Sie hierzu Stellung.
7 Informieren Sie sich über heutige Vertreter einer angebots- und einer nachfrageorientierten Wirtschaftspolitik und diskutieren Sie Vor- und Nachteile.

M11 Stellungnahmen von Historikern zum Regierungswechsel 1930

11 a) Werner Conze (1954):
Der Regierungswechsel von der Großen Koalition Hermann Müllers zum Kabinett Brüning Ende März 1930 ist das Ergebnis einer tief greifenden, im Grunde jahrelang vorbereiteten verfassungspolitischen Spannung gewesen, in der die Problematik des umstrittenen Verhältnisses von Staat und Gesellschaft in der Weimarer Republik allgemein zum Ausdruck kam. Am 27. März 1930 wich der „Parteienstaat“ der „Präsidentschaftsrepublik“. Da es sich bei diesem Umschwung nicht um einen Staatsstreich oder auch nur um einen vorsätzlich eingeleiteten Missbrauch der Reichsverfassung von 1919, sondern um die Folge der durchgehenden Strukturkrise des Staates von Weimar und um das Ergebnis eines tatsächlichen Verfassungswandels gehandelt hat, dürfte eine Betrachtung lohnen. [...]

Während er (= Brüning) sich mit dem vollen Einsatz seiner Kraft dem Kabinett Müller und damit der Erhaltung der parlamentarischen Mehrheitsregierung widmete, bereitete sich bereits an Stelle des auseinander brechenden Parteienstaates die Präsidentschaftsrepublik mit innerer Notwendigkeit vor. Abschließend soll der Versuch gemacht werden, zu dieser Frage eine vorläufige Antwort zu finden.

Der Übergang zur *Präsidentschaftsrepublik* ist in der Märzkrise 1930 wenn nicht zwingend, so doch nahe liegend gewesen. [...]

Die Stärke des Zentrums als des wirksamsten Stabilisationsfaktors der deutschen Innenpolitik jener Jahre kommt darin zum Ausdruck, dass es im Gegensatz zur Sozialdemokratie fähig war, einen als notwendig erkannten Verfassungswandel führend mit zu vollziehen und damit mäßigend den Radikalismus von rechts abzuwehren. In solchem Sinne wurde zwei Jahre lang von Brüning durchgehalten, bis ihm nach dem Willen Schleichers der Reichspräsident sein Vertrauen entzog. In den Vorgängen, die zum Sturz Brünings führten, kommt erschreckend zum Ausdruck, wie weit der „stille Verfassungswandel“ von 1930 bis 1932 fortgeschritten war und welches Verhängnis darin lag, dass nach dem Ende der letzten Koalitionsregierung im März, den Reichstagswahlen von 1930 und der Wiederwahl Hindenburgs im April 1932 die Geschicke Deutschlands in den Händen eines Greises lagen, der notwendig unkontrollierbaren Einflüssen außerhalb der nicht mehr intakten Reichsverfassung ausgesetzt war. Im März 1930 konnte eine solche

Entwicklung nicht vorausgesehen werden. Die Wirtschaftskrise und der Aufstieg Hitlers schnitten alle theoretischen und praktischen Bemühungen ab, durch die die Spannung zwischen Parteienstaat und Präsidentschaftsrepublik konstruktiv hätte gelöst und das Verfassungsrecht mit der Verfassungswirklichkeit im demokratisch-rechtsstaatlichen Sinne hätte in Einklang gebracht werden können.

Werner Conze, Die Krise des Parteienstaates in Deutschland 1929/30, in: Historische Zeitschrift 178 (1954), S. 47, 74, 83.

11 b) Karl Dietrich Bracher (1968):

Hingegen hat Conze die These von einer geradezu ausweglosen „Krise des Parteienstaates", die den Weg in das Präsidialregime gleichsam notwendig und geboten erscheinen ließ, noch weiter ausgebaut. [...] Eine solche allzu wohlwollende Interpretation des Brüningkurses vernachlässigt die Frage nach den Alternativen von 1930 und die Bedeutung einer seit Jahren propagierten, seit 1929 bewusst vorbereiteten Wendung zum autoritären Staat. Sie redet einer letztlich unpolitischen, die demokratisch-parlamentarische Lösung der Krise ausschließenden Betrachtungsweise das Wort, die im Kern gewiss deterministischer (und wohl auch ideologischer) ist als mein Versuch einer Analyse des Auflösungsprozesses. Die zunehmend gepflegte Rehabilitierung der Präsidiallösung muss im Übrigen die Antwort schuldig bleiben, wenn sie mit der Tatsache konfrontiert wird, dass Hitler gerade über ein Präsidialkabinett und mit Hilfe der präsidialen Diktaturgewalt an die Macht und in die Alleinherrschaft gelangt ist. Die Geschichte der Notverordnungsregime Brüning – Papen – Schleicher ist eben seit 1930 schon in einem durchaus präzisen Sinne Vorgeschichte des „Dritten Reiches", Ausgangspunkt und Ermöglichung der Diktatur Hitlers.

K. D. Bracher, Parteienstaat, Präsidialsystem, Notstand. Zum Problem der Weimarer Staatskrise, in: G. Jasper (Hg.), Von Weimar zu Hitler 1930–1933, Köln–Berlin (Kiepenheuer & Witsch) 1968, S. 69 f.

11 c) Eberhard Kolb (1984):

Dabei muss zunächst mit Nachdruck hervorgehoben werden, dass die Desintegration des politischen Systems seit 1930 keineswegs ein schicksalhafter Vorgang war. Vielmehr wurde dieser Prozess 1929/30 – also noch vor dem Scheitern der Großen Koalition und dem Durchbruch der NSDAP zur Massenbewegung – sehr bewusst und zielstrebig in Gang gesetzt und seit 1930 systematisch vorangetrieben mit der erklärten Absicht, durch Entmachtung des Parlaments und Ausschaltung der Sozialdemokratie aus der politischen Mitverantwortung und Mitgestaltung die parlamentarische Demokratie der Weimarer Republik in einen von den politischen Rechtskräften beherrschten autoritären Staat zu transformieren. Eingeleitet und vorangetrieben wurde dieser Prozess in erster Linie vom Reichspräsidenten Hindenburg selbst mit seiner persönlichen Umgebung und von der Reichswehrführung unter General Schleicher, freudig unterstützt wurde die Entwicklung zum Präsidialregime aber auch von den bürgerlichen Rechtskräften (bis weit in die Mitte hinein) und von einflussreichen Wirtschaftskreisen, industriellen und agrarischen Interessenverbänden. Der Pressekonzern des DNVP-Führers Hugenberg verbreitete in Massenauflagen antirepublikanische und antidemokratische Propaganda. Wirkungsvolle publizistische Schützenhilfe leisteten auch die Ideologen der „konservativen Revolution"; sie verbanden ihre vehementen Attacken auf Liberalismus, Demokratie und Parlamentarismus mit dem emphatischen Ruf nach einer starken Führerfigur und einem autoritären Staat.

Eberhard Kolb, Die Weimarer Republik, München/Wien (R. Oldenbourg Verlag) 1984, S. 123.

M 12 Vorbereitungen zum Regierungswechsel 1930

12 a) Schreiben Erich von Gilsas, des Verbindungsmanns der Schwerindustrie in der DVP-Fraktion, an den Generaldirektor der Gutehoffnungshütte AG, Paul Reusch, v. 5. 2. 1930:

Sehr geehrter Herr Reusch!

Ich hatte Ihnen seinerzeit mitgeteilt, dass am 24. Januar in Berlin eine Besprechung innerhalb der rechts stehenden Kreise der Deutschen Volkspartei stattgefunden hätte zwecks Überlegung, wie man den bisherigen innerpolitischen Kurs der Partei ändern könne. In Verfolg dieser Angelegenheit hat gestern eine wesentlich erweiterte private Besprechung, wiederum in Berlin, stattgefunden. Im Anschluss daran fand eine Aussprache mit Herrn Scholz[1] statt, der körperlich und geistig einen sehr frischen Eindruck machte.

[…]

Nach Erledigung des Young-Planes sollen dann die innerpolitischen Dinge mit größter Beschleunigung in Ordnung gebracht werden. Hier steht Scholz völlig auf dem von mir Ihnen schon öfters vorgetragenen Standpunkt. Er beabsichtigt, in ultimativer Form an das Kabinett die Aufforderung zu richten, gesetzlich festgelegte Bindungen für die Finanz- und Steuerreform vorzunehmen. Dabei sagte Scholz uns vertraulich, dass er hierbei bewusst auf einen Bruch mit der Sozialdemokratie hinarbeiten wolle. Er hat im Ausblick auf diesen Bruch auch schon Verbindungen mit Schiele, Treviranus und Brüning aufgenommen.

Politik und Wirtschaft in der Krise 1930–1932. Quellen zur Ära Brüning, eingeleitet v. Gerhard Schulz, bearb. v. Ilse Maurer u. Udo Wengst. Erster Teil, Düsseldorf (Droste Verlag) 1980, S. 41 f.

1 Der DVP-Vorsitzende Ernst Scholz

12 b) Staatssekretär Meissner an Generalmajor v. Schleicher (um den 20. 3. 1930):

Lieber Herr v. Schleicher!

[…]

Darf ich Sie bitten, die Morgenblätter vom 19. des Monats und den neuen Appell Hindenburgs daselbst zu lesen? Das ist die erste Etappe und die Brücke zu Ihrer Lösung! Das ist auch die Unterlage zum Besten, was wir haben können, zum Führertum „Hindenburg".

Mit besten Grüßen
Ihr getreuer, sehr ergebener
Dr. Meissner

Politik und Wirtschaft in der Krise 1930–1932. Quellen zur Ära Brüning, eingeleitet v. Gerhard Schulz, bearb. v. Ilse Maurer u. Udo Wengst. Erster Teil, Düsseldorf (Droste Verlag) 1980, S. 94.

8 Diskutieren Sie auf der Grundlage von M11 und M12 die Bedeutung des Übergangs zur Regierung Brüning für die Geschichte der Weimarer Republik.

M 13 Der jungkonservative Publizist Franz Mariaux 1931 über das völkische Reich

Die letzte Form des Ganzen, die dem deutschen Volk gemäß ist, bleibt, wie sie immer war, das Reich. Nation und Reich sind Welten, die sich nimmermehr decken. Der Nationalismus, der aus dem liberalen deutschen Bürgertum seine Blüten geschossen hat, ist niemals auf deutschem Boden in die Tiefe gedrungen. Er war ein Fremdgewächs, nützlich in manchem als Wegbereiter deutscher Rechenschaft, gefährlich in der Hohlheit und Phrasenhaftigkeit, mit der seine Verfechter die bleibenden Werte des deutschen Volks verzerrten. Dieser Nationalismus hat sich an dem Inbegriff „deutsches Volk" vergangen. Er hat verwechselt, was nur eine in den Zweckmechanismus eines Staats eingegrenzte Bevölkerung ist und was deutsches Volk heißt. Der liberale Nationalismus hat, um in seinem Stil zu bleiben – der eine Verbindung von Privatbetrieb und Phrase war –, den Geltungs- und Lebensbereich des deutschen Volks beständig enger beschränken müssen. Er hat sich schließlich sogar in seinem letzten parteipolitischen Kopf dahin verlaufen, Glieder des deutschen Volks, wie das Elsass, gegen zeitliche Vorteile abzutreten. Er hat auf andre, wie Österreich, aus Partei- oder Konfessionsgründen verzichten zu sollen gemeint. Es gibt keine Autorität, die auf Glieder des deutschen Volkes verzichten könnte. Aller Verzicht ist Verrat, Übergriff, Volksfremdheit. Kein Staatsmann kann jemals auf ein Glied verzichten, das zu seinem Volk gehört. Das Volk kann ein Glied verlieren; das ist dann sein Schicksal. Aber eine Staatsräson, die lehrt, auf Glieder eines Volks zu verzichten, wird niemals völkische Staatskunst. […]

Das Reich, in dem das deutsche Volk die Form seines Ganzen finden wird, reicht weiter als die Grenzen der Republik und des bismarckschen Deutschlands. […] Die Aufgabe der großen Reichsgründung ist erst noch zu lösen, nach Bismarck und trotz Bismarck.

Harry Pross (Hg.), Die Zerstörung der deutschen Politik. Dokumente 1871–1933, durchges. Neuausgabe Frankfurt am Main (Fischer Taschenbuch Verlag) 1983, S. 305 f.

M 14 Aus einer Schrift des nationalbolschewistischen Publizisten Ernst Niekisch (1930)

Deutschland steht vor der Frage, ob Sein oder Nichtsein; sein Verhängnis ist, dass es bisher noch nicht den Mut fand, diesem Sachverhalt offen ins Auge zu blicken und tapfer das Notwendige zu tun. Der Westen hat die Hand an Deutschlands Kehle; noch um ein Kleines, und Deutschlands machtpolitische, wirtschaftliche und kulturelle Selbstständigkeit, ja die Wurzeln seiner Besonderheit überhaupt werden erstorben sein. Nur eine äußere Anstrengung, eine übermenschliche Tat, ein Heldentum, das seinesgleichen in der Welt nicht mehr hat, eine Aufraffung, die ins Wunderbare ragt, könnte Deutschland noch retten. Der Westen ist Deutschlands Tod; die Rettung erfordert, sich loszulösen von allem, was aus dem Westen kommt und was westlich ist. Alle westlichen Elemente, die Deutschland selbst in sich trägt, sind Spione, Soldaten, Advokaten und Missionare der westlichen Mächte. [...] Mit grausamer Härte muss es in sich selbst ausrotten, was in ihm dem Westen verbündet ist, dem Westen Zuträgerdienste anbietet, dem Westen Vorschub leistet.

Das *Bürgerlich-Liberale* ist unter den heutigen Weltverhältnissen für Deutschland „Feind im Land"; es ist die Romanisierungs-, Zivilisations-, Urbanisierungs-, Verwestlichungs- und Entdeutschungsform des deutschen Menschen. *Je mehr einer Bürger ist, desto weniger ist er Deutscher.* Die bürgerlich-liberale Lebensordnung ist der Natur der Sache nach seit 1918 eines der folgenschwersten Hemmnisse deutscher Befreiung.

Ebd., S. 98 f.

M 15 Die Pädagogin und SPD-Abgeordnete Anna Siemsen über die „Mode der Kriegsliteratur" (1930)

Es sind jetzt 10 Jahre nach dem Kriegsende vergangen. Herangewachsen ist eine neue Generation, die den Krieg nur als Kind erlebt hat. Für sie ist er etwas Fremdes, Unerhörtes und Interessantes. Gerade das wenige, was als Kindeserinnerung haftet: die Versorgungsschwierigkeiten, die Nöte der Mütter, die Kriegsfeiern, das Stocken allen täglichen Lebens, macht begierig nach dem, was abenteuerlich hinter all dem Täglichen, allzu Alltäglichen stand. Für diese Generation hat das Kriegsbuch eine dreifache Bedeutung. Sie sucht darin Erklärung der nur halb bewusst erlebten Vergangenheit. Sie erwartet Fingerzeige für die eigene Einstellung zum möglichen kommenden Kriege; und endlich ist ihr das Kriegsbuch wie jedes abenteuerliche Buch Befreiung von dem lastend empfundenen Alltag, in dem sie lebt.

Wie aber steht es mit uns Älteren? Die Erfolge der Kriegsliteratur sind durchaus nicht auf die Jugend beschränkt. Sie gehen vielmehr in die Breite und erfassen durchaus die Generation der Kriegsteilnehmer mit. Wie erklärt sich's, dass deren Abneigung gegen Kriegserinnerungen in ein solch ausgesprochenes Interesse umgeschlagen ist?

[...] Die grauenvolle Wirklichkeit des Krieges ... ist in zehn sehr erlebnisreichen Jahren zu einer Erinnerung verblasst. Sie wachzurufen ist nicht mehr so nervenzerreißend unerträglich, wie das der Fall war, als in uns noch das Grauen vor dem Trommelfeuer, die Angst vor dem langsamen Verhungern zitterte. Diese Erinnerung ist heute Flucht vor der Gegenwart und Nacherleben einer Zeit, die rückschauend als abenteuerlich, von manchen vielleicht gar als heroisch nachempfunden wird.

Bernd Ulrich, Benjamin Ziemann (Hg.), Krieg im Frieden. Die umkämpfte Erinnerung an den Ersten Weltkrieg. Quellen und Dokumente, Frankfurt am Main (Fischer Taschenbuch Verlag) 1997, S. 102 f.

M 16 Zeitgenössische Aussagen zur Führererwartung

16 a) Aus einem Vortrag von Hans Beckly vor dem Deutschnationalen Handlungsgehilfenverband (1928):

Wir sehen die großen Führungsaufgaben der Zeit, wir sehen aber auch zugleich den offenbaren Führermangel, der unserer ideenarmen Zeit den Stempel der geistigen und politischen Dauerkrise aufdrückt. Daher ist typisch für unser Zeitalter der vielfach gehörte Schrei nach dem Führer, nach dem Diktator oder auch mindestens die Verbreitung des Glaubens, dass nur durch einen solchen Führer der ersehnte Umschwung herbeigeführt würde.

16 b) Aus dem Buch „Der Christliche Staatsmann" des Publizisten Wilhelm Stapel (1932):
Der wahre Staatsmann vereinigt in sich Väterlichkeit, kriegerischen Geist und Charisma. Väterlich waltet er über dem seiner Hut anvertrauten Volke. Wenn sein Volk sich mehrt und wächst, schafft er ihm, indem er die kriegerischen Kräfte des Volkes sammelt, Raum zu leben. Gott aber segnet ihn mit Glück und Ruhm, sodass das Volk verehrungsvoll und vertrauend zu ihm aufblickt. So wägt der Staatsmann Krieg und Frieden in seiner Hand und hält Zwiesprache mit Gott. Seine menschlichen Erwägungen werden zum Gebete, werden zu Entscheidungen. Seine Entscheidung ist nicht nur das abgezogene Kalkül des Verstandes, sondern die ganze Fülle der geschichtlichen Kräfte. Seine Siege und Niederlagen sind nicht menschliche Zufälle, sondern göttliche Schickungen. So ist der wahre Staatsmann Herrscher, Krieger und Priester zugleich.

16 c) Aus dem Beitrag „Führerschaft" in der Zeitschrift „Deutschlands Erneuerung" (1920):
In unserem Elend sehnen wir uns nach dem Führer. Er soll uns den Weg und die Tat zeigen, die unser Volk wieder ehrlich machen können. [...]

Der wahre Führer hat sicherlich keine selbstischen Beweggründe außer dem einen, königlichen, dass er Führer sein muss, weil er es ist von Natur.

Der Führer richtet sich nicht nach der Masse, sondern nach seiner Sendung; er schmeichelt der Masse nicht; hart, gerade und rücksichtslos geht er ihr voran, in guten und bösen Tagen. Der Führer ist radikal; er ist ganz, was er ist, und tut ganz, was er tun muss. Der Führer ist verantwortlich, d. h. er tut den Willen Gottes, den er in sich verkörpert. Gott schenke uns Führer und helfe uns zu wirklicher Gefolgschaft.

Kurt Sontheimer, Antidemokratisches Denken in der Weimarer Republik, 3. Aufl. München (dtv) 1992 (© Nymphenburger Verlagshandlung GmbH München), S. 216–218.

16 d) Gustav Stresemann in einer Rede im DVP-Zentralvorstand 1929 über die Notwendigkeit politischer „Führung":
Die Ersetzung der Persönlichkeit durch die Organisation ist das Grundübel des heutigen politischen Lebens. Der Mensch ist nicht nur der Vertreter einer Berufsorganisation, irgendeines Ortsvereins oder irgendeiner Masse, sondern seine Bedeutung liegt in sich selbst. [...] Wir müssen uns bemühen, zur Reform des Parlamentarismus zu kommen. Wir müssen verlangen, dass der Parteigeist seine Grenze findet an den Lebensnotwendigkeiten der deutschen Entwicklung, dass das Parlament den Zwang nicht nur zur formalen, sondern tatsächlichen Mehrheitsbildung in sich findet oder, wenn das an den Parteien selbst in dieser Situation scheitert, der Ruf ertönt: ‚Res venit ad triarios!' und verantwortungsbewusste Persönlichkeiten den Mut finden, zu regieren, das heißt, die Führung zu übernehmen.

Larry Eugene Jones, Gustav Stresemann und die Krise des deutschen Liberalismus, abgedruckt in: Wolfgang Michalka, Marshall M. Lee (Hg.), Gustav Stresemann, Darmstadt (Wissenschaftliche Buchgesellschaft) 1982, S. 276–303, hier S. 292.

9 Analysieren Sie die Elemente rechtsradikal-nationalistischer Ideologien (M13–M16) und erörtern Sie die Bedeutung dieser Ideologie für den Aufstieg des Nationalsozialismus.

10 Ein Beispiel für die verklärende Erinnerung an den Ersten Weltkrieg (siehe M15) ist die Errichtung von Kriegerdenkmälern in vielen Städten und Gemeinden. Falls sich bei Ihnen am Ort ein Kriegerdenkmal aus den 1920er-Jahren befindet: Erforschen Sie durch Recherchen in der Lokalzeitung und dem lokalen Archiv die Umstände der Entstehung dieses Denkmals. Achten Sie dabei vor allem auf die Begründungen für die Errichtung, auf Unterstützer und mögliche Gegner des Baues, die Inschrift(en), die Feier zur Einweihung des Denkmals sowie spätere Nutzungen des Denkmals durch politische Verbände oder Parteien.

11 Diskutieren Sie vor dem Hintergrund der zeitgenössischen Führererwartung (M16) die Rolle von einzelnen Persönlichkeiten in der Demokratie. Ziehen Sie hierzu auch aktuelle Beispiele aus unserer „Mediendemokratie" heran.

M 17 Jacobus Belsen, „Das Firmenschild", Karikatur, 1930, erschienen in „Der Wahre Jacob" (1931)

M 18 Der Historiker Eberhard Kolb über organisatorische Ursachen des NS-Erfolges (1984)

Eine Partei, die sich bis dahin in einer völlig isolierten Außenseiterposition befunden hatte, war nur dann in der Lage, unter Ausnutzung dieser Krisensituation zum Frontalangriff auf die politischen und gesellschaftlichen Grundlagen der staatlichen Ordnung anzutreten, wenn sie zu diesem Zeitpunkt durch die Schaffung eines ebenso festgefügten wie elastischen Parteirahmens bereits innerparteiliche Organisationsstrukturen ausgebildet hatte, die eine rasche Umstellung von der Kaderpartei zur Sammlungsbewegung ermöglichten, sodass die Partei als das große Auffangbecken für alle Gegner des demokratischen Systems, für alle Enttäuschten […] und Fanatisierten fungieren konnte. Als eine solche Partei präsentierte sich die NSDAP um die Jahreswende 1929/30.

Die Nationalsozialisten selbst haben immer sehr stark die Kontinuität der Parteientwicklung von den bescheidenen Anfängen im Jahr 1919 bis zum erfolgreichen Durchbruch zur Massenbewegung nach 1929 in den Vordergrund gestellt. Elemente einer solchen Kontinuität sind gewiss aufweisbar. Um nur die wichtigsten zu bezeichnen: Hitler war spätestens seit 1921 die dominierende Figur in dieser Partei und sein engerer persönlicher Mitarbeiterkreis blieb all die Jahre hindurch relativ geschlossen; auch die Schlagworte, mit denen in der Endphase der Weimarer Republik die Agitation bestritten wurde, waren im Wesentlichen dieselben wie die, mit denen die NSDAP in ihrer Frühzeit operiert hatte. Trotzdem unterschied sich die NSDAP der Jahre nach 1925 hinsichtlich des Parteiaufbaus und der politischen Strategie so erheblich von der NSDAP der Zeit bis 1923, dass heute überwiegend die Auffassung vertreten wird, 1925 sei sozusagen eine „neue Partei" auf der Bildfläche erschienen – und dies nicht nur in dem oberflächlich-vordergründigen Sinne einer formalen Neugründung der Partei durch Hitler nach seiner Entlassung aus der Festungshaft. […]

Aus dem gescheiterten Putsch hatte Hitler eine dreifache Lehre gezogen, die er beim Neuaufbau der Partei rigoros zur Anwendung brachte. Erstens: Die Putschtaktik wurde durch eine Legalitätstaktik ersetzt, die zwar nicht ausschloss, dass auch das Mittel der Gewaltanwendung zum Einsatz kam, die aber zunächst auf eine Massenmobilisierung abzielte. Dies bedingte – zweitens: Die Partei musste auf zahlenmäßig breiter und regional weit gefächerter Basis straff organisiert werden, wobei auch eine klare organisatorische Trennung von den übrigen Gruppen des völkischen und nationalistischen Lagers erfolgen sollte; die paramilitärische Parteigliederung der SA hatte sich der politischen Führung der Partei eindeutig unterzuordnen. Schließlich drittens: Die Partei sollte zu einem bedingungslos gehorsamen Instrument des Führerwillens geformt werden. Hitler war daher entschlossen, sich beim Neuaufbau der Partei von vornherein die Stellung eines unangefochtenen Parteidiktators zu sichern. […]

Die weiteren Etappen der Parteientwicklung können hier nicht detailliert dargestellt werden. Einzugehen ist jedoch auf zwei Bereiche der organisatorischen und propagandistischen Aktivitäten, weil hier schon in den Jahren, in denen die NSDAP noch keineswegs im Rampenlicht der öffentlichen Aufmerksamkeit stand, gewisse Voraussetzungen geschaffen wurden, die es der Partei dann ermöglichten, in der Stunde der Krise als das große Auffangbecken für die Unzufriedenen und für die Systemgegner zu fungieren.

Die nationalsozialistische Bewegung war in den Jahren nach der Neugründung der Partei gekennzeichnet durch die Tendenz zur Herstellung eines „sozialmoralischen Milieus" (Rainer M. Lepsius). Um die NS-Bewegung zu einem Mikrokosmos der Gesellschaft auszubauen, um die Mitglieder- und Anhängerschaft auch im Bereich ihrer Sonderwünsche, ihrer Berufs- und Altersinteressen zu erfassen, wurde eine große Zahl von Hilfsorganisationen, „Gliederungen" der Partei, ins Leben gerufen. In einigen Fällen gab dazu die Parteiführung den Anstoß, noch häufiger aber ging die Initiative von einzelnen Parteiaktivisten aus, die solche Organisationen gründeten und dann den Segen der Parteiführung erhielten. […]

Eine zweite Stoßrichtung der organisatorischen Aktivitäten zielte auf einige der großen wirtschaftlichen Interessenverbände: Die Schaffung von organisatorischen Querverbindungen zu diesen Verbänden sollte es der NSDAP erleichtern, in breitere Wählerschichten einzudringen; zu nennen sind vor allem die Angestelltenbewegung und die Agrarverbände.

Eberhard Kolb, Die Weimarer Republik, München/Wien (R. Oldenbourg Verlag) 1984, S. 107, 108 f., 112 f., 114.

12 Analysieren Sie die Karikatur (M17) im Hinblick auf die Ideologie und Propaganda der NSDAP.

13 Beschreiben Sie den organisatorischen Aufbau der NSDAP und die dahinterstehende Strategie der Partei seit der Wiedergründung 1925 (M18 und M19).

M 20 Der Vorsitzende des Landbundes Mecklenburg-Schwerin in einem Schreiben an das Präsidium des Reichs-Landbundes und die Vorsitzenden der Einzellandbünde vom 20. 2. 1928

Tatsache ist, dass das Landvolk erkannt hat, dass Schuld an seiner Not letzten Endes nicht wirtschaftliche oder außenpolitische, sondern lediglich innenpolitische Verhältnisse haben. […] Die Masse der heute zur Einigung und zum Handeln drängenden und Disziplin haltenden Landleute wird, wenn nicht grundlegende Änderungen in absehbarer Zeit durchgesetzt werden, uns den Rücken kehren, in völlige Apathie verfallen oder ihre Zuflucht bei linksradikalen Kreisen suchen. Die reine Parteiwirtschaft ist

M 19 Mitgliederentwicklung der NSDAP 1923–1933

Jahr	Mitglieder	Ortsgruppen	(in % der Gemeinden)
1923		347	
1925	25 400	607	(1,3 %)
1926	42 000		
1927	< 59 000		
1928	> 79 000	1 378	(2,8 %)
1929	125 000		
1930	129 563	4 964	(9,9 %)
1932		10 000	(20,0 %)
1933 (30. 1.)	719 446		

Bei den Mitgliederzahlen 1930 und 1933 handelt es sich um Angaben aus der Parteistatistik von 1935, ansonsten um Schätzwerte.

Nach: Gerhard Paul, Aufstand der Bilder. Die NS-Propaganda vor 1933, 2. Aufl., Bonn (J. H. W. Dietz Nachf.) 1992, S. 69.

zu einer Groteske geworden, nicht einmal die ehrwürdige Gestalt des Herrn Reichspräsidenten ist in der Lage, dem Parlament Arbeitswillen einzuflößen. [...] Die Sachlage der Gesamtlandwirtschaft duldet aber irgendeinen Aufschub aus parlamentarischen Gründen nicht. [...] Ich halte den Zeitpunkt für gekommen, einen Generalangriff gegen das derzeitige System, das nach allen Richtungen hin versagt hat und in Zukunft noch immer mehr versagen wird, zu führen. [...] Bei dem furchtbaren Ernst der Lage lehne ich es für meinen Landbund ab, nur mit Entschließungen und Protesten, die letztlich nichts anderes als Theaterdonner bedeuten, in Zukunft weiter zu arbeiten. Die Spitze [des Reichslandbundes] muss die Lage nicht nach den von Stunde zu Stunde wechselnden Verhältnissen in Berlin beurteilen, sondern vor allen Dingen das Fundament berücksichtigen, auf dem sie selbst steht, und das ist der energische Tatwille des gesamten deutschen Landvolkes, das nicht mehr mit sich spielen lassen will. Ergreifen wir die Stunde nicht, so wird man über uns zur Tagesordnung übergehen, und statt dass wir als berufene Führer die Lage in der Hand behalten, das Höchste aus ihr herausholen und den Staatsdingen wieder ein deutsches und damit ehrliches Gesicht geben, wird eine linksradikalisierte Bauernschaft entstehen, die dem Gebilde, das man heute „deutschen Staat" nennt, den Todesstoß geben wird.

Jens Flemming u. a. (Hg.), Die Republik von Weimar. Bd. 1: Das politische System, Düsseldorf (Athenäum/ Droste) 1979, S. 203 f.

M 21 Aus einem Aufruf des „Stahlhelm"-Landesverbandes Brandenburg, 2. 9. 1928

Wir hassen mit ganzer Seele den augenblicklichen Staatsaufbau, seine Form und seinen Inhalt [...], weil er uns die Aussicht versperrt, unser geknechtetes Vaterland zu befreien und das deutsche Volk von der verlogenen Kriegsschuld zu reinigen, den notwendigen Lebensraum im Osten zu gewinnen, das deutsche Volk wieder wehrhaft zu machen.

Wolfgang Michalka, Gottfried Niedhart (Hg.), Die ungeliebte Republik. 3. Aufl. München (dtv) 1984, S. 251 f.

M 22 Reichswehrminister Groener in einem Vortrag vor den Gruppen- und Wehrkreisbefehlshabern (11. 1. 32) über ein Zusammentreffen mit Hitler

Sympathischer Eindruck, bescheidener, ordentlicher Mensch, der Bestes will. Im Auftreten Typ des strebsamen Autodidakten. Minister hat klar zum Ausdruck gebracht, dass er legale Bestrebungen Hitlers mit allen Mitteln stützen wird, anderseits wird gegen Unruhestifter aus Nazikreisen weiter bekämpfend vorgegangen werden.

Dieser Standpunkt gilt für Reichswehrminister und Reichsinnenminister übereinstimmend.

Absicht und Ziele Hitlers sind gut, ist aber Schwarmgeist, glühend, vielseitig. Minister hat ihm voll zugestimmt, seine Absichten zum Guten des Reiches fördern zu helfen. Minister hat auch Ländern gegenüber schärfstens zum Ausdruck gebracht, Nazis gegenüber Gerechtigkeit walten zu lassen, nur Auswüchse dürften bekämpft werden, nicht die Bewegung als solche. [...]

Wehrmacht ist höchste Institution im Vaterland, kann durch keine Vereine oder Verbände ersetzt werden. Kein Beeinflussen der Wehrmacht von außen dulden. Ergänzen der Wehrmacht durch Miliz ist spätere Sorge. Das Gute aus den Verbänden an uns heranziehen, jedoch nicht wie Italien Wehrmacht in Gefolgschaft politisch eingestellter Miliz bringen.

Minister wird als Reichsinnenminister gegen alle rücksichtslos Front machen, die die Ordnung zu stören suchen. Bürgerkrieg gibt es nicht. Dieser Standpunkt muss überall vertreten werden. Wer ihn anstrebt oder ihn anzuzetteln versucht, wird mit Brutalität niedergeschlagen.

Jens Flemming u. a. (Hg.), Die Republik von Weimar. Bd. 1: Das politische System, Düsseldorf (Athenäum/ Droste) 1979, S. 83 f.

M 23 Petition an den Reichspräsidenten vom 19. November 1932

Gleich Eurer Exzellenz durchdrungen von heißer Liebe zum deutschen Volk und Vaterland, haben die Unterzeichneten die grundsätzliche Wandlung, die Eure Exzellenz in der Führung der Staatsgeschäfte angebahnt haben, mit Hoffnung begrüßt. Mit Eurer Exzellenz bejahen wir die Notwendigkeit einer vom parlamentarischen Parteiwesen unabhängigeren Regierung, wie sie in dem von Eurer Exzellenz formulierten Gedanken eines Präsidialkabinetts zum Ausdruck kommt.

Es ist klar, dass eine des öfteren wiederholte Reichstagsauflösung mit sich häufenden, den Parteikampf immer weiter zuspitzenden Neuwahlen nicht nur einer politischen, sondern auch jeder wirtschaftlichen Beruhigung und Festigung entgegenwirken muss. Es ist aber auch klar, dass jede Verfassungsänderung, die nicht von breitester Volksströmung getragen ist, noch schlimmere wirtschaftliche, politische und seelische Wirkungen auslösen wird.

Wir erachten es deshalb für unsere Gewissenspflicht, Eure Exzellenz [...] zu bitten, dass zur Erreichung des von uns allen unterstützten Zieles Eurer Exzellenz die Umgestaltung des Reichskabinetts in einer Weise erfolgen möge, die die größtmögliche Volkskraft hinter das Kabinett bringt.

Wir bekennen uns frei von jeder engen parteipolitischen Einstellung. Wir erkennen in der nationalen Bewegung, die durch unser Volk geht, den verheißungsvollen Beginn einer Zeit, die durch Überwindung des Klassengegensatzes die unerlässliche Grundlage für einen Wiederaufstieg der deutschen Wirtschaft erst schafft. Wir wissen, dass dieser Aufstieg noch viele Opfer erfordert. Wir glauben, dass diese Opfer nur dann willig gebracht werden können, wenn die größte Gruppe dieser nationalen Bewegung führend an der Regierung beteiligt wird.

Die Übertragung der verantwortlichen Leitung eines mit den besten sachlichen und persönlichen Kräften ausgestatteten Präsidialkabinetts an den Führer der größten nationalen Gruppe wird die Schlacken und Fehler, die jeder Massenbewegung notgedrungen anhaften, ausmerzen und Millionen Menschen, die heute abseits stehen, zu bejahender Kraft mitreißen.

In vollem Vertrauen zu Eurer Exzellenz Weisheit und Eurer Exzellenz Gefühl der Volksverbundenheit begrüßen wir Euer Exzellenz mit größter Ehrerbietung

gez. Senator Dr. Beindorff – Hannover. Dr. Kurt v. Eichborn – Breslau. Ewald Hecker – Hannover. E. Helfferich – Hamburg. Eberhard Graf von Kalckreuth – Berlin. Carl Vincent Krogmann – Hamburg. Dr. E. Lübbert – Berlin. Erwin Merck – Hamburg. Joachim von Oppen – Dannenwalde. Friedrich Reinhart – Berlin. Gen.-Dir. Rostberg – Kassel. Dr. Hjalmar Schacht – Berlin. Kurt Freiherr von Schröder – Köln. Rudolf Ventzki – Eislingen. Senator F. A. Witthoeft – Hamburg. Kurt Woermann – Hamburg.

Martin Broszat, Die Machtergreifung. Der Aufstieg der NSDAP und die Zerstörung der Weimarer Republik, München (dtv) 1984, S. 199–201.

14 Untersuchen Sie in Gruppen die Stellungnahmen aus der Landwirtschaft (M20), der Wirtschaft (M23), vom Stahlhelm (M21) und von der Reichswehr (M22) zur aktuellen politischen Lage und bewerten Sie sie im Hinblick auf den Aufstieg des Nationalsozialismus.

M 24 Aus dem „Jahrbuch der deutschen Sonntagszeitung" (1928)

Der deutschnationale Abgeordnete Hugenberg ist einer der mächtigsten Männer nicht nur in der Deutschnationalen Volkspartei, sondern in Deutschland überhaupt. Worauf beruht seine Macht? [...]

So erwarb Hugenberg den Scherl-Verlag, der jetzt eine Menge stramm deutschnationaler Zeitungen (allen voran den „Berliner Lokalanzeiger"), Zeitschriften, Magazine und Bücher herausgibt.

Hugenberg erkannte aber, dass in Deutschland die Provinzpresse ebenso wichtig ist wie die Berliner Presse. Die Pariser und Londoner Zeitungen haben viel größere Auflagen als die Berliner, und zwar deshalb, weil sie auch in der Provinz gelesen werden. In Deutschland dagegen hat die kleinste Provinzstadt ihr Lokalblättchen, und die meisten Leute, bescheiden wie sie sind, begnügen sich mit der geistigen Nahrung dieser Zeitung.

Diese „Kanäle zu den Gehirnen der Menschen" machte Hugenberg seinen Interessen dienstbar. Er gründete 1922 die „Wirtschaftsstelle der Provinzpresse (Wipro)", die eine Maternkorrespondenz herausgibt. Nach der Inflation kaufte er noch eine zweite Maternkorrespondenz auf. Diese Maternkorrespondenzen schicken Leitartikel, Nachrichten, Plaudereien, Romane, Sportberichte usw., in Pappstreifen eingepresst, an die Provinzdruckereien, die mit Hilfe einer einfachen Metallgießmaschine die Druckplatten herstellen. Nehmen Sie irgend ein Provinzblatt in die Hand – außer den lokalen Nachrichten ist alles (auch die Schimpfereien über den Berliner Zentralismus) in Berlin fabriziert worden. Und die meisten Provinzblätter beziehen ihr Material aus Hugenbergs Werkstätten.

Eine solche Korrespondenz kann aber nur die Nachrichten an die Zeitungen weiterleiten, die sie irgendwoher erhält, sie ist also abhängig von den Nachrichtenbüros. […]

Hier griff Hugenberg ein durch den Erwerb und den Ausbau der Telegrafen-Union (T. U.). Er brach das Nachrichtenmonopol des von der Regierung abhängigen W. T. B. im Inland und machte sich auch daran, im Ausland einen eigenen Nachrichtendienst einzurichten: Er schloss Verträge mit ausländischen Nachrichtenbüros und gründete eigene Filialen. Wenn also jetzt in Berlin ein Streik ausbricht, gibt die T. U. die Nachricht mit dem entsprechenden Kommentar der United Press, und diese muss sie, nach den abgeschlossenen Verträgen, unverändert an die amerikanischen Zeitungen liefern. Wenn es in Prag zu einem Straßenauflauf kommt, dann meldet die Prager Filiale der T. U. nach Berlin, dort wird die Nachricht zurechtgemacht und dann, teils in Telegrammen, teils schon in Matern, an etwa 1600 deutsche Zeitungen verschickt. Nicht nur an deutschnationale Zeitungen – nein, Hugenberg beliefert auch Zeitungen der Deutschen Volkspartei, ja sogar Zentrums- und Demokratenblätter mit Nachrichten und Leitartikeln. Die Nachrichten müssen natürlich mit Vorsicht und mit Rücksicht auf die Parteistellung der empfangenden Zeitung ausgewählt und „ausgewertet", d. h. kommentiert werden. Mit dieser Aufgabe beschäftigt Hugenberg außer etwa 2000 Mitarbeitern 500 bis 600 fest angestellte Beamte und 90 Redakteure.

Nachrichten auswählen, formulieren und kommentieren – das bedeutet: Nachrichtenpolitik treiben. Und Nachrichtenpolitik in dem Maßstab treiben, wie Hugenberg es tut – das bedeutet: die Menschen beherrschen. Haben ausländische Blätter Recht, wenn sie Hugenberg „uncrowned king", „roi sans couronne", „ungekrönten König" nennen?

Sie haben Recht. Sie haben zehnmal Recht, seit Hugenberg auch noch Film und Kino in seine Gewalt zu bringen sucht. Schon 1916 hat er eine „Deutsche Lichtbildgesellschaft" gegründet, aus der dann 1920 die Deuligfilm A.-G. entstand. Und vor einem Jahr hat er die Werkstätten und die Theater des größten deutschen Filmunternehmens, der Universum-Filmgesellschaft (Ufa), erworben. Über die Machtsteigerung, die dieses Eindringen in die Filmindustrie bedeutet, braucht man kein Wort zu verlieren. […]

So hat Alfred Hugenberg in den letzten vierzehn Jahren ein Gebäude errichtet, das nicht so leicht eingestürzt werden wird. Denn er kennt die Menschen und hat seinen Bau errichtet auf ihrem Geschmack fürs Mittelmäßige, ihrem Mangel an Zivilcourage, ihrer geistigen Schwerfälligkeit und ihrer Kritiklosigkeit. Und das sind die sichersten Fundamente.

Werner Abelshauser, Anselm Faust, Dietmar Petzina (Hg.), Deutsche Sozialgeschichte 1914–1945. Ein historisches Lesebuch, München (C. H. Beck) 1985, S. 30–32.

M 25 (rechts) Karikatur aus der sozialdemokratischen Zeitschrift „Der Wahre Jacob" (1929)
Text auf dem Plakat:
Eine alpine Merkwürdigkeit – Der einzige Berg Deutschlands, der, wenn man ihn besteigt, nur ein niedriges Niveau zu bieten vermag und keinerlei Horizonte eröffnet, heißt der Hugenberg!

15 Erörtern Sie die Bedeutung Hugenbergs für die Formierung eines rechtsnationalen „Milieus" (M24 und M25). Kennen Sie vergleichbare Machtkonzentrationen auch heute?

Eine alpine Merkwürdigkeit

Zeichnung von Willi Steiner:

Der einzige Berg Deutschlands, der, wenn man ihn besteigt, nur ein niedriges Niveau zu bieten vermag und keinerlei Horizonte eröffnet, heißt der Hugenberg!

M26 Materialien zu den Wählern der NSDAP

26a) Die NSDAP-Wahl der sozialen Gruppen zwischen 1928 und 1933 (Angaben in Prozent der Wahlberechtigten der jeweiligen Gruppe): J = Juli N = November

	1928	1930	1932J	1932N	1933
Selbstständ./Mithelfd.	2	17	39	33	49
Angestellte/Beamte	2	13	24	21	32
Arbeiter	2	12	27	24	33
Berufslose	2	20	42	35	48
Hausfrauen etc.	2	15	31	26	36
Alle Wahlberechtigten	2	15	31	26	39

Ergebnisse errechnet auf Grund so genannter ökologischer Regressionen. Konfession und Urbanisierung kontrolliert.
Lesebeispiel: Im März 1933 stimmten 49 Prozent der wahlberechtigten Selbstständigen und mithelfenden Familienangehörigen, aber nur ein Drittel der Arbeiter und der Angehörigen der neuen Mittelschicht für die NSDAP.

26b) Die NSDAP-Wahl der sozialen Gruppen zwischen 1928 und 1933 nach der Konfession:

	1930		1932J		1932N		1933	
	Kath.	Prot.	Kath.	Prot.	Kath.	Prot.	Kath.	Prot.
Selbstständ./Mithelfd.	8	23	13	61	11	49	24	67
Angestellte/Beamte	11	13	17	24	14	24	29	31
Arbeiter	9	13	13	29	11	26	23	36
Berufslose	9	27	15	59	14	48	28	60
Hausfrauen etc.	8	18	14	39	13	32	25	42
Alle	9	18	16	38	14	33	28	44

Angaben: NSDAP-Stimmen in Prozent der Wahlberechtigten der jeweiligen Gruppe. Ergebnisse errechnet auf Grund ökologischer Regressionen. Grad der Urbanisierung statistisch kontrolliert.
Lesebeispiel: Im Jahre 1933 stimmten 24 Prozent der katholischen und 67 Prozent der evangelischen Selbstständigen für die NSDAP.

26c) Die Wahlerfolge von NSDAP und KPD in Gebieten mit extrem hoher und extrem niedriger Arbeitslosigkeit:

Kreis/ Bezirksamt	Arbeits-lose	NSDAP 1930	NSDAP 1932J	NSDAP 1933	KPD 1932N
Neustadt b. Coburg	30	37	45	48	13
Berlin-Mitte	27	11	22	30	27
Berlin-Wedding	26	8	16	23	39
Berlin-Friedrichshain	26	9	18	25	35
Bochum (Stadt)	25	16	26	33	20
Nördlingen (Land)	2	10	43	55	1
Königshofen/Grabfeld	2	18	37	52	1
Gerabronn	2	12	46	64	2
Rothenburg/T. (Land)	2	29	76	79	0
Marktoberdorf	2	10	31	50	1

Angaben jeweils in Prozent der Wahlberechtigen; auf- und abgerundet.

Jürgen W. Falter, Hitlers Wähler, Darmstadt (Wiss. Buchgesellschaft) 1991, S. 283f., 297.

M27 Soziale Struktur der NSDAP vor 1933

	Männliche NSDAP-Mitglieder 14.9.1930	30.1.1933	Bevölkerung (männliche Erwerbspersonen)
Arbeiter	27,2	32,8	48,3
Angestellte	24,9	21,9	10,4
Selbstständige	19,7	18,3	10,5
Beamte	8,0	7,0	5,7
Bauern	13,8	13,1	12,3
Sonstige	3,5	3,9	0,05
Rentner u. Pensionäre	2,0	1,7	11,8
Schüler u. Studenten	1,0	1,2	0,04

Anmerkung: Der ohnehin sehr geringe Frauenanteil in der Mitgliedschaft der NSDAP (1930: 5,9 %, 1933: 7,5 %) wurde herausgerechnet.

Nach: Peter Manstein, Die Mitglieder und Wähler der NSDAP 1919–1933. Untersuchungen zu ihrer schichtmäßigen Zusammensetzung, Frankfurt am Main u. a. (Verlag Peter Lang) 1988, S. 163.

M28 Schilderung der Gewaltanwendung durch die SA von einem SA-Historiker (1937)

25 unserer besten Schläger waren vorne, links eine starke Abteilung und rechts über dem Eingang der Rest der SA. Die Kommunisten waren im schrecklichen Griff von Fäusten und im Hagel von Maßkrügen und Stuhlbeinen und wollten fast von Anfang an schon weg. Inmitten des Saales wurden sie buchstäblich reihenweise niedergeschlagen, während ein verzweifelter Kampf an den beiden (verriegelten) Notausgängen tobte … Ein Kommunist versuchte mit dem Kopf zuerst durch das Fenster zu springen, um auf diese Weise seinen Kameraden einen Ausweg zu bahnen. Aber er hatte nicht mit dem Gitter außerhalb des Fensters gerechnet und fiel zurück, beide Ohren vom gebrochenen Glas abgetrennt.

Peter H. Merkl, Formen der nationalsozialistischen Gewaltanwendung: Die SA der Jahre 1925–1933, in: Wolfgang J. Mommsen, Gerhard Hirschfeld (Hg.), Sozialprotest, Gewalt, Terror. Gewaltanwendung durch politische und gesellschaftliche Randgruppen im 19. und 20. Jahrhundert, Stuttgart (Klett-Cotta) 1982, S. 434.

M29 Nationalsozialistische Propaganda

Himmler führt die Propaganda-Konzentration ein (1928):

München, den 24. Dezember 1928.
Propaganda-Abteilung.
Propaganda-Aktion.

Zum Vorwärtstreiben unserer politischen und SA-Organisation sowie zur planmäßigen Verbreitung unserer Presse ist von Zeit zu Zeit für jedes Gebiet Deutschlands eine wohl vorbereitete, das Maß der sonstigen Propaganda-Anstrengungen überschreitende Tätigkeit notwendig.

Unter Propaganda-Aktion versteht die Propaganda-Abteilung:

1. Konzentration von 70 bis 200 Versammlungen in einem Gau im Zeitraum von 7–10 Tagen.
2. Diese zeitliche Anhäufung für ein Gebiet ist notwendig, wenn die beabsichtigte Wirkung erzielt werden soll.
3. Die Wirkung sehe ich:
   a) in der Stellungnahme der gegnerischen Presse, die, im Gegensatz zu ihrer sonstigen Taktik, von unseren vielen

Versammlungen schreiben muss und wird und damit von uns spricht und Propaganda macht,

b) in der Tatsache, dass in 70–150 Orten eines Gaues innerhalb einer Woche unsere Plakate zu sehen sind und damit die Bevölkerung einer Provinz gleichmäßig auf uns aufmerksam gemacht wird,

c) in einer nicht unerheblichen moralischen Stärkung der Parteigenossen von oft mühsam und unter schwierigen Verhältnissen kämpfenden Gebieten,

d) in der durch die Versammlungen gegebenen Möglichkeit für unsere Presse, ungeheuer günstig zu wirken,

e) in der massenhaften Verteilung von Flugblättern und Handzetteln, die zur Vorbereitung der Versammlungen notwendig ist.

4. Im Anschluss an die Versammlungen in einem Orte erfolgt eine Propaganda-Woche mit
   einem Werbeabend für die SA, einem Werbeabend für die Hitler-Jugend, einem Werbetag (Samstag od. Sonntag) für die Presse. [...]
   Mit deutschem Gruß
   [St RL] I. A. Heinrich Himmler.

Albrecht Tyrell (Hg.), Führer, befiehl ... Selbstzeugnisse aus der „Kampfzeit" der NSDAP. Dokumentation und Analyse, Düsseldorf (Droste Verlag) 1969, S. 255–257.

M 30 Beschreibung einer nationalsozialistischen Kundgebung in der Frankfurter Zeitung v. 22. 2. 1931

Eine Stunde vor Anfang sind die Plätze besetzt. Tausende haben sich eingefunden. Es sind, wie meistens in diesen Versammlungen, junge und alte Leute, wenig Dreißig- und Vierzigjährige, wenig Arbeiter. Man taxiert: Handlungsgehilfen, Studenten; Landwirte, Mittelstand; pensionierte Beamte und Offiziere. Dazu Frauen und Mädchen. Eine Kapelle in weißen Hemden spielt auf. Die Blechmusik gellt durch den Raum. Potpourri: ich hab mich ergeben – Der Gott, der Eisen wachsen lässt – O Deutschland hoch in Ehren – Soldatenleben, ei, das heißt lustig sein – Aufs Pferd, Kameraden – ein Lied nach dem andern. Hornrufe, Angriffssignal, Zapfenstreich oder Wagnermotive vermitteln. Das Publikum klatscht. Der Zeitungsverkäufer profitiert von der Stimmung: „Völkischer Beobachter!" „Das Hakenkreuzbanner!" „Der Führer!" „Der Angriff!" Ein rassiger, wenn auch nicht arischer Junge mit schmalem Gesicht, dunklen Augen und feiner, geschwungener Nase ruft die „Sturmjugend" aus. Er und ein paar Altersgenossen, Zehn- und Zwölfjährige, tragen die gleiche Tracht: kurze Hose mit Koppel, weißes Hemd, schwarzen Schlips. Junge Mädchen bieten Postkarten, Fotografien des Führers, an. „Adolf Hitler? Adolf Hitler?", fragt eines, eine Broschüre vorweisend, reihauf, reihab. Dann platzt die Musik, jedes Wort überschmetternd, herein. Oben, rings um die Galerie, werden Tücher befestigt. Darauf steht: „Lest das Hakenkreuzbanner!" „Werdet Nationalsozialisten!" „Es geht ums Letzte, kommt zur SA!" „Der Furcht so fern, dem Tod so nah, heil dir, SA!"

Die Musik geht in den Fridericus-Marsch über. Die hintere Saaltür, die bis dahin geschlossen war, öffnet sich, und herein marschieren, in Reihen zu zweien, in festem Tritt die SA (Sturm-Abteilungen); ein langer, ein paar Hunderte zählender Zug. Die Männer tragen, da die braunen Hemden verboten sind, weiße; sie haben zwei Fahnen und einen Totenkopfwimpel. Das Publikum, das sich erhoben hat, grüßt, die Rechte nach Faschistenweise gestreckt, mit Heilrufen Fahnen und Führer. Die Truppe, die da vorbeizieht, ist bunt gemischt. Einige halten sich militärisch, viele sehen ungewiss drein. Sie erinnern mich an Rekruten, die noch in Zivil, aber schon formiert, über den Kasernenhof rücken; nur die Typen sind andere. Viele schwächliche Leute, schmächtige Kriegsjugend, Stubengesichter; daneben Studenten, straff, sportlich; eine Hand voll gedienter Soldaten; viele Erwerbslose. Fanatiker und handfeste Kerle. Sie durchqueren, von Klatschen und Rufen, Pauken und Trompeten begleitet, den Saal, steigen aufs Podium und nehmen dort in gestuften Reihen hinter den Rednern Platz. Die Versammlung beginnt.

M 31 NSDAP-Plakate zu den Reichstagswahlen 1930 und 1932

[Es folgt eine Darstellung der gehaltenen Reden.]

So rauscht es über die Hörer, die angespannt und mit leuchtenden Augen lauschen. Bis er schließt: „Deutschland, Deutschland über alles." Die Musik nimmt es auf, alles erhebt sich, und während die Fahnen gesenkt, die Arme der SA-Männer wie zum Schwure gereckt sind, erdröhnt es: „Deutschland über alles, über alles in der Welt."

Werner Abelshauser, Anselm Faust, Dietmar Petzina (Hg.), Deutsche Sozialgeschichte 1914–1945. Ein historisches Lesebuch, München (C.H. Beck) 1985, S. 317–319.

16 Untersuchen Sie das Zahlenmaterial zur Mitglieder- und Wählerschaft der NSDAP (M26 und M27) und erklären Sie die unterschiedliche „Anfälligkeit" verschiedener sozialer Gruppen.

17 Erörtern Sie, wie die NSDAP propagandistisch vorging, wer dabei ihre Hauptgegner und ihre wichtigsten Zielgruppen waren (M28–M31).

18 Beschreiben Sie die mögliche Wirkung einer NS-Kundgebung (M30) auf die anwesenden Anhänger der NSDAP und interessierte, aber noch nicht für die Partei Adolf Hitlers gewonnene Zuhörer.

19 Besuchen Sie in Gruppen Wahlkampfkundgebungen mehrerer politischer Parteien. Verteilen Sie zuvor Beobachtungsaufträge unter sich, machen Sie sich Notizen und werten Sie diese aus. Nehmen Sie, wenn möglich, Kontakt zu den Wahlkampfmanagern der verschiedenen Parteien auf. Wo liegen die Unterschiede zum nationalsozialistischen Wahlkampf?

20 Fotografieren Sie die Wahlplakate heutiger Parteien oder bitten Sie die Parteien um entsprechende Abbildungen. Fertigen Sie eine Collage an, in der Sie die damaligen und heutigen Plakate gegenüberstellen.

M 32 Die Sozialdemokraten begründen ihre Tolerierungstaktik, 18.10.1930

Die Sozialdemokratie hat den Wahlkampf [...] gegen das Kabinett Brüning geführt. Sie steht auch jetzt in entschiedenster Gegnerschaft gegen diese Regierung. Trotzdem hat sie keinen Misstrauensantrag gegen das Kabinett Brüning eingebracht, sie hat auch die von den Nationalsozialisten, Kommunisten und anderen Parteigruppen eingebrachten Misstrauensanträge abgelehnt. Diese Ablehnung bedeutet aber nicht, dass die Sozialdemokratie Vertrauen zu der jetzigen Regierung habe. Diese taktische Stellung der sozialdemokratischen Reichstagsfraktion besagt nichts anderes, als dass sie selbst den Zeitpunkt bestimmen wird, an dem sie zum Angriff gegen das Kabinett Brüning vorgeht. Eine solche Taktik ist in Ländern mit gefestigter parlamentarisch-demokratischer Verfassung eine Selbstverständlichkeit. [...]

Die sozialdemokratische Fraktion ist jeden Tag in der Lage, mit Nationalsozialisten, Kommunisten und Deutschnationalen die Regierung zu stürzen, sie kann aber unmöglich mit solchen Bundesgenossen gemeinsam eine neue Regierung bilden. Deshalb und weil die Sozialdemokratie von dem Gefühl der Verantwortung für die arbeitende Klasse durchdrungen ist, lehnte sie jetzt die Zustimmung zu den Misstrauensanträgen anderer Parteien ab. Und zwar solcher Parteien, die, wie die Nationalsozialisten und die Deutschnationalen, offen arbeiterfeindlich sind oder, wie die Kommunisten, durch ihre Taktik zur Schwächung der Arbeiterklasse und zur Stärkung des Faschismus beitragen.

Die Sozialdemokratie und die Freien Gewerkschaften sind das Bollwerk gegen die Herrschaft des Faschismus in Deutschland. Die gesamte Arbeiterklasse muss den parlamentarischen Kampf der sozialdemokratischen Reichstagsfraktion für die Verbesserung der Wirtschaftslage, für die Ordnung der öffentlichen Finanzen, für die Erhaltung der Sozialgesetzgebung und für die Sicherung der politischen Freiheiten des Volkes mit allen verfügbaren Kräften unterstützen.

Wolfgang Michalka, Gottfried Niedhart (Hg.), Die ungeliebte Republik. 3. Aufl. München (dtv) 1984, S. 295.

M 33 Karikatur aus dem Simplicissimus (1930/31)

Die große deutsche Melancholia (Wilhelm Schulz)

„Die Wahl ist kurz, die Reu ist lang!"

M 34 Aus den Tagebüchern von Joseph Goebbels

8. Mai 1932.
Am Sonnabend kommen die Sendboten. [...] Der Führer hat eine entscheidende Unterredung mit General Schleicher; einige Herren aus der nächsten Umgebung des Reichspräsidenten sind dabei. Alles geht gut. Der Führer hat überzeugend zu ihnen geredet. Brüning soll in den nächsten Tagen schon fallen. Der Reichspräsident wird ihm sein Vertrauen entziehen. Der Plan geht dahin, ein Präsidialkabinett zu installieren; der Reichstag wird aufgelöst, alle Zwangsgesetze sollen fallen, wir bekommen Agitationsfreiheit und liefern dann ein Meisterstück an Propaganda. Eine Woche haben wir nötig für die Vorbereitungen. Der Wahlkampf muss ganz kurz sein, wir arbeiten mit Flugzeuggeschwadern und beackern eine Provinz nach der andern. Beglückend das Gefühl, dass noch kein Mensch etwas ahnt, am wenigsten Brüning selbst. Wir sind gespannt, aber doch immer noch misstrauisch. Wenn's gelingt, dann haben unsere Unterhändler, an ihrer Spitze Stabschef Röhm, ein Meisterstück gemacht. [...] Unterwegs wird schon der nächste Reichstagswahlkampf in groben Zügen festgelegt. Das soll unser großer Schlager werden. Wenn die SA erst wieder im Braunhemd marschiert, dann ist die ganze Depression überwunden, und der Feind wird bald, von unseren Schlägen getroffen, zu Boden sinken.

13. Mai 1932.
Wir bekommen Nachricht von General Schleicher: die Krise geht programmgemäß weiter. Der Reichspräsident ist nach Neudeck abgereist. Über Pfingsten wird nichts mehr passieren.

30. Mai 1932.
Die Bombe ist geplatzt. Brüning hat um 12 Uhr dem Reichspräsidenten die Gesamtdemission des Kabinetts überreicht. Das System befindet sich im Fall. Der Reichspräsident hat die Demission angenommen. Ich rufe gleich den Führer an. Nun muss er sofort nach Berlin zurückkommen. Auf einer großen Gau- und Pressekonferenz die Situation durchgesprochen. Die Parole wird ausgegeben. Alles rast vor Freude. [...]

Die Unterredung mit dem Reichspräsidenten ist gut verlaufen. Das SA-Verbot wird fallen. Uniformen sollen wieder erlaubt sein. Der Reichstag wird aufgelöst. Das ist das Allerwichtigste. Von Papen ist als Reichskanzler vorgesehen. Aber das interessiert nun nicht so. Wählen, wählen! Heran ans Volk. Wir sind alle sehr glücklich.

Elke Fröhlich (Hg.), Die Tagebücher von Joseph Goebbels. Sämtliche Fragmente. Teil I: Aufzeichnungen 1924–1941. Band 2: 1. 1. 1931–31. 12. 1936, München u. a. (K. G. Saur) 1987, S. 165 f., 169, 177.

M 35 Niederschrift aus dem Büro des Reichspräsidenten v. Hindenburg, gefertigt am 10. Juni 1932

Seit den Reichstagswahlen vom 14. September 1930 hat der Herr Reichspräsident den Herrn Reichskanzler Brüning wiederholt gedrängt, seine Regierung nach rechts zu erweitern und die Parteien der Rechten, in erster Linie die Deutschnationalen, in seine Regierung einzubeziehen; dem Herrn Reichspräsidenten lag am Herzen, die durch das deutsche Volk gehende nationale Welle zur Mitarbeit am Vaterland dienstbar zu machen. Reichskanzler Dr. Brüning hat hierauf stets geantwortet, dass er in dieser Richtung Fühlung genommen hätte, dass diese Fühlung aber ergebnislos geblieben wäre. [...]

Der Herr Reichspräsident hat aus der Stellungnahme Brünings auf seine wiederholt geäußerten Wünsche immer mehr die Überzeugung gewonnen, dass der Reichskanzler sich innerlich nicht zu einer solchen Verlagerung der politischen Kräfte nach rechts entschließen könne und daher die Entscheidung hinausziehe; dieser Eindruck des Herrn Reichspräsidenten verstärkte sich, als auch nach dem Ergebnis der Preußenwahlen der Herr Reichskanzler keinerlei Änderung seines bisherigen Verhaltens zeigte, sondern ein Abwarten „bis nach Lausanne" aus allgemeinpolitischen Rücksichten für notwendig erklärte. [...]

Durch die Aufnahme, die das SA-Verbot in der Öffentlichkeit erfuhr und die sich in zahlreichen Zuschriften aus Kreisen der Hindenburgwähler der Rechten äußerte, wurde die Stellung des Reichswehrministers beim Herrn Reichspräsidenten stark erschüttert, umso mehr, als der Herr Reichspräsident als Oberbefehlshaber der Reichswehr feststellen musste, dass die Truppe das ungleiche Verhalten des Reichswehrministers nicht verstehen konnte und dasselbe stark kritisierte. Diese Kritik der Wehrmacht richtete sich nicht nur gegen die einseitige Stellungnahme für Links, sondern wurde auch durch die Erwägungen veranlasst, dass durch diese Verordnung die Autorität des Herrn Reichspräsidenten als Oberbefehlshaber der Armee geschädigt wurde, dass das Verbot eines Wehrverbandes durch den Wehrminister ein Widerspruch in sich sei und dass der Grenzschutz durch die Vertreibung der das Hauptkontingent stellenden jungen Nationalsozialisten stark geschwächt würde. Nach Fühlungnahme mit dem Herrn Chef des Ministeramts, Generalleutnant von Schleicher, und den Herren Chefs der Heeresleitung und der Marineleitung hielt der Herr Reichspräsident es für das Beste, wenn der Herr Reichswehrminister Groener selbst sich zum Rücktritt entschlösse, nachdem diese Herren ihm bestätigt hätten, dass im Offizierskorps und auch in der Mannschaft der Reichswehr kein Vertrauen zu ihm mehr bestand.

Ernst Rudolf Huber (Hg.), Dokumente zur deutschen Verfassungsgeschichte. Bd. 4: Deutsche Verfassungsdokumente 1919–1933. 3., neu bearb. Aufl. Stuttgart u. a. (Kohlhammer) 1992, S. 529–532.

M 36 Die geplante „Einrahmung" oder „Zähmung" Hitlers

36 a) Theodor Duesterberg, zweiter Bundesführer des „Stahlhelm", 1949 im Rückblick über eine Besprechung mit Papen, Hugenberg und Seldte am 26. 1. 1933:

Am 26. Januar 1933 fand eine Besprechung Papens mit Hugenberg, Seldte und mir statt. Diese eröffnete Papen mit einer kurzen Ansprache, in der er auf die zwingende Notwendigkeit einer neuen Regierung unter Hitler als Reichskanzler hinwies. Er schloss mit der Forderung, dass wir uns alle Hitler zu unterstellen hätten, auch der Stahlhelm. Seldte, dem inzwischen Papen mit Erfolg den von mir abgelehnten Ministerposten angeboten hatte, erklärte seine grundsätzliche Bereitschaft. Ich widersprach und warnte vergeblich vor der Dynamik der Hitlerschen Natur und seiner fanatischen Massenbewegung. Hugenberg suchte meine Gedanken mit dem Hinweis zu entkräften, dass ja nichts passieren könne. Hindenburg bliebe Reichspräsident und Oberbefehlshaber der Wehrmacht, Papen würde Vizekanzler, er übernähme die ganze Wirtschaft, einschließlich der Landwirtschaft, Seldte das Arbeitsministerium. „Wir rahmen also Hitler ein." Mit einem drastischen Witz sagte ich prophetisch Hugenbergs persönliches Schicksal voraus. Er würde eines Nachts in Unterhosen durch die Ministergärten vor der Festnahme flüchten müssen. Alles war vergeblich! Der altrömische politische Erfahrungssatz „principiis obsta"[1] war durch die neuzeitliche Asphaltweisheit von dem „Chance geben" verdrängt. Der unmögliche

Hitler würde sich ja bald selbst unmöglich machen, war die Beruhigungspille für die im Innersten selbst gehegten Bedenken.

Wolfgang Michalka, Gottfried Niedhart (Hg.), Die ungeliebte Republik. Dokumentation zur Innen- und Außenpolitik Weimars 1918–1933, 3. Aufl. München (dtv) 1984, S. 357 f.

1 Wehre den Anfängen

36 b) Papen zu Ewald von Kleist-Schmenzin, Januar 1933:

[...] Was wollen Sie denn? Ich habe das Vertrauen Hindenburgs. In zwei Monaten haben wir Hitler in die Ecke gedrückt, dass er quietscht.

Ebd., S. 362.

21 Nehmen Sie Stellung zur Legitimation der sozialdemokratischen Tolerierungspolitik (M32). Ziehen Sie hierzu auch die Historikerbewertungen in M11 heran.

22 Analysieren Sie die Zielrichtung der Karikatur (M33) und interpretieren Sie sie im Hinblick auf die politische Lage.

23 Benennen Sie die Ursachen für Brünings Sturz (M34 und M35).

24 In der Forschung ist umstritten, ob die SPD gegen Papens Preußenschlag vom 20. Juli 1932 mit offenem Widerstand, der Mobilisierung der bislang von ihr kontrollierten preußischen Polizei und der Ausrufung des Generalstreiks, wie z. B. nach dem Kapp-Putsch 1920, hätte reagieren sollen. Finden Sie Argumente, die für und gegen ein solches Vorgehen sprachen.

25 Worauf stützten die Konservativen ihre Hoffnungen auf „Einrahmung" Hitlers (M36)? Untersuchen Sie, warum sie mit diesem Plan gescheitert sind.

M 37 Erklärungen von Historikern für das Scheitern der Weimarer Demokratie

37 a) Hagen Schulze (1982):

Woran ist also Weimar gescheitert? Die Antwort ist nicht mit letzter wissenschaftlicher Präzision zu geben, aber einiges lässt sich doch ausmachen: die wichtigsten Gründe liegen auf dem Feld der Mentalitäten, der Einstellungen und des Denkens. In der Mitte des Ursachenbündels finden sich eine Bevölkerungsmehrheit, die das politische System von Weimar auf die Dauer nicht zu akzeptieren bereit war, sowie Parteien und Verbände, die sich den Anforderungen des Parlamentarismus nicht gewachsen zeigten. Die Ursachen für diese Defekte dürften überwiegend in langfristigen, aus den besonderen Bedingungen der preußisch-deutschen Geschichte zu erklärenden Zusammenhängen zu suchen sein, verstärkt durch die Entstehungsbedingungen des Weimarer Staatswesens und seiner außenpolitischen Belastungen. Die Übertragung dieser ungünstigen Gruppenmentalitäten auf das Weimarer Regierungssystem wurde durch den Wahlrechtsmodus erheblich begünstigt; andere Merkmale der formalen Verfassungsordnung, wie ihr mangelnder normativer Charakter oder der Föderalismus, wirkten nur in zweiter Linie destabilisierend, während das starke präsidiale Moment daneben auch stabilisierende Komponenten enthielt, die allerdings letzten Endes nicht zum Zuge kamen. Die antirepublikanischen Tendenzen in Armee, Bürokratie und Justiz waren grundsätzlich beherrschbar, eine Frage des Machtbewusstseins von Parteien und Regierung. Die gesellschaftlichen und wirtschaftlichen Rahmenbedingungen waren hauptsächlich langfristig wirksam, indem sie auf die Mentalitäten von Bevölkerung und einzelnen Gruppen einwirkten; aktuelle ökonomische Krisen verstärkten die destabilisierenden Momente, verursachten sie aber nicht.

Lapidar lässt sich also schließen: Bevölkerung, Gruppen, Parteien und einzelne Verantwortliche haben das Experiment Weimar scheitern lassen, weil sie falsch dachten und deshalb falsch handelten. Auch auf dem Umweg über die Strukturanalyse gelangt man so zu dem Schluss, dass Weimar nicht schicksalhaft oder bedingt durch anonyme Sachzwänge scheitern musste – die Chance der Gruppen wie der Einzelnen, sich für Weimar zu entscheiden und dem Gesetz der parlamentarischen Demokratie zu gehorchen, nach dem man angetreten war, hat immer bestanden.

Hagen Schulze, Weimar. Deutschland 1917–1933, 2., durchges. Aufl. Berlin (Siedler Verlag) 1982, S. 425.

37 b) Detlev Peukert (1987):
Der Untergang der Weimarer Republik ist auf vier zerstörerische Prozesse zurückzuführen, die einzeln wohl hätten gemeistert werden können:

– Die Verengung der Handlungsspielräume, derer die Ausgestaltung der Basiskompromisse bedurfte, transformierte die sozioökonomische Strukturkrise zur *Destabilisierung* des politischen und sozialen Systems der Republik.

– Die sukzessive Zurücknahme dieser Basiskompromisse trug darüber hinaus zum *Legitimationsverlust* der neuen Ordnung bei. Schon vor Ausbruch der Weltwirtschaftskrise befand sich das politische System der Republik in einer Krise, wie sich vor allem im kontinuierlichen Anhängerschwund der bisherigen liberalen und konservativen Parteien zeigte. Der Positionsverlust der rechten Mitte trieb diese in eine um so schärfere Konfrontation mit der Sozialdemokratie, die selber wiederum durch den kommunistischen Konkurrenzdruck in ihrer Handlungsfähigkeit blockiert wurde.

– Die *Konzeption einer autoritären Wende,* die die Repräsentanten der alten Eliten Anfang der dreißiger Jahre verfolgten, wollte die Basiskompromisse von 1918 ungeschehen machen und die Machtverhältnisse des Bismarckreiches restaurieren. Die Präsidialkabinette besaßen genügend Kraft, die verfassungsmäßige Ordnung zu zerstören, versagten aber angesichts des hohen Grads von Politisierung und massenhafter Mobilisierung, den die deutsche Öffentlichkeit inzwischen erreicht hatte. Weder konnten sie das Abdriften der bisherigen Mitte-Rechts-Wählerschaft zu den Nationalsozialisten stoppen, noch konnten sie an eine dauerhafte Regierung ohne Massenbasis denken.

– Die *nationalsozialistische Alternative* profitierte von diesem fundamentalen Autoritätsverlust der alten Eliten und ihrer liberalen und konservativen Traditionsverbände gleich zweifach: Die NS-Bewegung konnte angesichts der Krise der Jahre 1930 bis 1933 die ganze Dynamik einer modernen totalitären Integrationspartei entfalten; und sie konnte Anfang 1933 die Schlüssel zur Macht aus den Händen jener alten Eliten entgegennehmen, die bei der Zerstörung der Republik nur allzu erfolgreich, zur Restaurierung der Vorkriegszustände jedoch zu schwach gewesen waren. So bot sich eine letzte, die radikalste Alternative an, als sich alle anderen Alternativen aufgebraucht hatten.

Detlev J. K. Peukert, Die Weimarer Republik. Krisenjahre der Klassischen Moderne, Frankfurt am Main (Suhrkamp) 1987, S. 269 f. Ⓡ

37 c) Heinrich August Winkler (1998):
Der deutsche Liberalismus hat sich von seiner Niederlage in dieser Revolution nie mehr völlig erholt. Sein Arrangement mit dem Obrigkeitsstaat hatte Wirkungen, die das Kaiserreich überdauerten. Hinter den liberalen Parteien stand, anders als bei Sozialdemokratie oder Zentrum, kein fest gefügtes „Milieu"; die Anziehungskraft nationalistischer Parolen auf ehedem liberale Wähler war so stark, dass beide liberale Parteien seit 1930 immer mehr zu Splittergruppen absanken.

Als Weimar in seine Endkrise eintrat, hatte die Sozialdemokratie einen ihrer Partner aus der parlamentarischen Gründungskoalition, den liberalen, also bereits verloren. Der andere Partner, das Zentrum, rückte immer mehr nach rechts und gab sich schließlich der Illusion hin, es sei seine Mission, die Nationalsozialisten in einer Koalition zu zähmen. Damit war die Isolierung der Sozialdemokraten komplett. Wenn es eine Hauptursache für das Scheitern Weimars gibt, liegt sie hier: Die Republik hatte ihren Rückhalt im Bürgertum weitgehend eingebüßt und ohne hinreichend starke bürgerliche Partner konnte der gemäßigte Flügel der Arbeiterbewegung die Demokratie nicht retten.

Heinrich August Winkler, Weimar 1918–1933. Die Geschichte der ersten deutschen Demokratie. Durchges. Aufl. München (Beck) 1998, S. 610.

26 Vergleichen Sie die Erklärungen der Historiker für das Scheitern der Weimarer Demokratie (M37) und verfassen Sie auf der Grundlage Ihrer Arbeit in diesem Kurs einen eigenen Text.

Das Ende der Weimarer Republik vor Ort: Gladbeck

Gladbeck, eine Stadt im Ruhrgebiet, hatte am Ende der Weimarer Republik gut 60000 Einwohner. Sie war von der Wirtschaftsstruktur her vor allem durch den Bergbau geprägt. In der Wirtschaftskrise stieg die Zahl der Arbeitslosen bis auf 7000, was einer Arbeitslosenquote von über 30% entsprach. Politisch dominierten die Stadt vor allem die beiden Arbeiterparteien KPD und SPD sowie ein starkes Zentrum als Vertreter der Interessen des katholischen Bevölkerungsteils, das vor allem in der Kommunalpolitik die entscheidende Kraft darstellte.

M 38 Der Aufstieg der NSDAP in Gladbeck: Befürworter und Gegner

38 a) Ergebnisse der Reichstagswahlen in Gladbeck:

Wahl	KPD	USPD	SPD	Zentrum	DNVP	Sonstige	NSDAP
1919		3,26	52,00	35,76	5,04	3,94	
1920	4,89	21,97	24,10	32,70	7,09	9,25	
1924 I	26,87	1,99	20,07	26,38	9,72	14,97	
1924 II	16,60	0,32	29,73	27,04	12,85	13,46	
1928	20,06		30,18	21,05	9,08	19,22	0,41
1930	25,98		20,17	22,76	8,72	15,62	6,75
1932 I	24,84		19,32	26,05	5,96	2,44	21,39
1932 II	27,53		18,54	25,92	7,38	2,71	17,92

38 b) Ergebnisse der NSDAP bei den Reichstagswahlen im Juli 1932 in einzelnen Stadtteilen:

Stadtteil	Sozialstruktur	NSDAP-Ergebnis
Stadtmitte	bürgerlich	34,7
Mitte-Ost	bürgerlich	27,5
Brauck	Arbeiterkolonie	9,9
Zweckel	Arbeiterkolonie	9,3

38 c) Aus einem Artikel im sozialdemokratischen „Volksfreund" (13. 1. 1930):

Aus Moskaus Giftküche

Die Moskowiter sind keine Arbeitervertreter, sie sind ein naturgetreues Bild des allerübelsten Lumpenproletariats, sie sind willenlose Sklaven des russischen bolschewistischen Regimes, das eine ungehemmte Bekämpfung der Sozialdemokratie auf allen Ebenen befohlen hat […]

Die kommunistischen Kommunalfunktionäre, die bekanntlich positiv absolut nichts leisten, haben trotzdem der Zentrale noch zu viel kommunale Arbeit geliefert. Sie sollen jede Sekunde ihrer Zeit und jedes Quäntchen ihrer Hirnsubstanz auf die Revolutionierung – d. h. gewissenlose Aufpeitschung und Verführung aus sicherem Hinterhalt – der Massen des Lumpenproletariats verwenden; denn da, absolut nur da, ist für die KPD, den Moskauer Zentral-Bolschewismus, etwas herauszuholen, nämlich: Rüpelhaftigkeit, wüstes Schreien und Geschimpfe, Hauen, Stechen, Morden.

Was jetzt in den Kommunalvertretungen kommunistisch in Erscheinung tritt, das ist ausgesuchte prima, prima Ware, verblödet bis dort hinaus, ohne jede Selbstverantwortung, gehorchend aufs Wort, richtiggehend abgestempelt. Die Parteigenossen können in jedem Orte den kommunistischen Zirkus mustern. Die Auslassungen der Zentrale geben ihnen den Bewertungsmesser für die alten und neuen kommunistischen Fraktionsmitglieder an die Hand. Sie werden es nun auch entsprechend würdigen können, dass allerorts nach dem 17. November die nämlichen kommunistischen Walzen abliefen, dass überall derselbe inhalt- und seelenlose Spektakel angedreht wurde. Das ist Verbolschewisierung der Rathäuser und ihrer Umgebung, nämlich: Es lebe die befolgte Parole! Es lebe die bolschewistische Weltrrrrrevolution! [...]

Da haben wir vorstehend die Befehle der kommunistischen Zentrale und ihr Echo in der Provinzradaupresse. Die angeführten Zitate dürften zur Genüge erkennen lassen, dass bezüglich der neu gewählten kommunistischen Kommunalvertreter jede Hoffnung auf eine vernünftige sozialistische Betätigung, auf Förderung der Sache der Hand- und Kopfarbeiter, dahingeschwunden ist. Im Gegenteil: Sie zerstören befehlsgemäß so manches, was die Sozialdemokratie in hartem mühevollem Ringen aufgebaut hat. Genossen, lasst das politische Lumpengesindel sich selbst erledigen! Wir wollen weiterbauen und dazu Stein auf Stein herbeitragen.

„Auf, Sozialisten, schließt die Reihen".

Frank Bajohr, Verdrängte Jahre. Gladbeck unter'm Hakenkreuz, Essen (Klartext) 1983, S. 35–73.

38 d) Stellungnahme der KPD-Bezirksleitung Ruhrgebiet zur Gründung der „Eisernen Front" durch Reichsbanner, Arbeitersportvereine und Teile der Gewerkschaften (Anfang 1932):

Die eiserne Front der Sozialfaschisten ist eine neue Methode und ein neues Betrugsmanöver des Sozialfaschismus, um eine Front von Wels bis Hitler herzustellen und dabei bedeutende Teile der Arbeiterschaft mit einzureihen. [...]

Unsere Aufgabe ist es, durch schriftliche und mündliche Aufklärung in gesteigertem Maße die Führer der ‚Eisernen Front' als Sozialfaschisten anzuprangern, ihre betrügerischen Manöver zur Sabotage der roten Einheitsfront zu entlarven und zu bekämpfen und die rebellierenden Anhänger und Mitglieder der Sozialdemokratie und der ‚Eisernen Front' in geschlossenen Gruppen zur roten Arbeiterfront zu führen. [...] Die Gleichstellung des Faschismus mit dem Nationalsozialismus führt auch zur *Negierung* der Rolle der SPD als soziale Hauptstütze des Faschismus. Unsere Frontstellung: Klasse gegen Klasse, proletarische Diktatur gegen kapitalistische Diktatur, Bourgeoisie als Hauptfeind des Proletariats, Sozialdemokratie als Hauptfeind in den Reihen der Arbeiterschaft, kämpfende rote Einheitsfront in den Betrieben, Stempelstellen und Wohnvierteln, gegen faschistische Front von Wels bis Hitler muss in breiter Massenaufklärung jedem sozialdemokratischen, freigewerkschaftlichen und Reichsbannerarbeiter klargemacht werden.

Frank Bajohr, Verdrängte Jahre. Gladbeck unter'm Hakenkreuz, Essen (Klartext) 1983, S. 35–73.

38 e) Schilderung einer nationalsozialistischen Versammlung im „roten" Ortsteil Zweckel (4. 3. 1932):

Der Versammlungstag war zugleich ein schwarzer Tag für Zweckel und Gladbeck. Bereits eine Stunde vor Versammlungsbeginn war der Versammlungssaal gesteckt voll. Auch die Straße vor dem Lokal war voller Menschen. Die auf zwei Lastwagen nach Zweckel gekarrte SA trug zwar keine Uniformen, war jedoch an den braunen Hemden unter den Zivilkleidern zu erkennen. Sie konnte durch einen Hintereingang unbehelligt den Saal betreten, besetzte das Podium und sicherte mit einem starken Tau einen Raum vor dem Podium. Schon dabei kam es zu lautstarken Unmutsäußerungen der Versammlungsteilnehmer. Seltsamerweise war außer einem Beamten von der IA keine uniformierte Polizei zu sehen. Kurz vor Versammlungsbeginn kamen in zwei weiteren Personenwagen der Kreisleiter und der ‚Reichsredner' mit ihrer persönlichen Leibwache. Sie zwängten sich, ebenfalls unbehelligt, durch eine schmale Gasse in der Menschenmauer zum Hintereingang des Versammlungsraumes.

Kaum auf der Bühne, legte der ‚Reichsredner' los. Auch die Zweckeler Bevölkerung müsse zur Kenntnis nehmen, dass die NSDAP existiere. Es folgte eine Flut wüster Beschimpfungen der Kommunisten und der Sozialdemokraten. Sollte einer der roten Bonzen es wagen, in dieser Versammlung das Maul aufzureißen, werde er umgehend an die Luft befördert. Solcherart war der Ton bereits im Frühjahr 1932. Es folgten die ersten Proteste. Ein sozialdemokratischer Kumpel schwang sich auf die Schultern seiner Nebenmänner und rief mit voller Stimmstärke in den aufkeimenden Tumult, die Zweckeler Kumpels seien nicht gewohnt, alles zu schlucken, was man ihnen zum Fraß vorwerfe, und am allerwenigsten ließen sie sich von einem faschistischen Krawallmacher das Maul verbinden. Er beantragte deshalb eine Abstimmung, ob eine Diskussion stattfinden solle. Die Antwort des ‚Reichsredners': Schmeißt den Kerl raus! Damit begann die Tragödie. Die SA drängte mit Gummiknüppeln und Bierflaschen in den Saal. Die Zweckeler Kumpel leisteten Widerstand. Es entwickelte sich eine wüste Saalschlacht. Dann blitzten vom Podium einige Pistolenschüsse und gleichzeitig erlosch das Licht. Bis die Polizei eintraf, war der größere Teil der SA verschwunden, zurück blieben zahlreiche schwer verletzte Kumpel.

Das Ergebnis der Saalschlacht waren 2 Tote, 4 Schwer- und 15 Leichtverletzte.

Frank Bajohr, Verdrängte Jahre. Gladbeck unter'm Hakenkreuz, Essen (Klartext) 1983, S. 35–73.

38 f) Erinnerungen des früheren KPD-Stadtleiters an den Auftritt Hitlers am 24. 7. 1932 im Gladbecker Stadion:

Im Sommer 1932 kam Hitler persönlich nach Gladbeck. Mit einer Massenveranstaltung im Stadion wollte die NSDAP neuerlich ihre Stärke beweisen und die Gladbecker Bevölkerung beeindrucken. Die Hitlerschau rollte an einem Sonntag über die öffentliche Bühne.

Bereits am Samstagnachmittag glich Gladbeck einer belagerten Stadt. Die ganze Mannschaft der Polizeischule in der Zweckeler Steigersiedlung war im Einsatz, außerdem noch Polizeieinheiten aus Bottrop, Buer und Gelsenkirchen. Streifenwagen rollten durch die Straßen und an den Straßenkreuzungen standen doppelte und dreifache Posten, mit Stahlhelmen bewehrt und Schäferhunden an der kurzen Leine.

Am Sonntagvormittag das gleiche Bild. Um das Stadion zu füllen, hatte die NSDAP ihre Sturmscharen und Mitläufer bis nach Borken, Bocholt und dem Münsterland mobilisiert. Sie kamen in Autobussen und auf Lastwagen. Sie kamen auch aus Buer, Bottrop und Gelsenkirchen.

Es war ein glühend heißer Tag; das Stadion dampfte, die Gulaschkanonen und Wurstbuden dampften, Schellenbäume klirrten, Trommeln wirbelten, Blechkapellen schmetterten am laufenden Band den Badenweiler Marsch und Feldküchen verteilten gratis heiße Erbensuppe. Die angekarrten Massen schlürften die Erbsensuppe, tranken dazu lauwarmes Bier, es wimmelte von braunen und schwarzen Uniformen und die aus der näheren und weiteren Umgebung anmarschierte SA schmetterte zur Anheizung der Stimmung das Horst-Wessel-Lied. Rund ums Stadion wehte ein Wald von Hakenkreuzfahnen. Alles zusammen wirkte wie ein riesiger Jahrmarktstrubel. Dem kritischen Zuschauer jedoch schien es mehr eine Ouvertüre zur Götterdämmerung.

Die Gladbecker Bevölkerung war zum größten Teil dem Rummel ferngeblieben. Die Rollbalken der Geschäfte waren geschlossen, die Kaufleute befürchteten Unruhen. Der Rathausplatz war gänzlich abgeriegelt. Dort wartete neben einigen Masten mit Hakenkreuzfahnen die Gladbecker Kreisleitung auf ihren Führer.

Kurz nach 14 Uhr rollte die Führerkarawane, etwa ein Dutzend Autos, in der Mitte der bekannte Mercedes, von Horst kommend durch leere Straßen mit geschlossenen Fenstern und ohne Fahnen. Die Wagen waren voll gepackt mit schwarzen und braunen Goldfasanen, unter ihnen Gauleiter Terboven. Auf den Trittbrettern des Mercedes hingen zum Schutz des „Führers" dichte SS-Trauben. Gladbeck schien für den hohen Besuch ein heißes Pflaster zu sein. Die Karawane raste mit überhöhter Geschwindigkeit durch die fahnenlosen und menschenleeren Straßen zum Rathaus. Es ging das Gerücht, auch ein Teil der Stadtverwaltung sei zur Führerhuldigung erschienen, doch dies konnte nicht mit Sicherheit festgestellt werden, da der Rathausplatz für den einfachen Gladbecker Bürger gesperrt war. […]

Hitler kam, sah und brüllte. Er sprach nicht, sondern brüllte und kreischte. Er war klein, mit gelblichem Gesicht und gar nicht der Typ eines Germanen. Er kippte ganze Kübel voller bisher nicht gehörter brauner Rhetorik ins Stadion. Er werde den Kommunismus mit Stumpf und Stiel ausrotten, das übrige rote Gesindel zu den Ratten jagen, den jüdischen Krämergeist ausmerzen, der Plutokratie und dem übrigen raffenden Kapital für immer das schmutzige Handwerk legen und die verrottete Demokratie auf Vordermann bringen. In dieser Tonart ging es eine Stunde lang, unterbrochen von Wutausbrüchen gegen das Versailler Diktat. Was er vernichten wollte, sagte Hitler sehr deutlich, sein Programm vom Aufbau eines neuen Reiches war ein Wust nebulöser Phrasen, aus dem jeder, der ihm zuhörte, das heraussuchen konnte, was er sich wünschte. […]

Frank Bajohr, Verdrängte Jahre. Gladbeck unter'm Hakenkreuz, Essen (Klartext) 1983, S. 35–73.

38 g) Ein ehemaliges Mitglied des Gladbecker Reichsbanners erinnert sich an den Papenschen Preußen-Schlag vom 20. 7. 1932:

Wir sind damals bei Voerste zusammengerufen worden und haben auf den Einsatzbefehl gewartet. Wir hatten auch schon Verbindung zur Polizei. Dass wir Waffen bekommen würden, stand fest. In der ganzen Nacht waren Radfahrerkolonnen zu den anderen Ortsgruppen in unserem Bezirk unterwegs. Zu allen Orten hatten wir damals Verbindungen. Wir hätten damals losgeschlagen. Jeder wäre mitgegangen. Da hätte uns keiner gehalten. Wir hätten das nicht geduldet. Die ganze Sache ist aber von der Partei abgeblasen worden. Da war die Enttäuschung groß. […]

Frank Bajohr, Verdrängte Jahre. Gladbeck unter'm Hakenkreuz, Essen (Klartext) 1983, S. 35–73.

38 h) Erinnerung des damaligen KPD-Stadtleiters an die Zeit der Wirtschaftskrise in Gladbeck:

Es folgte die Zeit der so genannten Hungerdemonstrationen. Von der Stempelstelle im Arbeitsamt marschierten die Arbeitslosen geschlossen durch die Straßen, oft barfüßig, und forderten Arbeit und Brot. Die Polizei jagte sie mit Knüppeln und bissigen Schäferhunden. Es wurde bekannt, dass der Verpflegungssatz der in der Polizeischule gehaltenen Hunde höher war als das Stempelgeld eines Arbeitslosen. Eine Demonstration forderte daraufhin gleiches Recht für Hunde und Menschen.

Frank Bajohr, Verdrängte Jahre. Gladbeck unter'm Hakenkreuz, Essen (Klartext) 1983, S. 35–73.

27 Analysieren Sie den Aufstieg der Nationalsozialisten und seine Grenzen in Gladbeck mit Hilfe der vorliegenden Materialien (M38). Recherchieren Sie, ob es zu Ihrer Stadt heimat- und lokalgeschichtliche Literatur über diese Zeit gibt, und vergleichen Sie die Ergebnisse.

28 Untersuchen Sie das Verhältnis von SPD und KPD am Ende der Weimarer Republik (M32, M38c und d) und diskutieren Sie auf dieser Grundlage über die Möglichkeit einer „Einheitsfront" gegen den Nationalsozialismus.

Gegenwartsbezug: Die Erforschung des Rechtsextremismus

Der Aufstieg des Nationalsozialismus in den 1920er-Jahren gewinnt an der Wende zum dritten Jahrtausend eine bedrückende Aktualität angesichts der Debatten über den Rechtsextremismus und die Methoden zu seiner Bekämpfung. Diese zeigen, dass trotz der Bekundungen, Bonn sei nicht Weimar, der Rechtsextremismus auch nach 1945 einen Teil der politischen Kultur Deutschlands darstellte und darstellt. Während die ersten Jahrzehnte nach dem Krieg noch stärker durch biografische Kontinuitäten geprägt waren, charakterisiert sich der „Neonazismus" gerade dadurch, dass seine Verfechter die Zeit des Nationalsozialismus meist nicht miterlebt haben. Seine Existenz ist daher auch ein Indiz für eine unzureichende oder „falsche" Beschäftigung der deutschen Gesellschaft mit ihrer Vergangenheit zwischen 1918 und 1945.

Zwei Möglichkeiten zur unterrichtlichen Vertiefung

1 Die Untersuchung der Geschichte rechtsextremer Parteien (Sozialistische Reichspartei Anfang der 1950er-Jahre, NPD Ende der 1960er-Jahre, Deutsche Volksunion Anfang der 1990er-Jahre) und Bewegungen in Deutschland nach 1945. Es kann dabei – vor dem Hintergrund der Betrachtung des Aufstiegs des Nationalsozialismus vor 1933 – gehen um die Bedingungen von Erfolg bzw. Misserfolg, um rechtsextreme Strukturen und Personen, um deren Verhältnis zum Nationalsozialismus und um die Reaktionen des Staates und der anderen Parteien. Zur ersten Information kann folgende Literatur dienen:
Wolfgang Benz, Organisierter Rechtsextremismus in der Bundesrepublik Deutschland. Ein Überblick 1945–1984, in: Geschichte in Wissenschaft und Unterricht 38 (1987), S. 90–104.
Peter Dudek, Hans-Gerd Jaschke, Entstehung und Entwicklung des Rechtsextremismus in der Bundesrepublik. Zur Tradition einer besonderen politischen Kultur. 2 Bde., Opladen (Westdeutscher Verlag) 1984.
Bernd Siegler, Auferstanden aus Ruinen. Rechtsextremismus in der DDR, Berlin (Ed. Tiamat) 1991.

2 Die Untersuchung gegenwärtiger rechtsextremistischer Strömungen. Besonders geeignet hierfür ist eine Recherche im Internet, das sich auf Grund seiner Strukturen zu einem Zentrum rechtsextremistischer Propaganda und Kommunikation entwickelt hat. In jüngster Zeit bedient sich aber auch die kritische Auseinandersetzung mit dem Rechtsextremismus dieses Mediums. Auch hier sind ähnliche Fragestellungen wie unter 1 denkbar. Den Einstieg erleichtern folgende *Internetseiten,* die fast alle umfangreiche Linksammlungen für die eigene Recherche bereithalten:
- http://www.bnr.de („Blick nach rechts")
- http://www.verfassungsschutz.de (Bundesamt für Verfassungsschutz; hier auch eine Online-Broschüre über „Rechtsextremistische Bestrebungen im Internet": http://www.verfassungsschutz.de/publikationen/gesamt/page01.html)
- http://www.bundesregierung.de/frameset/index.jsp (→„Schwerpunkte" → „Rechtsextremismus": Seite der Bundesregierung)
- http://www.netzgegenrechts.de (eine Medien-Initiative)
- http://www.bpb.de (Bundeszentrale für Politische Bildung)
- http://www.welcome.to/idgr („Informationsdienst gegen Rechtsextremismus", private Seite)
- http://195.170.124.147/Pubs/sonderthema1/pageviewer.asp?TextID=1029 (Linksammlung des „Tagesspiegels")

– http://www.nazis.de (Seite, die den Dialog zwischen Rechten und Linken forcieren will, liefert sozusagen „Innenansichten")
– http://www.nrwgegenrechts.de (Seite des Landes Nordrhein-Westfalen mit zahlreichen Links zu lokalen und regionalen Initiativen, auch von Schulen; ähnliche Seiten existieren auch in anderen Bundesländern, z. B. http://www.niedersachsengegenrechts.de)

Neuere Literatur zum Thema „Gegenwärtiger Rechtsextremismus"

Uwe Backes, Rechtsextremismus in Deutschland. Ideologien, Organisationen und Strategien, in: Aus Politik und Zeitgeschichte B 9–10/98, S. 27–35.
Uwe Backes, Patrick Moreau, Die extreme Rechte in Deutschland. Geschichte – gegenwärtige Gefahren – Ursachen – Gegenmaßnahmen, 2. Aufl. München (Akademie Verlag) 1994.
Wolfgang Benz (Hg.), Rechtsextremismus in Deutschland. Voraussetzungen, Zusammenhänge, Wirkungen, Frankfurt am Main (Fischer Taschenbuch Verlag) 1994.
Jürgen W. Falter u. a. (Hg.), Rechtsextremismus. Ergebnisse und Perspektiven der Forschung, Opladen (Westdeutscher Verlag) 1996.
Wilhelm Heitmeyer, Die Bielefelder Rechtsextremismus-Studie. Eine Langzeituntersuchung zur politischen Sozialisation männlicher Jugendlicher, Weinheim u. a. (Juventa) 1992.
Richard Stoess, Rechtsextremismus im vereinten Deutschland, 2. Aufl. Bonn (Friedrich-Ebert-Stiftung) 1999 (auch komplett im Internet unter:
http://www.fes.de/fulltext/asfo/00659toc.htm)
Bernd Wagner (Hg.), Handbuch Rechtsextremismus. Netzwerke, Parteien, Organisationen, Ideologiezentren, Medien. Ein Projekt des Berlin-Brandenburger Bildungswerks e. V., Reinbek bei Hamburg (Rowohlt-Taschenbuch-Verlag) 1994.

Weiterführende Arbeitsanregungen

Die Weimarer Republik im Internet

Das Internet hält mittlerweile zahlreiche Informationen auch über historische Themen bereit. Allerdings sind diese Informationen nicht immer leicht zu finden und ihre Qualität ist höchst unterschiedlich, denn eine Qualitätskontrolle findet, anders als bei Schulbüchern, nicht statt.
Sie können sich durch eine Internetrecherche zu Themen der Weimarer Republik einen Eindruck vom Sinn (oder auch Unsinn?) der Nutzung des Internets für die Gewinnung historischer Erkenntnisse verschaffen. Außerdem hält das Internet auch, vor allem über Foren und durch die Nutzung von E-Mails, Kommunikationsmöglichkeiten bereit, um sich über historische Fragen auszutauschen.

Arbeitsvorschläge

1 Gehen Sie arbeitsteilig vor und nutzen Sie folgende Recherchemöglichkeiten:
- Suchmaschinen (z. B. www.google.de, www.altavista.de, www.metager.de usw.)
- Webkataloge (z. B. www.web.de, www.yahoo.de usw.)
- spezifische historische Portale (Einstiegsseiten) (z. B. www.historiker.de, http://hsozkult.geschichte.hu-berlin.de/, http://www.erlangerhistorikerseite.de/vl-dtld.html, www.dhm.de, usw.)

Hierzu müssen Sie sich zunächst auf Themen und Schlagworte einigen. Sie können ganz allgemein nach Informationen zur Weimarer Republik suchen (also z. B. mit der Kombination von „Weimar" und „Republik") oder sich auf bestimmte Aspekte beschränken wie einzelne Personen (Hindenburg, Ebert, Hitler etc.), Ereignisse (Inflation, Vertrag von Locarno, Mord von Potempa usw.) und Probleme (Wahlen, Dadaismus etc.). Wichtig ist bei der Auswahl der Schlagworte, dass sie das Thema hinreichend genau beschreiben, aber nicht zu speziell sind.
Die Ergebnisse Ihrer Recherche sollten Sie zunächst speichern (als „Lesezeichen" bzw. „Bookmarks") und sich anschließend über die Möglichkeiten und Grenzen der verschiedenen Suchstrategien austauschen. Im nächsten Arbeitsschritt sollten Sie die gefundenen Seiten analysieren im Hinblick auf die historische Triftigkeit, also die Übereinstimmung mit Ihrem bislang aus anderen Quellen gewonnenen, wissenschaftlich stimmigen Wissen, auf Vollständigkeit und auf Nutzerfreundlichkeit (also: Werden die Möglichkeiten dieses neuen Mediums tatsächlich ausgeschöpft?). Vergleichen Sie Ihre Ergebnisse: Was wird häufig thematisiert, was nicht? Diskutieren Sie über die möglichen Gründe; evtl. geben die Autoren von Webseiten auch selbst Auskunft über ihre Motive.

2 Entwerfen Sie eine Webseite zu einem Thema der Weimarer Republik, mit dem Sie sich intensiver beschäftigt haben, oder als Gesamtdarstellung der Geschichte der Weimarer Republik und stellen Sie sie, z. B. auf der Homepage Ihrer Schule ins Netz. Berücksichtigen Sie dabei die bei der Internetrecherche gewonnenen Erkenntnisse, was die Nutzerfreundlichkeit von Webseiten angeht.

Literaturtipp

Andreas Ohrmund, Paul Tiedemann, Internet für Historiker. Eine praxisorientierte Einführung, Darmstadt (Primus-Verlag) 1999, S. 105–119.

3 Schicken Sie Ihre Arbeitsergebnisse zur Weimarer Republik oder einzelnen Themen per E-Mail an Ihre Partnerschulen in anderen Ländern. Bitten Sie, eine Darstellung des gleichen Themas aus ihrer Perspektive zu verfassen. Diskutieren Sie untereinander und mit den Schülern der Partnerschule über Gemeinsamkeiten und Unterschiede und die möglichen Ursachen. Sie können Ihre Thesen auch in einem der Geschichtsforen im Internet zur Diskussion stellen; vgl. etwa http://www.crispinius.com/cgi-local/newsboard/dcboard.cgi, http://www2.h-net.msu.edu/~german/

4 Recherchieren Sie im Internet, ob es CD-ROMs gibt, auf denen auch die Weimarer Republik behandelt wird (z. B. in: www.sodis.de, http://userpage.fu-berlin.de/~history1/cdcoll.htm). Besorgen Sie sich eine oder mehrere dieser CD-ROMs, entwickeln Sie Kriterien zur Analyse und wenden Sie sie auf die jeweilige Darstellung der Weimarer Republik an. Schreiben Sie dann eine Rezension und vergleichen Sie sie mit der von Ihnen gefundenen.

10 Die Weimarer Republik in der historisch-politischen Diskussion

M 1 Falsche Parallele

Das Bild von den Weimarer Verhältnissen geistert durch die aktuelle politische Debatte. Die gewalttätigen Auseinandersetzungen in Kreuzberg sind dem Berliner Vorsitzenden der Deutschen Polizeigewerkschaft, Franke, Anlass, um „die klassische Weimarer Entwicklung" zu beschwören: Schon damals hätten sich Linke und Rechte gegen die neutrale Polizei hochgeschaukelt. „Das Ergebnis – der braune Terror." Auch wenn die Ausschreitungen gegen die Polizei eine neue Stufe erreicht haben sie nach den Morden von Mölln, nach Brandanschlägen auf Asylbewerberheime, nach Schändungen jüdischer Gräber gleichzusetzen und ausgerechnet an diesem Punkt Weimarer Verhältnisse zu konstatieren ist blanke Demagogie. Erstens war die Weimarer Polizei keineswegs so neutral, und zweitens wird suggeriert, Linke und Rechte marschierten und mordeten heute gemeinsam, um den Rechtsstaat auszuhebeln. Dass die KPD mit ihrer Sozialfaschismusthese tatsächlich Bündnisse mit der NSDAP einging und damit zum Scheitern der ersten deutschen Republik beitrug, ist unbestritten. Der Hauptgrund für deren Untergang lag jedoch darin, dass das Bürgertum und die hoffnungslos zerstrittene Linke die ungeliebte Demokratie nicht gemeinsam verteidigten. Die Analogie zu den heutigen – gleichwohl katastrophalen – Verhältnissen dient nur dazu, endlich den Staat mit jenen Mitteln auszustatten, die in der alten Bundesrepublik nicht durchsetzbar waren. Die Totalitarismustheorie feiert fröhliche Urständ', denn, so Franke, „die Geschichte hat gelehrt, dass der Terror von rechts und links identisch ist". In die gleiche Kerbe haut schon seit der Demonstration vom 8. November CDU-Chef Landowsky, der sich gestern erneut bemüßigt sah, die Gewalt auf beiden „extremen Rändern" zu geißeln, und dazu Forderungen vorlegte – von neuen Gesetzen bis zur P-Staatsanwaltschaft. Anstatt vorhandene Gesetze anzuwenden, wird mit der Beschwörung von Weimarer Verhältnissen Hysterie geschürt – und so die Rechtfertigung für neue Gewalttaten geliefert.

Kordula Doerfler

TAZ-Berlin vom 25. 11. 1992.

M 2 Sorge im Ausland

Die liberale italienische Zeitung[1] fragt, ob Bonn nicht doch mit Weimar vergleichbar sei:

Seit einigen Wochen sind die Deutschen alarmiert über das, was in ihrem Land geschieht, und fragen sich, ob Weimar erneut vor der Tür stehe. Und was Deutschland beunruhigt, beunruhigt den ganzen Westen.

Wenn die Abgeordneten des Bundestages so massiv für den Vertrag von Maastricht gestimmt haben, dann war es auch wegen dieser Angst: Angst davor, mit einem Teil der Nation allein gelassen zu werden, der nicht mehr greifbar ist, Angst davor, diese Kreise mit eigener Kraft nicht mehr in Schach halten zu können. Genau das war das Schicksal der Weimarer Republik.

Weimar bedeutet nicht einfach Wirtschaftskrise, auch nicht nur Beifall und Gleichgültigkeit der Massen gegenüber rassistischer Gewalt. Es war die Impotenz des Staates gegenüber Gruppen und Banden, die mächtiger waren als er.

TAZ vom 8. 12. 1992.

1 *La Stampa*

M 3 Hamburgs Erster Bürgermeister Henning Voscherau in einem Gespräch mit der WELT (1996)

Waigels Vorschlag für einen nationalen Stabilitätspakt kritisiert er [Voscherau] als „zu eng". Die Aufgabe sieht er vielmehr in einem europäischen und deutschen Pakt für mehr

Arbeitsplätze, Wettbewerbsfähigkeit und Stabilität. Unter Anspielung auf Heinrich Brüning, den Reichskanzler der Weimarer Republik, dem eine Rezessionspolitik vorgeworfen wird, spricht Voscherau von einem „Brüningschen Denkfehler" in Waigels Vorschlag, der isoliert an der Stabilität der Finanzen ansetze.

Die WELT online vom 19. 1. 1996.

M4 Aus einer Serie in der „tageszeitung" zur CDU-Spendenaffäre (2000)

Als pharisäisch und sträflich verantwortungslos lassen sich deshalb direkte oder indirekte Äußerungen charakterisieren, die der Öffentlichkeit vorgaukeln, die gesetzliche Norm zur Parteienfinanzierung sei eine „vernünftige Regelung". Pharisäisch, weil das Parteiengesetz Verletzungen der Rechenschaftspflicht lediglich mit einer Geldstrafe sanktioniert. Sträflich verantwortungslos, weil die Äußerungen eine historische Amnesie befördern. Auf diese Weise wird die Erinnerung verdrängt, dass in der Weimarer Republik die industrielle Bestechung zerstörerische Folgen hatte und letztlich Spenden aus der Industrie einer der Gründe für den Aufstieg von Adolf Hitler waren.

TAZ vom 26. 2. 2000.

M5 Der Historiker Michael Stürmer zur aktuellen Diskussion über die Einführung von Volksbegehren und Volksentscheiden (2000)

Volksbegehren und Volksentscheid gehören, außer für den eng umschriebenen Fall der Neugliederung des Bundesgebietes, nicht zum parlamentarisch-repräsentativen System des Grundgesetzes. Das Grundgesetz wurde 1948/49 von gebrannten Kindern geschrieben. Es sollte die Wiedergänger der Weimarer Republik fern halten, und es sollte der totalitären Versuchung, ob Nationalsozialisten oder Kommunisten, einen Damm aus Erfahrung, Vernunft und Vorsicht entgegensetzen. Daher hat das Grundgesetz bis heute einen konservativen, den Status quo verteidigenden Charakter. Was Adenauer Wahlen gewinnen ließ – „keine Experimente" –, war Grundstimmung unter den Deutschen. […]

In den kritischen Anfangsjahren der (Weimarer) Republik ging es […] gut, die Wirtschaft wuchs, die Währung wurde stabilisiert, die Mitte hatte eine Chance. Aber Volksbegehren und Volksentscheid erwiesen sich als Einbruchstelle für die Feinde der Republik. Es waren die Kommunisten, die die Sozialdemokraten mehrfach auf die Reise mitnahmen – 1926 beim Volksentscheid über die Fürstenenteignung, wo das bürgerliche Lager die Eigentumsgarantie gefährdet sah, und 1928 beim Volksentscheid nach der Melodie Kinderspeisung gegen Panzerkreuzer. Nachdem die SPD zuvor in der Reichsregierung noch dafür gestimmt hatte, stimmte sie nun dagegen, hoffend auf den Misserfolg.

Auch die extreme Rechte fand am Volksentscheid Freude, am deutlichsten mit der wüsten Agitation gegen die – in der Sache höchst vernünftige – Anpassung der Reparationszahlungen an die Leistungsfähigkeit der Volkswirtschaft. Bei dieser Gelegenheit wurden die Rabauken der NSDAP durch die Herren der Deutschnationalen Volkspartei gesellschaftsfähig gemacht. Dass auch dieser Volksentscheid scheiterte, machte nichts: Er trug dazu bei, die Republik sturmreif zu machen.

Es ist merkwürdig, wie in den ersten Jahrzehnten des Grundgesetzes diese Erinnerungen noch traumatisch präsent waren, heute aber vergessen und verloren sind. Je größer die antidemokratischen Bösewichter erscheinen, desto weniger fallen die fatalen Fehler der Demokraten ins Auge. Auch war am Anfang die Achtung vor dem Grundgesetz höher als heute, wo es behandelt wird wie die Geschäftsordnung der Deutschland AG, Betriebsbereich Politik. Dass die Politiker, wie früher auch schon, gelegentlich an das Volk denken, ist lobenswert, verrät aber eher schlechtes Gewissen als das Interesse, das Schicksal des Landes Volksentscheiden anzuvertrauen – beispielsweise in Sachen Euro. Im Grunde bedeutet der Volksentscheid, dass das Parlament, wie bisher schon an das Bundesverfassungsgericht, schmerzhafte Entscheidungen an die Wähler abgibt. …

Die WELT online vom 4. 4. 2000.

M 6 Ehrt Erzberger, Kommentar

Nach 1989 erlebte Berlin einen Namensstreit um Straßen und Plätze. Das Ergebnis blieb unbefriedigend. Nach dem unseligen letzten Reichspräsidenten Hindenburg ist weiter eine Magistrale benannt. Und eine Straße im Regierungsviertel trägt den Namen der KPD-Abgeordneten Clara Zetkin, deren Partei am Untergang der ersten deutschen Demokratie auch nicht unschuldig war. Die demokratische Standhaftigkeit dieser Personen rechtfertigt die Namensgebungen jedenfalls nicht, höchstens die Furcht vor einer politisch gewollten Säuberung. Das Interesse für das demokratische Erbe der Weimarer Republik hingegen – und alles, was in diesem Sinne traditionsbildend hätte sein können – war gering. So ist auch der aufrechte Zentrumspolitiker Matthias Erzberger unberücksichtigt geblieben. Kein Platz, keine Straße ist in Berlin (im Gegensatz zu Bonn) nach dem Reichsfinanzminister und Friedensunterhändler in Versailles benannt, der noch vor Walter Rathenau von rechtsextremen Republikfeinden ermordet wurde. Deshalb: Ehrt Erzberger, gerade in Berlin.

Rüdiger Soldt

Die WELT online vom 29. 5. 2000.

M 7 NPD auf den Spuren der SA Hamburg: Nazi-Demonstration auf der Route des „Altonaer Blutsonntags“ von 1932

Damit es auch ganz sicher klappt, hatten sie für das vergangene Wochenende gleich zwei Demonstrationen angemeldet. Eine wurde für Samstag auch genehmigt. Sowohl Zeitpunkt als auch beabsichtigte Marschroute erinnerten an den „Altonaer Blutsonntag“. Mit der Bezugnahme auf dieses Ereignis stellt die NPD sich eindeutig in die Tradition der Hitlerfaschisten. Am 17. Juli 1932 wollten mehr als 5000 SA-Männer durch das traditionell rote Altona marschieren. SA und die Polizei unter dem sozialdemokratischen Polizeipräsidenten Altonas, Otto Eggerstedt, schossen sich den Weg frei. Das Ergebnis waren 18 Tote, mehr als fünfzig Schwer- und unzählige Leichtverletzte. In einem Schauprozess wurden die vier Kommunisten Bruno Tesch, August Lüdgens, Karl Wolf und Walter Möller dafür zum Tode verurteilt und am 1. August 1933 hingerichtet. Das war das erste Beispiel staatlicher Lynchjustiz der Hitlerfaschisten.

„Der Anfang vom Ende der Weimarer Republik“, sagte eine Rednerin auf der Gegenkundgebung, die unter dem Motto „Faschismus ist keine Meinung, sondern ein Verbrechen – kein Naziaufmarsch in Altona und anderswo“ etwa einen Kilometer vom Rathaus entfernt stattfand. Auch Gisela Wiese von Pax Christi erinnerte dort an den „Blutsonntag“. Otto Eggerstedt, der den Nazis so hilfsbereit den Weg hat freischießen lassen, sei später im KZ ermordet worden. „Herr Wrocklage“, mahnte die Pazifistin den sozialdemokratischen Innensenator, „ich hoffe nicht, dass es Ihnen ähnlich geht wie seinerzeit Otto Eggerstedt.“

Auch Wrocklage hatte es sich nicht nehmen lassen, den Faschos mit einem massiven Polizeiaufgebot den Weg zu bahnen. Schon vor Beginn der Gegenkundgebung, die im Gegensatz zum Fascho-Aufmarsch nicht genehmigt war, wurden 80 Personen vorübergehend festgesetzt. Insgesamt gab es etwa 130 In-Gewahrsam-Nahmen und acht Festnahmen. Doch trotz des massiven Polizeiaufgebots gelang es, den etwa 150 NPDlern die Suppe zu versalzen. Diese konnten zwar vor dem Altonaer Rathaus aufmarschieren. Aber den Antifaschisten gelang es, die NPD-Marschroute zu besetzen. Die Faschos wurden mit einem Polizeispalier zur S-Bahn geleitet und ein paar Stationen weiter befördert. Ihr Plan, dort ihre Demonstration fortzusetzen, scheiterte daran, dass schon Hunderte Gegendemonstrantinnen den Platz vor ihnen besetzt hatten.

Birgit Gärtner

Junge Welt vom 10. 7. 2000.

1 Untersuchen Sie, wie der Begriff „Weimarer Republik“ in den verschiedenen Materialien argumentativ verwendet wird, und prüfen Sie die Stichhaltigkeit dieser Argumente.

2 Recherchieren Sie selbst in den Archiven von Zeitungen und Zeitschriften nach solchen Verwendungen. Eine Reihe von überregionalen publizistischen Organen stellt ihre Online-Aus-

gaben der vergangenen Monate oder gar Jahre im Internet zur Recherche (Achtung: manchmal kostenpflichtig!) zur Verfügung. Dies gilt etwa für:
Die Welt: http://www.welt.de
Die Süddeutsche Zeitung: http://www.sueddeutsche.de
Die Frankfurter Rundschau: http://www.frankfurter-rundschau.de (teilweise kostenpflichtig)
Die Tageszeitung: http://www.taz.de
Der Tagesspiegel: http://www.tagesspiegel.de
Der Spiegel: http://www.spiegel.de
Meist finden sich die alten Ausgaben im Internetangebot der Zeitungen unter „Archiv". Hier muss dann bei der entsprechenden Suchfunktion „Weimarer Republik" (ohne Anführungszeichen!) oder „Weimarer UND Republik" (bzw. AND) oder Ähnliches eingegeben werden. Genauso kann nach einzelnen Ereignissen oder Personen „gefahndet" werden.

M8 Brautvorführung. Karikatur aus dem Schweizer Nebelspalter, Februar 1933 – *links Vizekanzler von Papen, rechts der DNVP-Vorsitzende A. Hugenberg, im Hintergrund von Hindenburg.*

Zur Wiederholung und Abiturvorbereitung

1 Setzen Sie sich mit der These auseinander, im Falle der Weimarer Republik handele es sich um die „Selbstpreisgabe einer Demokratie".
2 Untersuchen Sie vor dem Hintergrund der Weimarer Erfahrungen die Bedeutung plebiszitärer Elemente in einer Demokratie.
3 Diskutieren Sie den Zusammenhang von wirtschaftlicher Prosperität und politischer Stabilität.
4 Ermitteln Sie den Anteil, den das Verhalten der Eliten in Politik, Wirtschaft und Kultur am Scheitern der Weimarer Republik hatte.
5 Analysieren Sie die inneren Spannungen und Widersprüche der Weimarer Gesellschaft und Politik und diskutieren Sie über die Frage, ob und wie eine moderne Gesellschaft integriert werden kann.
6 Benennen Sie die Hauptgründe für das Scheitern der Republik und gewichten Sie sie.
7 Diskutieren Sie über die historisch-politische Bedeutung der Weimarer Republik für die gegenwärtige deutsche Gesellschaft. Entwerfen Sie danach eine Rede, die bei der Hundertjahrfeier der Wahlen zur Nationalversammlung oder der Weimarer Reichsverfassung gehalten werden könnte.
8 Formulieren Sie in Gruppen jeweils drei Erkenntnisse, die für Sie bei der Beschäftigung mit der Geschichte der Weimarer Republik besonders wichtig waren, und begründen Sie Ihre Auswahl.
9 Nach 1990 wurde der Zeitraum zwischen 1917 und 1990 von einigen Historikern als eine abgeschlossene historische Epoche bezeichnet. Untersuchen Sie diese These aus der Perspektive verschiedener Einzelstaaten (Deutschland, USA, Frankreich, Großbritannien, Sowjetunion) und aus einer globalen Perspektive.
10 Ermitteln Sie die zentralen Aussagen der Karikatur und erläutern Sie vor diesem Hintergrund Ursachen des Scheiterns der Weimarer Republik.
11 Diskutieren Sie, ob es sich um eine „Machtergreifung", eine „Machtübernahme" oder eine „Machtübertragung" handelte.

Facharbeiten: Methodische Tipps und Beispiele für Gegenstandsbereiche

Facharbeiten haben das Ziel, in wissenschaftliche Arbeitsweisen einzuführen. Ihr Umfang sollte in der Regel 8 bis 12 maschinenschriftliche Seiten nicht überschreiten. Der Gegenstand einer Facharbeit ist immer auf eine Fragestellung bezogen und besitzt eine in sich geschlossene Argumentation. Von den allgemeinen Arbeitsschritten sollten die Schritte 1 bis 3 von dem Betreuer/der Betreuerin begleitet werden, die Schritte 4 bis 7 sind selbstständig zu erarbeiten:

1 Thema formulieren (als Problemstellung) und Ziele der Arbeit bestimmen
2 Materialien sichten
3 Quellenbelegstellen und Literaturhinweise zitieren
4 Materialien gliedern
5 Materialien unter Beachtung der fachspezifischen Methoden auswerten
6 Die Argumentation aufbauen und entwickeln: Fragestellung(en), Methode(n) der Bearbeitung, Untersuchung (ggf. mit ungelösten Problemen und offenen Fragen), Ergebnis(se)
7 Die Arbeit gliedern und formal gestalten (z. B. textillustrierende oder -stützende Materialien einbauen). Die Gliederung sollte in jedem Fall enthalten: a) Deckblatt mit Thema, b) Inhaltsverzeichnis, c) Einleitung, d) Hauptteil, e) Ergebnisse, f) Verzeichnis der benutzten Quellen und Literatur

Hilfreiche Literatur

I. Hackenbroch-Krafft, Alles klar! Oberstufe: Texte schreiben, Berlin (Cornelsen) 1999 (darin Hilfen für analysierende und argumentierende Schreibformen).
Volker Bauer u. a., Methodenarbeit im Geschichtsunterricht, Berlin (Cornelsen) 1998 (Techniken zur fachmethodischen Auswertung der verschiedenen Quellengattungen).
Otto Kruse u. a., Schlüsselkompetenz Schreiben, Neuwied (Luchterhand) 1999 (für Studienanfänger).

Vorschläge für Gegenstandsbereiche

1 Der Versailler Vertrag und seine Bedeutung für die Zwischenkriegszeit
2 Der Friedensnobelpreis für Stresemann und Briand
3 Vom „Unpolitischen" zum „Vernunftrepublikaner"? Thomas Mann und die Weimarer Republik
4 Braucht eine Republik gemeinsame Symbole? Der Flaggenstreit
5 Ebert und Hindenburg: Die Bedeutung des Amtes des Reichspräsidenten für die Weimarer Demokratie
6 „Bauern, Bonzen und Bomben": Wirtschaftliche Entwicklung und politische Bedeutung der Landwirtschaft
7 Faszination und Abscheu: Die Bedeutung Berlins in den Zwanzigerjahren
8 Warum wurden die Studenten zu Vorkämpfern des Nationalsozialismus?
9 Entwicklung und Funktion des Rundfunks vor und nach 1933
10 „Im Westen nichts Neues": Ein Roman und seine Folgen
11 Judentum und Antisemitismus in den Zwanzigerjahren
12 Die deutsch-polnischen Beziehungen
13 Die Rolle der „Weimarer Erfahrungen" bei der Entstehung des Grundgesetzes
14 Berufs- oder Wehrpflichtarmee: Eine aktuelle Diskussion und ihre historischen Hintergründe

Zeittafel

1914 – 1918	**Erster Weltkrieg**
1918	„14 Punkte" des amerikanischen Präsidenten Wilson (8. 1.). – Oberste Heeresleitung fordert sofortigen Waffenstillstand und Parlamentarisierung der Reichsverfassung (29. 9.). – Bildung der Regierung Max von Baden unter Beteiligung von SPD, Zentrum und Liberalen (3. 10.). – Parlamentarisierung durch Änderung der Reichsverfassung (28. 10.). – Beginn des Matrosenaufstandes in Kiel (3. 11.). – **Revolution in Berlin:** Abdankung des Kaisers, **Ebert (SPD) wird Reichskanzler,** Scheidemann und Liebknecht rufen **Republik** aus **(9. 11.).** – Bildung des Rates der Volksbeauftragten aus SPD und USPD, Abmachung zwischen Regierung und Oberster Heeresleitung („Ebert-Groener-Pakt") (10. 11.). – Unterzeichnung des Waffenstillstands in Compiègne (11. 11.). – „Zentralarbeitsgemeinschafts-Abkommen" zwischen Gewerkschaften und Unternehmerverbänden (15. 11.). – Reichsrätekongress in Berlin beschließt mit großer Mehrheit Wahlen zur Nationalversammlung (16.– 20. 12.). – Meuterei der Volksmarinedivision in Berlin (23. 12.). – Austritt der USPD aus dem Rat der Volksbeauftragten (28./29. 12.). – Gründung der KPD (30. 12.)
1919	„Spartakusaufstand" in Berlin (5.–11 .1.). – Ermordung Karl Liebknechts und Rosa Luxemburgs durch Angehörige der Garde-Kavallerie-Schützen-Division (15. 1.). – Eröffnung der Friedenskonferenz in Paris (18. 1.). – Wahlen zur Nationalversammlung (19. 1.). – Eröffnung der Nationalversammlung in Weimar (6. 2.). – Gesetz über die vorläufige Ordnung der Reichsgewalt (10. 2.). – Wahl Friedrich Eberts zum Reichspräsidenten (11. 2.). – Regierung Scheidemann mit den Parteien der „Weimarer Koalition" (13. 2.). – **Unterzeichnung des Friedensvertrags in Versailles** (28. 6.). – **Weimarer Reichsverfassung** in Kraft (14. 8.). – Aussage Hindenburgs vor dem Untersuchungsausschuss der Nationalversammlung („Dolchstoß"-Legende)
1920	Inkrafttreten des Versailler Vertrages (10. 1.). – Kapp-Putsch (13.–17. 3.). – Kommunistische Aufstände im Ruhrgebiet und in Mitteldeutschland (März bis Mai). – Reichstagswahl (6. 6.). – Spaltung der USPD (16. 10.). – Vereinigung des linken Flügels der USPD mit der KPD (4.–7. 12.)
1921	Reparationskonferenzen in Paris und London (Januar bis März). – Kommunistische Aufstände in Sachsen, Hamburg und im Ruhrgebiet (März). – Volksabstimmung in Oberschlesien über die Zugehörigkeit zu Deutschland oder Polen (20. 3.). – Festsetzung der Reparationsschuld auf 132 Mrd. Goldmark (5. 5.). – Ermordung Erzbergers durch Rechtsextremisten (26. 8.). – Teilung Oberschlesiens durch Völkerbund beschlossen (12. 10.)
1922	**Vertrag von Rapallo** zwischen Deutschland und der Sowjetunion (16. 4.). – Ermordung Rathenaus durch Rechtsextremisten (24. 6.). – Gesetz zum Schutz der Republik (21. 7.). – Beschleunigung der Inflation (August). – Vereinigung der Rest-USPD mit der SPD (24. 9.). – Amtszeit des Reichspräsidenten Ebert bis 1925 verlängert (24. 10.)
1923	Besetzung des Ruhrgebiets durch französische und belgische Truppen (11. 1.). – Verkündung des passiven Widerstands (13. 1.). – Abbruch des passiven Widerstands, Verhängung des Ausnahmezustands im Reich (26. 9.). – Separatistische Bestrebungen im Rheinland und in der Pfalz (Oktober/November). – Reichsexekution gegen Sachsen (21. 10.). – **Hitler-Putsch in München** (8./9. 11.). – **Einführung der Rentenmark** (15. 11.)

1924 Ende des Ausnahmezustands (13. 2.). – Hitler zu 5 Jahren Festungshaft wegen Hochverrats verurteilt (1. 4.). – Dawes-Plan: Festsetzung der jährlichen deutschen Reparationszahlungen auf 2,5 Mrd. Mark (9. 4.). – Reichstagswahlen (4. 5.). – Annahme des Dawes-Plans durch den Reichstag (29. 8.). – Reichstagswahlen (7. 12.). – Vorzeitige Entlassung Hitlers aus der Haft (17. 12.)

1925 Neugründung der NSDAP (24. 2.). – Tod Eberts (28. 2.). – Hindenburg im zweiten Wahlgang mit 48,3 % zum Reichspräsidenten gewählt (26. 4.). – Räumung des Ruhrgebiets von alliierten Truppen (14. 7. – 1. 8.). – Konferenz von Locarno (5.–16. 10.). – Annahme der Locarno-Verträge im Reichstag (27. 11.)

1926 Flaggenverordnung Hindenburgs: deutsche Auslandsvertretungen dürfen neben der Reichsflagge Schwarz-Rot-Gold auch die Handelsflagge Schwarz-Weiß-Rot zeigen (5. 5.). – Volksentscheid über die entschädigungslose Enteignung der Fürsten scheitert (14,4 Millionen Wahlberechtigte stimmen dafür) (20. 6.). – **Aufnahme Deutschlands in den Völkerbund** (8. 9.). – Stresemann erhält Friedensnobelpreis (10. 12.)

1927 Rückzug der interalliierten Militärkommission zur Kontrolle der Rüstung aus Deutschland (31. 1.). – Annahme des Gesetzes über Arbeitslosenversicherung und Arbeitsvermittlung im Reichstag (16. 7.)

1928 Reichstagswahl (20. 5.). – Kabinett der Großen Koalition unter Hermann Müller (SPD) (28. 6.). – Ruhreisenstreit (Oktober bis Dezember). – Hugenberg wird Vorsitzender der DNVP (20.10.)

1929 Pariser Konferenz zur Revision der Reparationsregelungen (Young-Plan) (9. 2. bis 7. 6.). – Kommunistische Unruhen in Berlin (1. 5.).– Tod Stresemanns (3. 10.). – **Schwarzer Freitag an der New Yorker Börse** (24. 10.). – Scheitern des Volksbegehrens gegen den Young-Plan (nur 13,8 % der Stimmberechtigten dafür) (22. 12.)

1930 Reichsregierung unterzeichnet Young-Plan (20. 1.). – Erste Beteiligung der NSDAP an einer Landesregierung in Thüringen (23. 1.). – Annahme des Young-Plans im Reichstag (12. 3.). – Rücktritt des Kabinetts Müller und **Ernennung Heinrich Brünings zum Reichskanzler** einer Präsidialregierung (27./28. 3.). – Räumung des Rheinlands durch alliierte Truppen abgeschlossen (30. 6.). – **Reichstagswahl** mit starken **Stimmengewinnen der NSDAP** (14. 9.). – „Legalitätseid“ Hitlers im Hochverratsprozess gegen Ulmer Reichswehroffiziere (25. 9.). – Beginn der Tolerierungspolitik der SPD mit Ablehnung eines Misstrauensantrags gegen die Regierung Brüning (19. 10.)

1931 Plan einer deutsch-österreichischen Zollunion wird bekannt (21. 3.). – Einjähriges Moratorium für alle Reparations- und Kriegsschuldzahlungen (Hoover-Moratorium) (20. 6.). – Zusammenbruch der Darmstädter und Nationalbank (Danatbank): Beginn der Bankenkrise (13. 7.). – Scheitern des von DNVP, NSDAP und KPD unterstützten Stahlhelm-Volksbegehrens zur Auflösung des Preußischen Landtags (36,9 % der Wahlberechtigten stimmen dafür) (9. 8.). – Bildung der **„Harzburger Front“** von Stahlhelm, NSDAP, DNVP und Vaterländischen Verbänden (11. 10.).– Bildung der „Eisernen Front“ von SPD, Freien Gewerkschaften, Reichsbanner und Arbeitersportlern (16. 12.)

1932 Höhepunkt der **Arbeitslosigkeit: 6,13 Millionen** (Februar). – Wiederwahl Hindenburgs zum Reichspräsidenten im zweiten Wahlgang mit 53 % (Hitler 37 %, Thälmann [KPD] 10 %) (10.4.). – Verbot von SA und SS (13. 4.). – Landtagswahlen in mehreren Ländern, darunter Preußen, mit großen Stimmengewinnen für die NSDAP (24. 4.). – Rücktritt von Reichswehrminister Groener (12. 5.). – Entlassung Brünings durch Hindenburg: Franz von Papen neuer Reichskanzler (30. 5./1. 6.). – Aufhebung des SA- und SS-Verbots (14. 6.). – Konferenz von Lausanne: endgültige Streichung der Reparationsverpflichtungen

	(16. 6.–9. 7.). – Staatsstreich von Papens gegen die geschäftsführende preußische Regierung, Papen wird Reichskommissar für Preußen (20. 7.). – Reichstagswahlen (31. 7.). – Hindenburg lehnt Hitlers Forderung auf Ernennung zum Reichskanzler ab (13. 8.). – Misstrauensvotum gegen Regierung im Reichstag mit 512 gegen 42 Stimmen angenommen; daraufhin Auflösung des Reichstags (12. 9.). – Reichstagswahlen (6. 11.). – Ernennung von Schleichers zum Reichskanzler (2. 12.). – Rücktritt Gregor Strassers von allen Parteiämtern in der NSDAP (8. 12.)
1933	Besprechung von Papens mit Hitler im Haus des Bankiers von Schröder in Köln zum Sturz Schleichers; Beginn der Verhandlungen um ein neues Präsidialkabinett (4. 1.). – Rücktritt Schleichers, nachdem Hindenburg ihm sein Vertrauen entzogen hat (28. 1.). – **Präsidialkabinett Hitler ernannt** (30. 1.)

Artikel 48: Der berühmt-berüchtigte Artikel 48 der Weimarer Reichsverfassung regelte in Absatz 1 die Durchführung einer „Bundesexekution" gegen ein einzelnes Land, das seine Pflichten nicht erfülle, und in Absatz 2 den Erlass von Notverordnungen durch den Reichspräsidenten für den Fall, dass „die öffentliche Sicherheit und Ordnung erheblich gestört oder gefährdet" werde; in diesem Fall durften auch vorübergehend Grundrechte außer Kraft gesetzt werden. Der Reichstag musste von den Maßnahmen unverzüglich unterrichtet werden und sie waren auf sein Verlangen hin außer Kraft zu setzen. Das eigentlich vorgesehene Gesetz, das genauere Bestimmungen über die Durchführung des Artikels enthalten sollte, wurde nie erlassen; ein Versuch scheiterte 1926 an dem Widerstand des Reichspräsidenten Hindenburg, der sich hierdurch nicht festlegen lassen wollte. Angewendet wurde der Artikel in Krisenzeiten der Weimarer Republik, so etwa 1923; vor allem die Tatsache, dass er seit 1930 fast zur alleinigen Grundlage der Gesetzgebung und damit zur Basis der Präsidialregierung wurde, trug zu seiner Diskreditierung bei.

Dawes-Plan: Der 1923/24 von einer unabhängigen Expertenkommission unter Leitung des amerikanischen Bankiers Charles G. Dawes erarbeitete Plan sah eine vorläufige Regelung der Reparationsfrage vor. Weder die Gesamtsumme der deutschen Leistungen noch ihre zeitliche Dauer wurde festgelegt. Für die ersten Jahre waren mäßige Zahlungen vorgesehen, was das wirtschaftlich schwer angeschlagene Deutschland entlastete, ab 1928/29 sollten dann jährlich 2,5 Milliarden Mark gezahlt werden. Zur Sicherung war eine internationale Kontrolle über Reichsbank und Reichsbahn geplant, und es war genau vorgeschrieben, aus welchen Quellen die Gelder genommen werden sollten. Der in Berlin amtierende „Reparationsagent" sollte bei dem Transfer außerdem auf die Stabilität der deutschen Währung achten. Nach der Zustimmung des Reichstages trat der Plan am 1. September 1924 in Kraft. Er wurde 1929 durch den Young-Plan (s. u.) abgelöst.

Deflationspolitik: „Deflation" – der Gegenbegriff ist „Inflation" – meint die Verminderung der Geldmenge, verbunden mit einem Sinken des Preisniveaus. Die Regierung Brüning versuchte durch ihre Deflationspolitik nicht nur eine Inflation zu vermeiden, sondern auch ihr eigentliches Ziel, die Streichung der Reparationen, zu erreichen. Zu den wichtigsten Maßnahmen gehörten die Sanierung der öffentlichen Haushalte durch eine drastische Kürzung von Staatsausgaben, die Senkung der Preise, Gehälter und Sozialleistungen, die Erhöhung von Steuern und Abgaben. Die Absicht, durch Senkung von Sozialabgaben und Löhnen auch das Kostenniveau der Unternehmen und somit die Preise der Waren zu senken, um auf dem Weltmarkt konkurrenzfähiger zu werden, wurde nicht erreicht, weil andere Länder zu ähnlichen Mitteln griffen. So wirkte die Deflationspolitik in Deutschland krisenverschärfend.

Ermächtigungsgesetz: Mit diesem Gesetz, dem außer der SPD und der nicht anwesenden KPD alle Parteien des Reichstages am 24. März 1933 zustimmten, wurde die Gesetzgebungskompetenz auf die Regierung übertragen und der Reichstag damit praktisch ausgeschaltet. Auch durften die nunmehr vom Reichskanzler – und nicht wie bisher vom Reichspräsidenten – ausgefertigten Gesetze der Reichsverfassung widersprechen. Gemeinsam mit der „Verordnung zum Schutz von Volk und Staat", die einen Tag nach dem Reichstagsbrand erlassen worden war, besiegelte das Ermächtigungsgesetz die nationalsozialistische Machtübernahme.

Eugenik: Die Lehre von der Erbgesundheit. Ziel eugenischer Maßnahmen ist es, mit Hilfe genetischer Erkenntnisse „günstige" Erbanlagen zu fördern und „ungünstige" einzuschränken. Eugenik war in den 1920er-Jahren ein Bestandteil sexual- und bevölkerungspolitischer Debatten in allen politischen Lagern. Nach 1933 führte die Umsetzung eugenischer Überzeugungen zu Zwangssterilisationen und zur „Euthanasiepolitik" der Nationalsozialisten, der etwa 200 000 Menschen zum Opfer fielen.

Harzburger Front: Am 11. Oktober 1931 versammelte sich in Bad Harzburg die „nationale Opposition" gegen die Regierung Brüning, bestehend aus DNVP, Stahlhelm, Teilen der DVP, vaterländischen Verbänden, NSDAP sowie prominenten Einzelpersonen wie dem früheren Reichsbankpräsidenten Hjalmar Schacht und dem ehemaligen Chef der Heeresleitung von Seeckt. Eine Großkundgebung mit riesigen Aufmärschen der paramilitärischen Verbände (vor allem Stahlhelm und SA) sollte die Kraft der antirepublikanischen Rechten demonstrieren. Intern gab es aber auch Konflikte, vor allem, da Hitler sich nicht von den anderen vereinnahmen lassen wollte, sondern auf seinen eigenständigen Führungsanspruch pochte.

Inflation: Anhaltender Prozess der Geldentwertung (Gegenbegriff: Deflation, s. o.) mit einem ständigen Anstieg des Preisniveaus. Dabei sinken das Vertrauen in die Währung und der Wert des Geldvermögens, während der Wert des Sachvermögens erhalten bleibt. Die Hyperinflation von 1923 hatte entgegen der Wahrnehmung der Zeitgenossen ihre Wurzeln in der Finanzierung des Krieges durch Kredite seit 1914.

Milieu: Bezeichnung in der Geschichtswissenschaft für eine Teilkultur in der deutschen Gesellschaft (katholisches M., sozialistisches M. etc.). Die Milieus entstanden im 19. Jahrhundert vor allem in der Abgrenzung nach „außen" (Kulturkampf, Sozialistengesetze etc.) und zeichneten sich durch gemeinsame Milieuorganisationen (Vereine, Verbände, Parteien, Kirche) und gemeinsame Milieuwerte aus.

Moderne: In der Geschichtswissenschaft Bezeichnung für eine Epoche, deren Beginn meist in der zweiten Hälfte des 18. Jahrhunderts mit den bürgerlichen und industriellen Revolutionen angesetzt wird, auch wenn ihre Wurzeln noch weiter zurückgehen. Im Vergleich zu den eher statischen Agrargesellschaften sind die modernen Industriegesellschaften u. a. gekennzeichnet durch eine erhebliche Veränderungsdynamik, einen durchgreifenden wirtschaftlichen, sozialen und politischen Wandel. Elemente dieses Wandels, durch den unsere heutige Gesellschaftsform entstand, waren z. B. die Entstehung einer industriekapitalistischen Wirtschaft, die Urbanisierung, die Verwissenschaftlichung der Welt und eine rationale Eroberung der Natur. Wurden diese Prozesse früher meist als Fortschritt interpretiert, so werden seit etwa 1970 auch die Grenzen und Belastungen dieser Modernisierungen betont.

Notverordnung: Vom Reichspräsidenten in einer Krisensituation erlassene Verordnung nach Artikel 48 (s. o.) Weimarer Reichsverfassung.

Präsidialregierung: Bezeichnung für die Regierungsform, die 1930 nach dem Ende der parlamentarisch begründeten Regierung der Großen Koalition mit der Übernahme der Reichskanzlerschaft durch Brüning begann und mit der Einsetzung der Regierung Hitler endete. Sie gründete sich nicht auf parlamentarische Mehrheiten, sondern auf das Vertrauen des Reichspräsidenten und die krisenhafte Situation.

Propaganda: Die gezielte Verbreitung politischer, religiöser, wirtschaftlicher o. ä. Ideen. Die Beherrschung der öffentlichen Meinung war seit der Entstehung eines politischen Massenmarktes im Kaiserreich immer wichtiger geworden. Formen und Methoden der politischen Propaganda in den 1920er- und frühen 1930er-Jahren waren z. B. Versammlungen, Reden, Flugblätter, Plakate, Aufmärsche, Berichte und Anzeigen in Zeitungen, Filme; seit 1933 spielte das neue Medium Rundfunk bei der nationalsozialistischen Propaganda eine wichtige Rolle.

Rassismus: Theorien und politische Lehren, die kulturelle Entwicklungen auf biologisch-anthropologische Ursachen zurückführen, hieraus die Über- bzw. Unterlegenheit von menschlichen „Rassen" zu begründen versuchen und damit die Unterdrückung und Verfolgung von Minderheiten bzw. eine aggressive Politik nach außen gegen andere „Rassen" legitimieren. Diese Vorstellungen entstanden im 19. Jahrhundert und begründeten den Holocaust an den europäischen Juden.

Rätesystem: Eine Form der direkten Demokratie, bei der alle Menschen in den jeweiligen Basiseinheiten Räte als ihre Vertreter wählen, die ihnen direkt verantwortlich und jederzeit abwählbar sind. Im Gegensatz zum repräsentativen System, der parlamentarischen Demokratie, gibt es keine Gewaltenteilung, sodass die Räte gesetzgeberische, ausführende und rechtsprechende Kompetenzen besitzen.
Die politische Theorie der Rätedemokratie geht auf das 19. Jahrhundert, vor allem auf Proudhon, Bakunin, Marx und Lenin, zurück; historisch bildeten sich Rätesysteme vor allem in den Russischen Revolutionen (hier: Räte = Sowjets) und der deutschen Novemberrevolution.

Rationalisierung: Meint im wirtschaftlichen Bereich eine möglichst zweckmäßige Gestaltung von Arbeitsabläufen mit dem Ziel, das Verhältnis von Aufwand und Nutzen zu optimieren, z. B. durch den effektiveren Einsatz von Arbeitskraft und Sachmitteln. Hierzu zählt auch der Ersatz von menschlicher Arbeitskraft durch technische Anlagen.

Reparationen (von lateinisch: reparare = wiederherstellen): Meint Geld-, Sach- und Dienstleistungen, die einem Besiegten nach einem verlorenen Krieg zur Wiedergutmachung der in den Siegerstaaten erlittenen Verluste auferlegt werden.

Republik: Eine Staatsform, in der im Gegensatz zur Monarchie das Volk als Träger der Staatsgewalt angesehen wird. Dies können in der historischen Realität sowohl Demokratien als auch Diktaturen sein.

Revolution: Bezeichnung für eine grundlegende Umgestaltung der gesellschaftlichen Struktur, der politischen Organisation sowie der kulturellen Wertvorstellungen in einem bestimmten Gebiet bzw. Staat, meist verbunden mit einem Austausch von Führungsgruppen (Eliten).

Völkerbund: 1919 im Wesentlichen auf Betreiben der USA im Rahmen der Pariser Friedenskonferenz entstandene überstaatliche Organisation zur Friedenswahrung und regulierten Konfliktaustragung. Da die USA aber dann doch nicht beitraten, die Sanktionsmöglichkeiten gegen Brüche des Völkerrechts gering waren und eine nationale Machtpolitik in den meisten Staaten an der Tagesordnung blieb, war der V. in dieser Hinsicht wenig erfolgreich, während er bei humanitären Problemen wichtige Arbeit leistete. Deutschland wurde 1926 aufgenommen und trat 1933 wieder aus.

Young-Plan: Im Mai 1929 legte eine unabhängige Expertenkommission unter Leitung des amerikanischen Finanzfachmanns Owen D. Young einen Plan zur abschließenden Regelung der Reparationsfrage vor. Er setzte die endgültige Reparationssumme mit 112 Milliarden Reichsmark, eine jährliche Durchschnittszahlung von rund 2 Milliarden und damit eine zeitliche Begrenzung auf 59 Jahre fest. Da die Zahlungen geringer ausfielen als nach dem Dawes-Plan, die ausländischen Kontrollen wegfielen und die Alliierten außerdem die vollständige Räumung des Rheinlandes bei Annahme des Plans in Aussicht stellten, war der Plan für Deutschland von Vorteil. Der Reichstag stimmte ihm daher auch mehrheitlich zu. Innenpolitisch aber wurde er von der nationalistischen Rechten (DNVP, Stahlhelm, NSDAP) zur massiven Propaganda gegen die Republik und die sie tragenden Parteien, vor allem in einem Volksbegehren und einem – scheiternden – Volksentscheid, genutzt.

Zwangsschlichtung: Bei Tarifauseinandersetzungen, bei denen es zu keiner Einigung zwischen Unternehmern und Gewerkschaften kam, konnte seit einer Verordnung von 1923 ein staatliches Schlichtungsverfahren eingeleitet werden. War dann ein Schiedsspruch für verbindlich erklärt worden, so hatten ihn beide Konfliktparteien zu akzeptieren. Obwohl es sich eigentlich nur um eine Regelung für Ausnahmesituationen handelte, kam es zwischen 1924 und 1932 in 76 000 Schlichtungsverfahren zu 4 000 Verbindlichkeitserklärungen. Von den Arbeitgebern wurde dieses Verfahren massiv bekämpft, insbesondere in dem Ruhreisenstreit von 1928.

Personenlexikon und Personenregister

Braun, **Otto** (1872–1955), 1911–1917 Mitglied im Parteivorstand der SPD, 1913–1918 Mitglied des preußischen Abgeordnetenhauses, 1918 Mitglied des Berliner Arbeiter- und Soldatenrats, dann Mitglied in Nationalversammlung und Reichstag, bis 1921 preußischer Landwirtschaftsminister, dann Abgeordneter im Preußischen Landtag, 1920–1932 (Papens Preußenschlag) mit kurzen Unterbrechungen preußischer Ministerpräsident an der Spitze einer „Weimarer Koalition", ging 1933 ins Exil. *118*

Brüning, Heinrich (1885–1970), Infanterieoffizier an der Westfront, Geschäftsführer der Vereinigung der christlichen Gewerkschaften und Referent des preußischen Wohlfahrtsministers Stegerwald, seit 1924 für das Zentrum im Reichstag, 1929 Fraktionsvorsitzender, 1930–1932 Reichskanzler, 1934 Emigration in die USA. *45, 113, 116ff., 123ff., 140f., 153*

Ebert, Friedrich (1871–1925), 1913–1918 Mitglied des Reichstags für die SPD und Partei-, ab 1916 auch Fraktionsvorsitzender, 1918 Vorsitzender des Rats der Volksbeauftragten, 1919 Reichspräsident, 1922 Amtszeit durch den Reichstag verlängert. *9f., 17f., 35*

Erzberger, Matthias (1875–1921), 1903 für das Zentrum in den Reichstag gewählt, Staatssekretär im Kabinett Max von Baden 1918, Mitglied der Waffenstillstandskommission, 1919–1920 Finanzminister, 1920/21 Mitglied des Reichstags, einer der wichtigsten demokratischen Politiker, starb bei einem rechtsextremistischen Attentat. *12, 154*

Goebbels, Joseph (1897–1945), 1926 Gauleiter der NSDAP für Berlin, Reichspropagandaleiter bei den Wahlkämpfen 1930 und 1932, wirkungsvollster Redner der NSDAP neben Hitler, 1933 Reichspropagandaminister. *141*

Groener, Wilhelm (1867–1939), im Ersten Weltkrieg Leiter des Kriegsamts im Preußischen Kriegsministerium, 1917 gestürzt, im Oktober 1918 Nachfolger Ludendorffs als Erster Generalquartiermeister in der Obersten Heeresleitung, schuf mit Ebert den sog. „Ebert-Groener-Pakt", 1920–1923 Reichsverkehrsminister, parteilos, 1928 Reichswehrminister, 1931 zusätzlich Reichsinnenminister, wurde 1932 vor allem wegen seines SA-Verbots gestürzt. *9, 18, 132*

Grosz, George (1893–1959), Maler und Grafiker, trat 1919 in die KPD ein, 1924 Vorsitzender der „Roten Gruppe", einer Vereinigung kommunistischer Künstler, lebte seit 1933 in New York. *6f., 72f., 76ff.*

Hindenburg, Paul von (1847–1934), Soldat, ostelbischer Gutsbesitzer, schon seit 1911 im Ruhestand befindlich, wurde er zu Beginn des Ersten Weltkriegs wieder reaktiviert, „Sieger von Tannenberg", Chef der Obersten Heeresleitung, 1925 zum Reichspräsidenten gewählt. *30ff., 115ff., 125ff., 141ff., 155*

Hitler, Adolf (1889–1945), begann 1919 mit seiner politischen Karriere, 1923 Putschversuch, anschließend Festungshaft, Vorsitzender der von ihm 1925 wieder gegründeten NSDAP, 1933 Reichskanzler. *13, 116f., 123, 126, 130, 132, 138, 142f., 146ff., 153ff.*

Hugenberg, Alfred (1865–1951), Vorsitzender der Friedrich Krupp AG, Besitzer eines Medienkonzerns, 1890 Gründer des Alldeutschen Verbands, seit 1919 Mitglied des Reichstags für die DNVP, 1928 deren Vorsitzender, 1933 Reichswirtschafts- und -ernährungsminister (bis 27. 6. 33), bis 1945 Mitglied des Reichstags *73, 84, 114, 119, 126, 133ff., 142, 155*

Jünger, Ernst (1895–1998), Schriftsteller, bis 1923 Offizier, Herausgeber und Mitarbeiter rechtsradikaler Zeitschriften, propagierte „Neuen Nationalismus", Verherrlichung des Kriegserlebnisses, Kampf gegen Weimarer Staat. *109*

Liebknecht, Karl (1871–1919), Mitglied des Reichstags und des Preußischen Abgeordnetenhauses für die SPD, Gründer des Spartakusbundes, im Ersten Weltkrieg wegen Hochverrats zu vier Jahren Zuchthaus verurteilt, Ende Oktober 1918 amnestiert, proklamierte am 9. November 1918 sozialistische Republik, Mitgründer der KPD, wurde am 15. Januar 1919 von Freikorpsangehörigen erschossen. *8, 10, 17f.*

Ludendorff, Erich (1865–1937), im Ersten Weltkrieg als Erster Generalquartiermeister in der Obersten Heeresleitung wohl einer der mächtigsten Männer im Reich, am 26. 10. 1918 entlassen, vertrat völkisch-radikalen Nationalismus, beteiligt am Kapp- und am Hitler-Putsch, 1924 Mitglied des Reichstags für die Völkischen, 1925 Gründung des „Tannenbergbundes", danach eher politische Randfigur. *13*

Luxemburg, Rosa (1870–1919), SPD-Mitglied auf dem äußersten linken Flügel, 1916 Mitgründerin des Spartakusbundes, 1916 in „Schutzhaft", im November 1918 befreit, Mitgründerin der KPD, am 15. Januar 1919 von Freikorpsangehörigen erschossen. *10*

Marx, Wilhelm (1863–1946), 1899–1921 Mitglied des Preußischen Abgeordnetenhauses, 1910 bis 1932 Mitglied des Reichstags für das Zentrum, 1922–1928 Parteivorsitzender, 1923–1925 und 1926–1928 Reichskanzler, Kandidat der republikanischen Parteien für das Reichspräsidentenamt 1925, unterlag knapp gegen Hindenburg, einer der führenden Politiker der Weimarer Republik. *116*

Müller, Hermann (1876–1931), seit 1893 SPD-Mitglied, seit 1906 im Parteivorstand, seit 1916 im Reichstag, in der Revolution Mitglied des Vollzugsrats, Mitglied in Nationalversammlung und Reichstag, zeitweise Fraktionsvorsitzender, 1919–1920 Reichsaußenminister, 1920 und 1928–1930 Reichskanzler. *113, 125*

Papen, Franz von (1879–1969), Offizier im Ersten Weltkrieg, 1921–1932 Mitglied des Preußischen Abgeordnetenhauses, stand im Zentrum auf dem rechten Flügel, 1932 Reichskanzler, bereitete Machtübernahme der Nationalsozialisten vor, 1933/34 Vizekanzler, dann im diplomatischen Dienst. *118, 126, 142, 148, 155*

Rathenau, Walther (1867–1922), Präsident des Aufsichtsrates der AEG, in zahlreichen Firmen Leitungsfunktionen, DDP-Mitglied, 1921 Wiederaufbauminister, dann 1921/22 Außenminister, führte in dieser Funktion die „Erfüllungspolitik" durch, 1922 von Rechtsextremisten ermordet. *13, 154*

Scheidemann, Philipp (1865–1939), SPD, 1903 Mitglied des Reichstags, 1913 einer der drei Fraktionsvorsitzenden, herausragender, populärer Redner, Oktober 1918 Staatssekretär in der Regierung Max von Baden, Mitglied des Rats der Volksbeauftragten, 1919 Reichskanzler, Mitglied des Reichstags, 1919–1925 Oberbürgermeister von Kassel, 1933 Emigration. *8, 10, 17f.*

Schleicher, Kurt von (1882–1934), Berufsoffizier, im Ersten Weltkrieg in der Obersten Heeresleitung, enger Vertrauter von Groener (s. o.), nach der Revolution politischer Referent im Reichswehrministerium, 1929 Leiter des Ministeramtes im Ministerium, zog hinter den Kulissen die Fäden bei den Regierungswechseln 1930 und 1932, 1932/33 kurzzeitig Reichskanzler, am 30. 6. 1934 im Zuge der „Säuberungen" nach dem sog. „Röhm-Putsch" erschossen. *116, 118, 125f., 141f.*

Seldte, Franz (1882–1947), Gründer des Stahlhelms im Dezember 1918, 1933–1945 Reichs- und preußischer Arbeitsminister. *142*

Strasser, Gregor (1892–1934), Offizier im Ersten Weltkrieg, Freikorpsmitglied, 1921 NSDAP, dort auf dem „linken Flügel", 1926 Reichspropagandaleiter, Gauleiter von Oberpfalz-Niederbayern, 1930 Vorsitzender des Organisationsausschusses der NSDAP, 8.12.1932 nach den Sondierungen mit Schleicher Bruch mit Hitler, ermordet im Zuge der „Säuberungen" nach dem sog. „Röhm-Putsch". *118*

Stresemann, Gustav (1878–1929), 1907 Mitglied des Reichstags für die Nationalliberalen, Gründer der DVP im November 1918, Reichskanzler 1923, Außenminister 1923–1929, erhielt zusammen mit dem französischen Außenminister Aristide Briand 1926 den Friedensnobelpreis, einer der bedeutendsten Politiker der Weimarer Republik. *13, 44ff., 51, 114, 129*

Treviranus, Gottfried Reinhold (1891–1971), Marineoffizier, Direktor der Landwirtschaftskammer Lippe, für die DNVP seit 1924 Mitglied des Reichstags, Austritt aus der Hugenberg-DNVP Ende 1929 und Gründung der „Volkskonservativen Vereinigung", 1930 Reichsminister für die besetzten Gebiete, dann ohne Geschäftsbereich, seit September 1930 Reichskommissar für die Osthilfe, 1931/32 Reichsverkehrsminister, 1934 Emigration. *50*

Tucholsky, Kurt (1890–1935), Schriftsteller, einer der führenden linken Intellektuellen der Weimarer Republik, Mitglied der USPD, nach finanziellem Ruin durch Beschlagnahme seiner Tantiemen und Ausbürgerung Selbstmord. *77*

Fachliteratur, Internethinweise und Hilfsmittel für Referate und Projekte

Hilfen für historische Projektarbeit

Geschichte – Erziehung – Politik, Heft 4, 1998: „Historische Projektarbeit: Beispiele, Hinweise, Ratschläge".

Fachmethodisches Arbeiten

Volker Bauer u. a. (Hg.), Methodenarbeit im Geschichtsunterricht, Berlin (Cornelsen) 1998.

Bernd Hey u. a., Umgang mit Geschichte. Geschichte erforschen und darstellen – Geschichte erarbeiten und begreifen, Stuttgart (Ernst Klett Verlag) 1992.

Lernbox Geschichte. Das Methodenbuch, Seelze/Velber (Friedrich Verlag) 2000.

Nachschlagewerke, Handbücher, Chronologien

Wolfgang Benz (Hg.), Legenden – Lügen – Vorurteile. Ein Lexikon zur Zeitgeschichte, München (Moos) 1990.

Wolfgang Benz, Hermann Graml, Biographisches Lexikon zur Weimarer Republik, München (C. H. Beck) 1988.

Der große Ploetz, 32. Aufl., Freiburg u. a., 1998.

dtv-Atlas zur Weltgeschichte, Bd. 2: Von der Französischen Revolution bis zur Gegenwart, 31. Aufl., München (dtv) 1997 (TB).

Michael Ruck, Bibliographie zum Nationalsozialismus, Kiel (Bund-Verlag) 1995 und überarb. 2000 (enthält auch zahlreiche Hinweise auf Quellen und Literatur zur Zeit bis 1933).

Gesamtdarstellungen

Eberhard Kolb, Die Weimarer Republik, München (Oldenbourg) 1984, 5. Aufl. 2000 (mit sehr umfangreichem Literaturverzeichnis).

Peter Longerich, Deutschland 1918–1933. Die Weimarer Republik. Handbuch zur Geschichte, Hannover (Fackelträger) 1995.

Horst Möller, Weimar. Die unvollendete Demokratie, 6. Aufl. München (dtv) 1997.

Hans Mommsen, Die verspielte Freiheit. Der Weg der Republik von Weimar in den Untergang 1918 bis 1933, Berlin (Propyläen Verlag) 1989.

Gottfried Niedhart, Deutsche Geschichte 1918 bis 1933. Politik in der Weimarer Republik und der Sieg der Rechten, 2., verb. u. erg. Aufl. Stuttgart (Kohlhammer) 1996.

Detlev J. K. Peukert, Die Weimarer Republik. Krisenjahre der Klassischen Moderne, Frankfurt am Main (Suhrkamp) 1987 (TB).

Axel Schildt, Die Republik von Weimar. Deutschland zwischen Kaiserreich und „Drittem Reich" (1918–1933), Erfurt (Landeszentrale für politische Bildung Thüringen) 1997 (TB).

Hagen Schulze, Weimar. Deutschland 1917–1933, Berlin (Severin u. Siedler)1982.

Heinrich August Winkler, Weimar 1918–1933. Die Geschichte der ersten deutschen Demokratie, München (Beck) 1993.

Andreas Wirsching, Die Weimarer Republik. Politik und Gesellschaft, München (Oldenbourg) 2000.

Lokal- und Regionalstudien

William Sheridan Allen, Das haben wir nicht gewollt! Die nationalsozialistische Machtergreifung in einer Kleinstadt, Gütersloh (S. Mohn) 1966.

Doris Kaufmann, Katholisches Milieu in Münster 1928–1933, Düsseldorf (Schwann) 1984.

Cornelia Rauh-Kühne, Katholisches Milieu und Kleinstadtgesellschaft. Ettlingen 1918–1939, Sigmaringen (Thorbecke) 1991.

Klaus Schaap, Die Endphase der Weimarer Republik im Freistaat Oldenburg 1928–1933, Düsseldorf (Droste) 1978.

Lawrence Stokes, Kleinstadt und Nationalsozialismus, Neumünster (Wachholtz) 1984.

Zdenek Zofka, Die Ausbreitung des Nationalsozialismus auf dem Lande, München (Stadtarchiv) 1979.

Internetadressen für den Geschichtsunterricht

http://www.historiker.de (enthält einen umfangreichen Linkkatalog, eine tägliche Presseschau zu historischen Themen, Informationen über Geschichtssendungen im Fernsehen, neue Bücher und CD-ROMs und vieles mehr).

http://www-geschichte.fb15.uni-dortmund.de/links/links.htm (großer Linkkatalog zu „Geschichte im Internet").

http://www.zum.de (19 Seiten Links zum Fach Geschichte der Zentrale für Unterrichtsmedien im Internet e. V.).

http://www.geschichte.2me.net (2000 Jahre Geschichte nach Jahresereignissen, Ländern, Orten, Regenten, historischen Karten geordnet; Linklisten).

http://home.t-online.de/home/fischerovci/z.htm (Linkkatalog, auch zur Weimarer Republik).

http://weimarer-wahlen.de/de/index.html (Projekt zur Visualisierung des Wahlverhaltens zwischen 1924 und 1933).

http://www.gonschior.de/weimar/ (umfangreiche Übersicht über Wahlergebnisse im Reich und in den Ländern und preußischen Provinzen einschließlich grundlegender sozialstatistischer Daten, Informationen zum jeweiligen Wahlrecht etc.).

Sachregister

Fett gesetzte Seitenzahlen: Erläuterung im Begriffslexikon S. 161 ff.

Bildquellen

Arbeiterkultur und Ökologie, Institut und Studienarchiv: S. 92 l.; Archiv für Kunst und Geschichte: S. 6 u., 32; Artothek, Peissenberg: S. 106; Bertelsmann Lexikothek Verlag, Gütersloh: S. 45; © Bildarchiv Preußischer Kulturbesitz: S. 16, 76, 91, 119, Fotos: Dietmar Katz, 2001: S. 31, 36, 125, 141; Bundesarchiv: S. 108 (Plak 1/5/70), 133/1 (Plak 2/42/34), 133/2 (Plak 2/42/67), 133/3 (Plak 2/42/65), 133/4 (Plak 2/42/64); Deutsches Historisches Museum, Berlin: S. 54, 75 o., 75 u.; Fundation Collecion Thyssen-Bórnemisza, Madrid: S. 6 o.; GEHAG Berlin: S. 65; Langewiesche-Brandt, Ebenhausen: S. 30; Mueller und Graeff Poster Collection, Institution Archives: S. 39; Staatliche Museen zu Berlin, Preußischer Kulturbesitz – Nationalgalerie: S. 79; Stadt- und Universitätsbibliothek, Frankfurt am Main: S. 155/M1; Stiftung der Akademie der Künste, Berlin, Kunstsammlung, HZ 1282, Foto AdK: S. 73; Foto Ullstein: S. 14; Universitätsbibliothek Frankfurt am Main: S. 155; © VG Bild-Kunst, Bonn 2001: S. 6 u., 73; aus: K. Foertsch, Schulpolitisches A-B-C, 9. Heft, Evangelischer Preßverband für Deutschland, 1931: S. 81; aus: Geschichte lernen, Heft 19, 1/1991, Friedrich Verlag, S. 57; aus: Graf A. Stenbock-Fermor, Deutschland von unten, J. Engelhorns Nachf., Stuttgart 1931: S. 122; K. Haese/W. Schütte, Frau Republik geht pleite, Neuer Malik Verlag, Kiel 1990: S. 135; aus: K. Hagemann/J. Kolossa, Gleiche Rechte – Gleiche Pflichten?, VSA-Verlag, Hamburg 1990: S. 105; aus: Irmtraud Götz von Olenhusen, Jugendreich, Gottesreich, Deutsches Reich, Verlag Wissenschaft und Politik, Köln: S. 94; aus: H. Pross, Jugend, Eros, Politik, Bern 1964: S. 92 r.; Michael Sauer, Bilder im Geschichtsunterricht, Kallmeyersche Verlagsbuchhandlung, Seelze-Velber: S. 130; aus: Wem gehört die Welt, Neue Gesellschaft für Bildende Kunst, 1977: S. 83, 84 (2)

Nicht in allen Fällen war es uns möglich den Rechteinhaber der Abbildungen ausfindig zu machen. Berechtigte Ansprüche werden selbstverständlich im Rahmen der üblichen Vereinbarungen abgegolten.